「한국 정치학의 뿌리를 찾아서」 제4권

인산 김영국 교수의 정치학

「한국 정치학의 뿌리를 찾아서」 제4권

인산 김영국 교수의 정치학

– 은사를 빛내는 조연을 자처하며 서양정치철학 연구의 전통을 이어가다

김학준 지음

인간사랑

인산의 사진과 자료들

시카고대학교 방문학자 시절의 인산(1958년)

20대 후반의 인산과 사모님

시카고대학 유학길

시카고대학교에서(1)

시카고대학교에서(2)

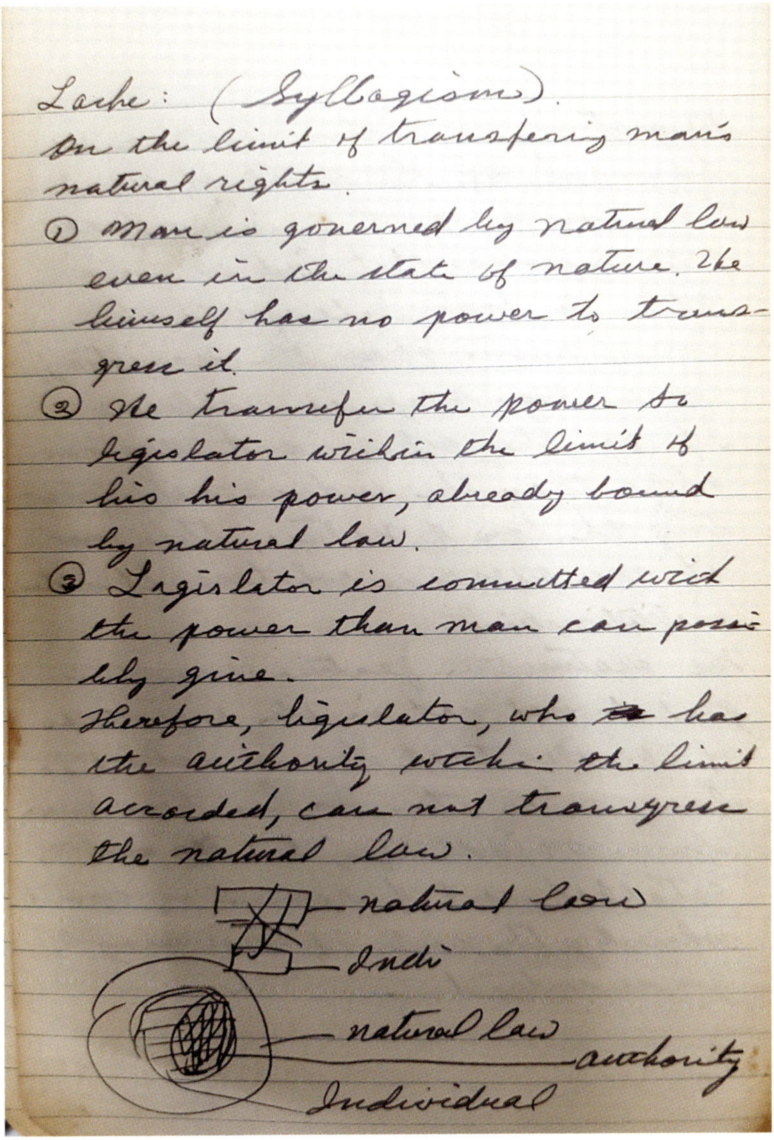

Locke: (Syllogism).
On the limit of transfering man's natural rights.

① Man is governed by natural law even in the state of nature. He himself has no power to transgress it.

② He transfer the power to legislator within the limit of his his power, already bound by natural law.

③ Legislator is committed with the power than man can possibly give.

Therefore, legislator, who has the authority within the limit accorded, can not transgress the natural law.

시카고대학교 대학원 시절의 연구노트

서울대학교 연구실

서울대학교에서

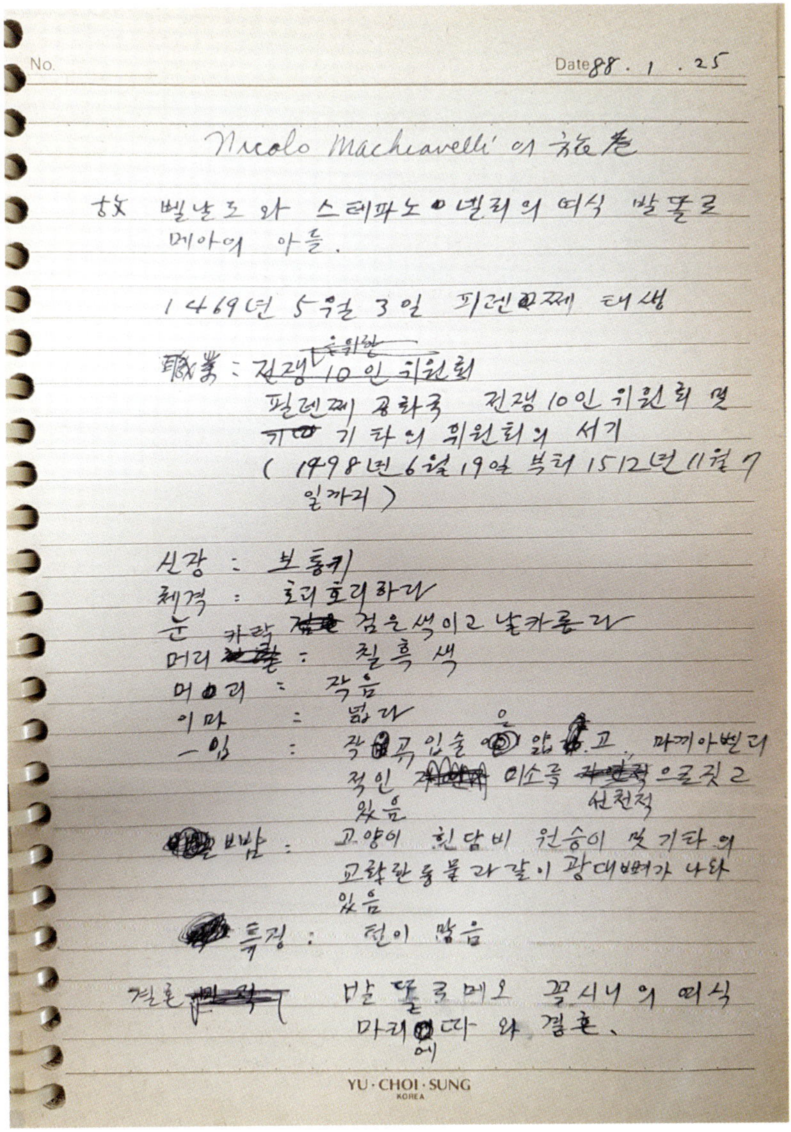
No.
Date 88. 1. 25
Niccolo Machiavelli 의 履歷
故 벨날도 와 스테파노 넬리의 여식 발돌로메아의 아들.
1469년 5월 3일 피렌체 태생
職業 : 필렌체 공화국 전쟁 10인 위원회 및 기타의 위원회의 서기
(1498년 6월 19일 부터 1512년 11월 7일까지)
신장 : 보통키
체격 : 호리호리하다
눈 : 검은색이고 날카롭다
머리카락 : 칠흑색
머리 : 작음
이마 : 넓다
입 : 작고 입술은 얇고, 마끼아벨리적인 미소를 선천적으로 짓고 있음
비밥 : 고양이 흰담비 원숭이 및 기타의 교활한 동물과 같이 광대뼈가 나타 있음
특징 : 털이 많음
결혼 : 발돌로메오 꼬시니의 여식 마리에따 와 결혼.
YU · CHOI · SUNG
KOREA

마키아벨리 노트

50대의 인산

60대의 인산

인산이 초대 소장을 맡았던 서울대학교 한국정치연구소의
계간논문집 『한국정치연구』의 제호를 선생님께 직접 써주셨습니다.

1995년 제4차 한중포럼(중국국가부주석 룽이런榮毅仁과 중국 중남해에서)

1996년 제5차 한중포럼(중국사회과학원 루신汝信 상무부원장/중국정치학원 회장과)

제5차 한중포럼 한국대표 단장 개회사 모습(1996년)

대학원장 시절의 인산(조완규 총장과 함께)

부총장 시절의 인산

차례

제7장

제8장

책머리에

1. 암울했던 일제강점기에 가난한 식민지백성의 아들로 태어나 민족차별과 억압과 수탈을 울분 속에 목격해야 했으며 광란적인 중일전쟁과 태평양전쟁이 빚어낸 일상적 공포와 강제동원 속에 소년기를 보내던 가운데 마침내 '해방'을 맞이했으나 분난과 내전에 가까운 대혼란을 겪으며 "국가란 무엇이고 힘없는 국민들을 위해 정치는 어떻게 해야 하는가?"라는 대승적 문제의식을 지닌 채 고뇌하던 소년이 있었다. 대한민국정부수립은 그에게 한 가닥 희망을 주었다. 그것이 비록 민족통일이라는 지상과제에서 볼 때는 미흡한 것이었으나 그래도 그것을 통해 이념적·사상적 갈등이 어느 정도 완화되고 민주주의의 보편적 가치 위에서 새로운 정치 질서가 세워질 수 있다는 기대를 가질 수 있었기 때문이었다.

정치적·사회적 쟁점들에 대해 감수성이 높으면서도 지적으로 성숙했고 때로는 '천재소년'이라는 칭찬까지 들으며 주위의 기대를 한 몸에 받았던 그가 검정고시를 거쳐 대학의 문을 두드리게 되었을 때 최종적 선택은 정치학이었다. 정치학은 그때로서는 익숙하지 않은 미지(未知)의 학문이었다. 따라서 직업적 안정성을 추구하거나 이른바 세속적 출세와 치부를 지향하는 젊은이들에게는 그 선택이 주저스럽기만 했다. 그러나 유년시절부터 '조문도석사가의(朝聞道夕死可矣)' 곧 "아침에 도(道)를 들으면 저녁에 죽어도 좋다"는 공자님 말씀에 감명을 받고 구도자(求道者)의 삶을 꿈꾸었던 이 소년은 과감히 정치학을 선택했다.

이미 소년시절에 광범위하면서도 심층적인 독서를 통해 동서양과 조선=한국의 사상가들에 익숙해 있던 그였다. 그러한 바탕 위에서, 서양에서는 플라톤과 아리스토텔레스 그리고 루소의 가르침들, 동양에서는 공자와 맹자 그리고 묵자의 가르침들, 조선=한국에서는 퇴계와 율곡 그리고 다산의 가르침들을 공부해 그것들을 토대로 민족의 진로를 밝힐 수 있는 정치이론을 세워 나라와 겨레에 조금이라도 보탬을 주겠다는 포부를 안고 서울대학교 문리대 정치학과에 입학한 것이다.

그 이후 그는 학부와 대학원 그리고 도미유학을 거친 뒤 모교에서 교수로 일생을 바쳤다. 그 긴 파란만장한 세월의 풍파 속에서도 자신의 배움이 제시하는 길을 따라 올곧게 살아오면서, 학생들에 대해서는 물론이고 교수들에 대해서도 그리고 사회에 대해서 많은 가르침을 주었다. 한국에서 그 역사가 길지 않았던 근대적 정치학의 성장과 발전에 대해서도 크게 기여하였다. 고(故) 인산(仁山) 김영국(金榮國) 박사가 바로 그 어른이다.

2. 2020년은 인산의 제자들과 후학들에게 특별한 해이다. 6월은 스승이 태어난 때로부터 만 90년이 되고 1월은 스승이 별세한 때로부터 만 20년이 되기 때문이다. '100세 시대'라는 오늘날의 관점에서 볼 때, 너무

아까운 연세에, 그리고 무르익은 자신의 학문적 온축(蘊蓄)을 반영한 저술들을 더 많이 출판해 후학들에게 하나의 연구방향을 제시할 수 있는 세월을 뒤로 남긴 채 세상을 떠난 것이다.

저자는 원래 인산의 탄생 100주년의 해이면서 별세 30주년의 해가 되는 2030년에 인산의 삶과 정치학세계를 돌아보는 책을 출판하고자 계획했었다. 30년이라는 한 세대가 지난 시점에야 비로소 객관적 평가가 가능하다는 인산의 평소 가르침을 늘 염두에 두었기 때문이다. 그러나 어느덧 만 77세를 바라보면서 이 계획을 접을 수밖에 없었다. 현재 집필하고 있는 12권의『남북한문전』총서 출판이 제3권에 그리고 집필완료가 제8권에 머물러 있을 뿐이므로 어느 무엇보다 이 총서의 출판을 마무리해야겠다는 생각, 게다가 80세 너머서의 건강을 낙관할 수 없는 데서 오는 절박감이 앞섰기 때문이다. 그래서 살아계셨으면 구순(九旬)을 맞이하시게 되는 2019년 6월로 앞당기기로 했다.

이렇게 마음을 먹었지만 주저스럽기만 했다. 못나기도 하고 어리석기조차 해 스승의 가르침에 충실하지 못한 탓에 꾸중을 들어야 했던 이 용렬한 제자가 감히 스승의 삶과 학문세계에 대해 용훼하는 것이 도덕적으로 옳으냐하는 의문이 일어났기 때문이다.

그래도 이수성(李壽成) 전 서울대학교 총장과 박범진(朴範珍) 전 한성디지털대학교 총장을 비롯한 선배들과 그리고 김문원(金文元) 한신대학교 석좌교수와 송진혁(宋鎭赫) 전 중앙일보사 편집국장 그리고 이준일(李俊一) 중앙대학교 명예교수 및 현승일(玄勝一) 전 국민대학교 총장[가나다 순서]을 비롯한 정치학과 동기생들이 "굽은 나무가 선산(先山)을 지킨다."라는 우리 속담을 상기시키면서 용기를 불어넣어주었다. 이들의 동의와 격려가 없었더라면, 감히 펜을 들지 못했을 것이다.

이 책을 통해, "인산은 언제 어디서 누구로부터 어떤 내용의 정치학을 공부했으며, 또 그것을 바탕으로 어떤 성격의 정치학을 정립해 강의했는가?"를 밝히고자 한다. 아울러 "인산의 정치학은 한국의 근·현대 정치학의 역사에서 어떤 자리에 있는 것인가?"에 대답하고자 한다. 이러한 토대 위에서 인산의 삶과 학문세계를 다시 조명함으로써 인산이 지녔던 이상(理想)이 비록 때로는 좌절되기도 했으나 어떤 모습으로 오늘날 우리에게 남아있으며 그것이 우리에게 주는 교훈은 무엇인가를 깊이 생각하고자 한다.

3. 양해의 말씀을 올리고자 한다. 첫째, 인산은 자신의 스승 공삼(公三) 민병태(閔丙台) 교수로부터 다원국가론(多元國家論)을 배웠고, 그 틀 안에서 영국의 정치학자 라스키(Harold Joseph Laski)를 읽었다. 따라서 이 책에는 공삼의 정치학을 다룬 저자의 『공삼 민병태 교수의 정치학: 해방 이후 한국에서 정치학이 소생–성장–발전한 과정의 맥락에서』(서울대학교 출판문화원, 2013)와 불가피하게 겹치는 부분이 없지 않다는 사실이다. 특히 라스키 부분이 그러하다.

둘째, 인산에 대한 저자의 설명에 객관적이지 않은 부분이 포함됐다는 비판이 따를 수 있을 것이다. 비록 고의(故意)는 아니었지만, 그러한 부분이 있어 인산에게 누(累)가 된다면 그것은 전적으로 저자의 잘못이다.

집필과 출판에 도움을 준 분들

늘 그러했지만, 이 책을 씀에 있어서도 많은 분들로부터 도움을 받았다. 우선 준봉(峻峰) 구범모(具範謨) 선생님으로부터 인산에 대한 여러 말씀들을 들었다. 선생님은 학번을 기준으로 말할 때 인산의 3년 후배이며 서울대학교 문리대 정치학과 교수진에서도 후배였기에, 그리고 선생님이 학교를 떠나신 뒤에도 인산과 가까이 지내셨기에 후학들이 잘 모르고 있었던 그 당시의 학풍을 비롯해 여러 일화들을 들려주실 수 있었다.

효당(曉堂) 이홍구(李洪九) 선생님으로부터도 도움을 받았다. 인산의 중·고등학교 후배이면서 정치학과 교수진에서도 후배였던, 그리고 선생님 스스로 학교를 떠나신 뒤에도 인산과 무척 가까이 지내셨기 때문에 그 나름의 많은 이야기들을 들려주실 수 있었다.

인산의 많은 제자들 가운데, 특히 서울대학교 사회과학대학 정치학과 명예교수 김홍우(金弘宇) 박사, 건국대학교 사회과학대학 정치외교학과 명예교수 백영철(白榮哲) 박사, 경남대학교 법정대학 정치외교학과 명예교수 심지연(沈之淵) 박사, 전 호남대학교 대학원장 백운선(白雲善) 박사, 한국해양전략연구소 소장 이서항(李瑞恒) 박사, 경기대학교 총장 김인규(金仁圭) 박사, 서울디지털대학교 총장 김재홍(金在洪) 박사, 국민대학교 사회과학대학 정치외교학과 명예교수 이종은(李鍾殷) 박사, 인하대학교 사회과학대학 정치외교학과 명예교수 김용호(金容浩) 박사, 고려대학교 정경대학 정치외교학과 명예교수 임혁백(任爀伯) 박사, 서울대학교 사회과학대학 정치학과 명예교수 박찬욱(朴贊郁) 박사, 한국학중앙연구원 한국학대학원 명예교수 정윤재(鄭允在) 박사, 그리고 한국외국어대학교 사회과학대학 정치외교학과 교수 김용민(金容敏) 박사[입학년도 순서] 등이 여러 자료들을 전해주었거나 이야기들을 들려주었다.

인산의 조교들 가운데, 1981년부터 1983년까지 인산을 모셨던 대전대학교 리버럴아츠칼리지 정치외교학과 교수 진석용(秦錫用) 박사, 1982년부터 인산을 끝까지 가장 오랫동안 모셨던 전 통일교육원 교수 김동수(金東洙) 박사, 그리고 인산의 장남 김주완(金柱完) 차남 김창완(金昶完) 형제는 모든 과정에서 성의껏 도와주었다. 특히 주완·창완 형제는 자신들이 보관하고 있던 인산의 여러 노트북들 및 메모들을 찾아주었으며, 김주완의 누이동생이며 김창완의 누이로 현재 캐나다에 거주하는 김원경(金園景) 여사는 인산의 여러 사진들을 보내주었다. 타자와 인터넷검색 및 교정은 단국대학교 교양학부 이일배(李一培) 조교가 맡아주었다. 이 책의 제자(題字)는 아내가 써주었다.

여기서 특별히 이화여자대학교 인문과학대학 사학과 교수 정병준(鄭秉峻) 박사에게 감사의 뜻을 표시하고자 한다. 정 교수는 저자에게 "미국에서 정치학을 전공해 학위를 받은 최초의 조선=한국인은 서병규(徐丙

珪, 1872~1952)이다."라고 일깨워주면서, 그에 관한 자료들을 소개해주었다.

마지막으로, 이 책이 도서출판 인간사랑에서 출판될 수 있도록 적극적으로 도와준 서울대학교 사회과학대학 정치외교학부 유홍림(柳弘林) 교수와 강원택(康元澤) 교수 등에게 고마움을 표시하고자 한다. 또 수익성이 전혀 없는 이 책의 출판을 맡아준 도서출판 인간사랑의 여국동(呂國東) 사장 및 권재우(權載祐) 편집장을 비롯한 여러분에 대해서도 감사하고자 한다.

그러나 이 책에 대한 모든 책임은 저자 한 사람에게 있다.

2019년 6월 3일

선생님이 살아계셨으면 구순(九旬)을 맞이하는 6월 26일을 앞두고

저자

제1장

이 책의 기본성격:
‘한국 정치학의 뿌리’에서의 김영국 교수의 자리

제1절 '한국 정치학의 뿌리'를 형성했던 개척자들

정치학도로서 저자는 오랫동안 "우리나라에서 우리가 정치학이라고 부르는 이 학문은 언제 어떤 경로로 어떤 사람들에 의해 어떤 내용과 형태로 수용되고 성립되어 오늘날에 이르렀는가?"라는 물음을 가져왔다. 이 물음을 일단 '한국 정치학의 뿌리를 찾아서'라는 말로 요약하고, '뿌리'에 해당되는 '정치학자'들을 찾기 시작했다. 그렇지만 그들을 모두 찾기는 어려웠다. 그래서 다음에서는 부분적으로 선택해 소개하기로 한다. 소개의 순서는 대체로 그들 각자의 저술들이 출판된 연도를 기준으로 삼아 정하기로 한다.

제1항 구한말

오늘날의 정치학에 해당되는 학문은 고조선으로까지 소급해 찾을 수 있으며, 특히 유학(儒學)에 바탕을 두고 통치했던 삼국시대 및 고려시대로까지 소급해 찾을 수 있다. 아무리 늦게 잡는다고 해도, 제왕학(帝王學) 그리고 통치학(統治學)의 뼈대를 형성했던 성리학(性理學) 또는 주자학(朱子學) 또는 정주학(程朱學)을 치국(治國)의 원리로 삼았던 조선왕조로 소급한다고 해서 결코 무리는 아니다.[1] 그러나 이 책에서는 서양의 근대적 정치학을 염두에 두고 그것이 전래되고 수용된 구한말로부터 찾기로 한다.

유길준

서양의 근대적 정치학을 염두에 둘 때, 우리나라 최초의 정치학자로는 조선왕조 말기로부터 일제강점기 초기까지 살았던 구당(矩堂) 유길준(兪吉濬, 1856~1914)을 꼽지 않을 수 없다. 그가 구한말에 저술한 「중립론(中立論)」과 『서유견문(西遊見聞)』 및 『정치학(政治學)』을 비롯한 일련의 저술들은 국제정치학을 포함한 광범위한 의미에서의 정치학을 주제로 삼았기 때문이다.

유길준이 일본과 미국에서의 일시적인 수학을 마친 뒤 귀국해 연금된 상태에서 집필하고 1895년에 출판한 『서유견문』은 고대희랍의 소크라테스(Socrates)와 플라돈(Platon) 및 아리스토델레스(Aristoteles), 프랑스의 몽

1 고조선 이후 구한말 이전까지 우리나라에서 전개됐던 통치의 철학과 그 내용에 대해서는 저자가 다음 책에서 설명했다. 김학준, 「제2장 고조선으로부터 조선왕조 후기까지의 정치사상가들」으로부터 「제4장 조선왕조의 개항을 전후한 시기에 서양정치에 관한 지식들이 들어오다: 서양정치학 수용의 예비단계」, ______, 『구한말의 서양정치학 수용 연구: 유길준·안국선·이승만을 중심으로』(서울대학교 출판문화원, 2011), 9-234쪽.

테스키외(Montesquieu, 1689~1755), 독일의 헤겔(Georg Wilhelm Friedrich Hegel, 1770~1831), 영국의 제러미 벤담(Jeremy Bentham, 1748~1832)과 허버트 스펜서(Herbert Spencer, 1820~1903) 등의 정치이론들을 소개함과 동시에 국가의 권리, 주권, 인민의 권리, 전제군주제, 입헌군주제, 공화제, 대통령제정부, 의원내각제정부, 삼권분립, 의회정치, 정당정치, 여론정치, 재산권, 식민지 및 속국 등에 대해 소개한 것이다. 그렇기에, 학계는『서유견문』을 우리나라 최초의 정치학 저서로, 그리고 유길준을 우리나라 최초의 정치학자로 인정하고 있다.[2]

유길준은『서유견문』에 이어『정치학』이라는 원고를 남겼다. 이 원고는 출판되지 않았다. 그래서 언제 집필한 것인지 정확히 알 수 없다. 그러나 유길준을 전문적으로 연구한 이광린(李光麟, 1924~2006) 교수는 그가 1896년에 망명지 도쿄에서 집필한 것으로 추정한다.[3]

뒷날 발굴된 이 원고를 꼼꼼히 읽어보면, 요한 블룬칠리(Johanm Kaspan Bluntschli, 1808~1881) 및 게오르그 폰 옐리네크(Georg Von Jellinek, 1851~1911) 등이 정립한 독일의 국가학적 정치학 또는 국법학적 정치학에 관한 저술을 일본인이 번역해 일본에 소개한 정치이론들 가운데 일부를 유길준이 축약한 것으로 추정된다. 거기에는 국가기원론(國家起源論)과 국가구성론(國家構成論) 및 국체론(國體論) 그리고 도시국가론(都市

2 유길준과 그의 저술들에 대해서는 국어국문학자·국사학자·법학자·경제학자 등을 비롯해 여러 학자들이 이미 자세하게 썼다. 그래서 저자로서는 더 이상 부연하지 않고 소략하게 소개했다. 유길준과 그의 저술들에 대한 저자의 분석은 다음에서 이미 제시됐다. 김학준,「제5장 유길준의 서양정치학 수용(1):「중립론」과『서유견문』을 중심으로」, ______,『구한말의 서양정치학 수용 연구: 유길준·안국선·이승만을 중심으로』(서울대학교 출판문화원, 2011), 235-296쪽.

3 이광린,『유길준』(동아일보사, 1992), 178쪽.

國家論)과 해양국가론(海洋國家論)을 비롯해 우리가 오늘날 '정치문화'라고 부르는 이론에 비슷한 '기후 및 토양과 국민성과의 관계' 그리고 정치지리학, 정부형태론, 지방자치론, 국제관계론 등이 담겨져 있다.[4]

유길준은 1894년의 갑오개혁(甲午改革)에 참여했으며 고종이 아관파천(俄館播遷) 직후에 내린 포살령(捕殺令)을 피해 일본으로 망명한 뒤에는 조선에서의 반정부 쿠데타를 음모하기도 했다. 보기에 따라서는 '친일적'이었다. 그러나 일제가 대한제국을 강제로 '병합'한 뒤 반일적인 태도를 확고하게 보였다. 일제가 주는 작위 그리고 은사금을 모두 거절했으며, 일제의 조선병합에 대해 비판적인 언설을 보였던 것이다.

서병규

유길준의 뒤를 이어 정치학을 전공한 학자는 서병규(徐丙珪, 1872~1952)였다.[5] 서울의 한 가난한 집안에서 태어나 어린 시절에 겨우 서당을 다니며 기초지식 정도를 배웠을 뿐인 그는 한 외국인의 도움으로 19세 때인 1891년에 도미유학의 길에 올라 샌프란시스코에서 잡일들을 하며

4 유길준의 『정치학』에 대해 저자는 다음에서 자세히 설명했다. 김학준, 「제6장 유길준의 서양정치학 수용(2): 『정치학』을 중심으로」, ______, 『구한말의 서양정치학 수용 연구』, 297–356쪽.

5 서병규에 대한 설명은 전적으로 다음에 의존했다. 이민식(李民植), 「겸손 성실 긍휼의 화신 보통인 서병규 연구」, ______, 『개화기의 한국과 미국관계』(파주: 한국학술정보주식회사, 2009), 365–399쪽. 서병규에 대한 자료는, 이민식 교수가 지적했듯, 서병규의 딸이 영어로 쓴 회고록 하나뿐이다. 이 회고록은 이민식 교수에 의해 번역돼 다음과 같이 소개됐다. 이민식, 「왕바우산 밤나무집 사람: 겸양 성실 긍휼의 화신 서병규(1872~1952)」, ______, 『개화기의 한국과 미국관계』, 441–603쪽. 서병규에 대한 이러한 논문과 번역문이 있음을 저자에게 알려준 이가 바로 정병준 교수였다.

학비를 벌어 초등학교과정 2년을 마쳤다. 그 이후 우여곡절을 겪으며 마침내 22세 때인 1894년에 버지니아주 세일렘(Salem)에 위치한 로녹칼리지(Roanoke College)에 입학할 수 있었고 1898년에 이 학교에서 조선=한국인으로 처음 학사학위를 받을 수 있었다. 독립운동가 김규식(金奎植)이 이 학교를 졸업한 사실은 널리 알려져 있었지만, 그에 앞서 서병규가 이 학교를 졸업한 사실은 이민식(李民植) 교수에 의해 처음 밝혀졌다. 로녹칼리지는 오늘날에도 리버럴아츠칼리지로 명성이 높지만 그 당시에는 평가가 훨씬 더 높았다.

서병규가 로녹칼리지에서 어떤 과목들을 수강했는지는 아직 밝혀지지 않았다. 그러나 그 시절의 리버럴아츠칼리지가 그러했듯 로녹칼리지도 정치학을 포함한 인문사회과학의 기초적 학문들을 가르쳤을 것이며, 서병규도 정치학에 관한 강의를 들었을 것이다. 이러한 추론을 뒷받침해 주는 하나의 자료는 이민식 교수가 발굴한 서병규의 논문 「개인적 사회("The Individual Society")」다. 로녹칼리지를 졸업하던 시점에 작성한 이 논문은 국가, 사회주의, 개인주의, 공산주의, 인간사회의 불평등 등을 다뤘는데, 이 주제들은 정치학의 중요한 관심사들이기 때문이다. 이 논문에서, 그는 "인간사회는 개인의 주장과 권리를 최상으로 하는 사회이어야 한다."라는 결론을 제시했다.

서병규는 곧바로 프린스턴대학교 대학원에 진학했다. 그의 전공은 '정치학(science of government)'으로, 우드로 윌슨(Woodrow Wilson) 교수의 지도를 받았다. '특별과정'을 밟은 그는 1년 뒤인 1899년에 석사학위를 받았으며, 이로써 그는 미국의 대학에서 최초로 정치학석사학위를 받은 조선=한국인이 되었다. 그의 뒤를 이어 이승만이 이 대학교에서 윌슨 교수의 지도 아래 정치학박사학위를 받는다.

석사학위를 받은 직후 귀국한 서병규는 대한제국의 관리로 새 생활을 시작했다. 중학교 교관으로 출발해, 주로 하와이로의 이민을 다루던 기관인 수민원(綏民院)의 총무국장을 거쳐 농상공부의 공무국장으로 비교적 순탄한 생활을 계속했다. 그러나 을사늑약을 겪었을 뿐만 아니라 일제에 의한 국권상실이 눈앞에 닥쳤다고 생각하게 된 그는 가족과 함께 중국으로 망명의 길을 택했다. 우선 동북3성에서 생활한 데 이어 상해로 이주해 살았다. 그러나 대한민국임시정부에 참여하지는 않은 것 같다. 그는 상해를 떠나 다시 동북3성으로 돌아왔지만 전반적으로 그의 망명생활은 결코 순탄하지는 않았다.

일제패망과 더불어 서병규는 가족과 함께 소련이 점령한 북한을 거쳐 어려움을 겪으면서 미군정 치하의 서울로 돌아왔다. 그의 미국에서의 교육경력에 비추어 미군정에 기용될 만했다. 그러나 그는 미군정에 접근하지도 않았으며 평범한 시민으로 생활했다. 6·25전쟁이 일어나면서 부산으로 피난했던 그는 1952년 11월 13일에 향년 80세로 별세했다.

조선=한국인으로 사실상 최초로 대학에서 정치학을 전공해 학위를 받은 그가 정치학과 관련해 어떤 글을 남겼는지 전혀 알려지지 않고 있다. 그렇기에 그의 학문적 유산이 무엇인지는 앞으로의 연구과제로 남아 있다고 하겠다.

안국선

유길준의 뒤를 이어 정치학을 전공하고 정치학에 관한 저술들을 출판한 학자가 천강(天江) 안국선(安國善, 1878~1926)이다. 그는 1907년에 신소설 『금수회의록(禽獸會議錄)』을 출판해 문명(文名)을 떨쳤고 그 책이 당시로서는 베스트셀러에 속했기에, 그에 대한 관심은 그 사실에 집중되어 그가 정치학에 관한 저술들을 출판한 사실은 1980년대 후반에 이르러서야 주목을 받았다.

안국선은 1895년에 게이오대학으로 유학을 떠나 1896년에 3년제 도쿄전문학교(오늘날의 와세다대학의 전신) 정치과(정치학과가 아니다)애 입학했으며 1899년에 졸업함으로써 조선=한국인으로는 서병규에 이어 대학급 학교에서 정치학과를 졸업한 두 번째 사례가 됐다. 그는 귀국한 이후 구미(歐美)의 저술들을 바탕으로 일본인들이 번역한 책들에 의지해『외교통의(外交通義)』와『정치원론(政治原論)』 등을 출판함으로써 '한국 정치학의 뿌리' 부분에 해당되는 '선구적 정치학자'라는 평가를 받을 수 있게 됐다.[6]

안국선이 1907년에 출판한『정치원론』은 독일 및 오스트리아의 국가학적 정치학 그리고 미국의 자유민주주의적 입헌민주주의적 정치학을 담았다. 국가의 본질과 형태, 성문헌법(成文憲法)과 불문헌법(不文憲法), 정부의 본질과 형태(대통령제 및 의원내각제), 의회제도(단원제 및 양원제), 선거제도(소선거구제 및 대선거구제), 정당제도(양당제 및 다당제), 삼권분립 등을 상세히 설명했으며, 식민지본국과 속국의 관계에 대해서도 상세히 설명했다. 고대희랍의 플라톤과 아리스토텔레스 및 폴리비우스(Polybius)를 비롯해, 영국의 토머스 홉스(Thomas Hobbes, 1588~1679)와 존 로크(John Locke, 1632~1704) 및 존 스튜어트 밀(John Stuart Mill, 1806~1873), 프랑스

6 김학준, 「우리나라 정치학 도입기의 지도적 정치학자 안국선의 주요 저서 소개」, 『한국정치학회보』 제21집 제2호(1987년 12월), 233-246쪽. 저자는 이 논문을 다시 써서 다음과 같이 발표했다. Hakjoon Kim, "The Life and Works of An Kuk-sŏn, a Pioneer of Political Science in the Great Han Empire," *Korea Journal*, Vol. 35, No. 4(Winter, 1995), pp. 26-38.

의 장 보당(Jean Bodin, 1530~1596)과 몽테스키외 및 장 자크 루소(Jean Jacques Rousseau, 1712~1778) 그리고 알렉시스 드 토크빌(Alexis de Tocqueville, 1805~1859)의 정치이론도, 게다가 네덜란드의 국제법학자 유고 그로티우스(Hugo Grotius, 1583~1645)의 국제법학설도 자세히 설명했다.

유길준과 대조적으로, 안국선은 친일의 길을 걸었다. 대한제국이 일제의 '보호국'으로 전락한 직후에 구성된 이완용(李完用) 내각에 출사했으며, '한일합방' 직후에는 일제가 주는 경상북도 청도군 군수를 받아들여 일제에 의해 해임될 때까지 재직했던 것이다.

이승만

안국선과 거의 같은 시기에 서양정치학의 성격을 담은 저술들을 출판한 대표적인 사람으로, 훗날 대한민국의 초대-3대 대통령으로 선출된 우남(雩南) 이승만(李承晩, 1875~1965)을 꼽을 수 있다. 그는 우선 미국인 선교사 아펜젤러(Henry Gerhard Appenzeller, 1858~1902)가 세운 배재학당(培材學堂)에서 서양의 역사와 문물제도에 대해 배우는 가운데 특히 미국의 정치철학 및 정치제도에 대해 배웠다. 그가 1904년에 집필을 시작해 1909년에 또는 1910년에 출판한 『독립정신』은 미국의 정치제도에 대한 그의 해박한 지식을 보여주었다.[7]

---

7 이승만, 『독립정신』(로스엔젤레스: 대동신서관, 1910; 활문사, 1946, 복간본; 정동출판사, 1993, 복간본). 국한문혼용으로 쓰인 이 책을 오늘날의 한국어로 풀어 쓴 책은 다음이다. 김충남·김효선 풀어씀, 『독립정신: 조선민족이여 깨어나라』(동서문화사, 2010). 이 책에 대한 저자의 분석은 다음이다. 김학준, 「『독립정신』에 나타난 정치적신조」 및 「『독립정신』에 나타난 서양정치학의 지식」, ______, 『구한말의 서양정치학 수용 연구』, 502-506쪽 및 506-511쪽.

이승만은『독립정신』을 탈고한 때로부터 5개월이 지난 시점인 1904년 11월에 도미했다. 잘 알려져 있듯, 그는 1905년 2월에 조지워싱턴대학교에 편입해 정치학을 비롯한 인문사회과학을 공부하고 1907년 7월에 졸업했다. 이어 1907년 9월에 하버드대학교 대학원「역사학·정치학·경제학과」에 입학해 1910년 2월에 정치학석사학위를 받았다. 그 사이인 1908년 9월부터 1910년 6월까지 프린스턴대학교 대학원「역사학·정치학·경제학과」에서 미국헌법론·미국정부론·외교론·국제법·유럽외교사·철학사 등을 수강했으며,「미국의 영향을 받은 중립("Neutrality As Influenced by the United States")」이라는 논문으로 박사학위를 받았다.[8]

이렇게 볼 때, 이승만은 대학을 기준으로 삼아도 우리나라 초기의 대학 정치학과 졸업생이며 대학원을 기준으로 삼으면 더더욱 우리나라 초기의 정치학석사이고 최초의 정치학박사이다. 그러나 그는 항일독립운동에 전념하느라고 서양의 정치학을 조선=한국에 보급하는 일은 하지 않았다. 8·15해방 이후에도, 그는 '건국투쟁' 그리고 대통령으로서의 공무수행에 많은 시간을 썼기에 '정치학자'로서의 활동은 보여주지 않았다.

제2항 일제강점기

미국: 박용만·정한경·김려식 등

이승만과 비슷한 배경에서 도미해 미국에서 정치학을 전공하고 학위

8 이 논문은 다음과 같이 한국어로 번역됐다. 정인섭,『이승만의 전시중립론: 미국의 영향을 받은 중립』(나남출판사, 2000).

를 받은 조선=한국인들이 있었다. 그들에게는 하나의 공통점이 있었다. 모두 이승만의 동지 박용만(朴容萬, 1881~1928)이 항일독립운동가들을 길러내기 위해 네브라스카주 헤이팅스(Hastings)시에 세운「한인소년병학교」 졸업생들이라는 사실이다. 그들 가운데는, 이 학교를 졸업하고 미시간대학교(University of Michigan) 상과대학을 졸업한 뒤 '숙주나물 통조림 사업'을 성공시켜 그것을 토대로 1926년에 서울에서 유한양행(柳韓洋行)을 창립한 독립운동가 유일한(柳一韓, 1895~1971)이 포함됐다. 그리고 이 학교에서 교사로 봉직한 구영숙(具永淑, 1892~1976)은 훗날 에모리대학교 의과대학을 졸업해 의사가 되며 대한민국정부가 수립된 직후 초대 보건부장관으로 봉직한다.[9]

이 학교의 설립자 박용만 스스로 1912년에 네브라스카대학교(University of Nebraska) 정치학과를 졸업하고 학사학위를 받았다. 그는 독립운동에 전념하기 위해 대학원에 진학하지 않았으며 자신이 배운 정치학의 보급과 교육에 관심을 두지 않았다. 그러나 그가 독립운동의 과정에서 제창한 '국호론(國號論)' 및 '무형정부론(無形政府論)'은 오늘날의 시점에서도 주목을 받을 만하다. '국호론'에서, 그는 "대한제국은 망한 나라이다. 그러므로 '대한'이라는 이름을 국호로 쓰는 것은 적절하지 않다. 그 대신에, 만수일대에서 사주싱을 떨치던 국가 고조선을 염두에 두고 '조선'이라는 이름을 쓰는 것이 바람직하다."라고 제의했으며, '무형정부론'에서 "현재는 국가가 없어졌으니 진정부(眞政府)를 세울 수 없는 만큼 우선 무형정부 또는 가정부(假政府)를 세워 이것을 진정부로 발전시키고 새로운 국가를 세워야 한다."고 제의한 것이다. '무형정부론'은 영국에 대항해 독

9 안형주(安炯株), 『박용만과 한인소년병학교』(지식산업사, 2007), 146–147쪽.

립운동을 전개하던 아일랜드인들이 제창했던 이론으로 박용만은 여기서 암시를 받았던 것 같다.[10]

박용만에 이어 헨리 정(Henry Chung)이라는 영문이름으로 미국사회에 알려진 정한경(鄭翰景, 1890~1985)은 1917년에 네브라스카대학교 정치학과를 졸업하면서 학사학위를 받았고 1919년에 「미국의 동양정책("*The Oriental Policy of the United States*")」이라는 논문으로 정치학석사학위를 받았으며, 1921년에 아메리칸대학교(American University)에서 「코리아의 사례("The Case of Korea")」라는 논문으로 정치학박사학위를 받았다. 이로써 그는 이승만에 이어 미국에서 정치학박사학위를 받은 두 번째 조선=한국인이 되었다.[11]

학구적 성품의 정한경은 1919년에 자신의 석사학위논문을 바탕으로 『미국의 동양정책(*The Oriental Policy of the United States*)』(New York: Fleming H. Revell)을 출판했다. 이 책을 통해 그는 미국이 동양에서 제국주의국가들을 지원하고 있다고 비판했다. 그는 이어 자신의 박사학위논문을 바탕으로 『코리아의 사례(事例): 코리아에 대한 일본의 지배에 관한 그리고 코리아의 독립운동의 전개에 관한 증거의 모음(*The Case of Korea: A Collection of Evidence on the Japanese Domination of Korea, and on the Development of the Korean Independence Movement*)』(New York: Fleming H. Revell, 1921)을 출판했는데, 이 책은 일제가 어떤 방식과 내용으로 조선을 침략하고 마침내 국권을 침탈했던가를 치밀하게 분석했다. 그는 그 이후 일관되게 이승만의 독

10 위와 같음, 316–323쪽.

11 정한경의 이 학교에서의 기록은 위와 같음, 155쪽. 그리고 385–387쪽 및 390–393쪽에서 읽을 수 있다.

립운동을 지원했으며, 대한민국임시정부를 위해서도 헌신했다.

정한경에 이어, 김려식(R. S. Kim: 金麗植, 1889~6·25전쟁 때 납북)은 아이오와대학교(University of Iowa) 정치학과를 졸업하고 같은 곳에서 1920년에 「코리아의 정치적 문제("The Political Problem of Korea")」로 석사학위를 받았으며, 1924년에 아메리칸대학교에서 「코리아와 미국 사이의 초기 관계("The Early Relations Between Korea and the United States")」로 정치학박사학위를 받았다. 이로써 그는 조선=한국인으로 세 번째 정치학박사가 됐다.[12]

일제가 패망한 직후, 그 사이 이미 별세한 박용만은 귀국할 수 없었지만 정한경과 김려식은 모두 남한으로 돌아왔다. 우선 정한경은 이승만의 반공적 '건국운동'을 지원하는 가운데 북한을 점령한 소련을 비판하는 『러시아인들이 코리아에 왔다(*The Russians Came to Korea*)』(Seoul: Korean Pacific Press, 1947)를 출판했다. 그는 한국과 미국 그리고 두 나라 사이의 관계에 대해 많은 글들을 썼는데, 이 원고들은 그가 별세한 뒤 유영익(柳永益) 교수에 의해 『전쟁과 평화를 함께 겪은 코리아와 미국(*Korea and the United States Through War and Peace, 1943-1960*)』(Seoul: Yonsei University Press, 2000)으로 정리돼 출판된다.[13]

김려식 역시 반공적 입장에 서서 '건국운동'에 참여했다. 1946년 2월

---

12 안형주(安炯株), 『박용만과 한인소년병학교』(지식산업사, 2007), 385-387쪽 및 390-393쪽. 이 책은 여러 곳에서 정한경과 김려식에 대해 설명했다.

13 이 책에 대한 서평으로 다음이 있다. 김학준, 「서평: 한반도 현대사에 대한 한 독립운동가의 시각; *Korea and the United States Through War and Peace, 1943-1960* by Henry Chung」, 『한국정치학회보』 제34권 제3호(2000년 12월), 331-336쪽.

14일에 미군정이 자신의 자문기관으로 발족시킨 남조선대한국민대표민주의원의 의원으로 활동한 것이다. 그는 제2대 민의원 총선에도 입후보했으나 낙선했다. 그가 자신이 배운 정치학의 보급 및 교육에 관련해 어떤 행동을 했는지는 밝혀진 것이 없다.

일본: 안확

미국에서 독립운동가들이 정치학에 관심을 갖고 공부할 수 있었던 배경에는 미국이 자유민주주의를 옹호하는 나라로 정치학을 '자유민주주의의 기초이론을 세우고 가르치는 학문'으로 높이 평가한 사실이 자리를 잡고 있다. 그러나 일제강점기에 일제는 정치학을 '비판적 학문'으로 간주해 금압했다. 그래서 행정기술적인 성격의 정치학, 쉽게 말해, 일제가 실시하는 관리채용시험이 부과하는 정치학을 빼놓으면 학문 자체가 위축됐다. 그 결과 일제강점기에 조선인으로 정치학을 전공했던 사람들은 아주 적었다.

그렇지만 새로운 학문인 정치학에 대해 관심을 갖는 젊은이들은 남아있었다. 자산(自山) 안확(安廓, 1886~1946)이 바로 그였다. 안확은 1914년에 도쿄로 건너가 일제강점기에 도쿄의 니혼대학(日本大學) 정치학과에서 약 2년에 걸쳐 공부하고 돌아온 뒤 국학 분야에서 많은 학문적 업적을 쌓는 가운데, 1923년에 『조선문명사(조선정치사)』를 출판했다.[14] 이 책에서 그는 유럽의 정당정치를 염두에 두면서 조선조의 '당쟁'을 부정적

---

14 안확에 대해서는 국어국문학자들과 국사학자들에 의해 여러 저술들이 출판됐다. 예컨대, 안확 저, 이태진 교주·해설, 『조선문명사』(중앙일보사 중앙신서109, 1983) 및 안확 저, 최원식·정해렴 번역, 『안자산 국학론 선집』(현대실학사, 1996).

으로만 볼 것이 아니라 조선의 역사에서 정당정치가 시작된 원천으로 보아야 한다고 주장한 것이다.

이러한 주장은 대한제국의 학정참여관(學政參與官)으로 1900년에 내한한 뒤 1906년까지 활동하다가 귀국해 1907년에 도쿄제국대학에서 「한국정쟁지(韓國政爭志)」로 법학박사학위를 받은 시데하라 히로시(幣原坦, 1870~1953)의 '당쟁망국론'에 대한 반박이었다. 시데하라는 "조선은 당쟁 때문에 망했다."는 명제를 제시함으로써, 당쟁을 아주 부정적으로 보게 만들었던 것이며 또 조선멸망의 원인을 일제의 침략이 아니라 조선의 당파적 싸움에 돌려놓았던 것이다.

대조적으로, 안확은 조선에서는 당쟁을 통해 신하가 군주의 권한을 제약하면서 신하의 군주견제권을 강화시킬 수 있었다는 결론을 제시하고, 조선에서의 당쟁은 영국에서 정당들이 발생했을 때의 상황과 유사하다고 평가했다. 『조선문명사(조선정치사)』로써, 안확은 확실히 '한국 정치학의 뿌리' 가운데 어느 한 부분을 차지할 수 있었다.[15]

안확의 정치학을 말할 때, 반드시 포함시켜야 할 사실은 그가 일제강점기에 때로는 항일운동에 적극적으로 참여하고 때로는 적극적이진 않더라도 비타협의 노선으로 일관했다는 점이다. 3·1운동 때는 고향 경상남도 마산에서 직접 참여했으며, 1930년대에는 연해주 등을 비롯한 항일독립운동의 거점들을 순방하기도 했다.

일제의 패망은 그에게 자신의 정치적 신념을 펼 수 있는 기회를 주었다. 그래서 일제강점기에 일제에 협력하지 않았던 민족주의자들과 정당

15 김학준, 「서평: 안자산의 『조선문명사: 조선정치사』」, 『사회과학과 정책연구』(서울대학교 사회과학연구소) 제8권 제3호(1987년 2월), 117-127쪽.

을 창당하기 위한 정치활동에 참여했으나 1946년 11월에 급환으로 별세함으로써 뜻을 이루지 못했다.

중국: 김성숙·최요환

중국에서도 정치학을 공부한 조선=한국인들이 있었다. 우선 중국의 경우, 김성숙(金星淑, 1898~1969)은 자신이 북경으로 망명해 항일독립운동에 참여하던 때 북경국민대학 정치경제학과에서 정치학을 공부했다.[16] 그러나 그가 배운 정치학의 내용이 무엇인지는 전혀 밝혀지지 않았다. 대한민국임시정부의 좌우합작기에 무임소국무위원으로 활동했던 그는 훗날 남한의 정치에서 혁신운동에 참여해 몇 차례 투옥생활을 경험한다.

최요환(崔嶢煥, 1922~별세)은 상해에서 '일본중학교'를 졸업하고 상해에 있는 동아동문서원대학(東亞同文書院大學)에서 정치학과를 다니다가 일제패망과 더불어 귀국해 서울대학교 문리대 정치학과를 졸업했다. 그는 동국대학교 법정대학 교수 및 학장으로 봉직하면서 주로 의회제도론 및 의회정치론을 강의했으며, 『의회제도 개요』(영웅출판사, 1954)를 출판했는데, 그는 이 책을 여러 차례 수정증보했다. 『의회제도론』(영웅출판사, 1956), 『의회정치론』(동서문화사, 1959), 『현대의회정치론』 제5개정판(박영사, 1965), 『의회정치의 이론과 실제』(박영사, 1979년 초판; 1987년 5쇄) 등을 통해 의회제도와 의회정치에 관한 이론적 토대를 쌓았다. 그는 또 손문(孫文)의 『삼민주의(三民主義)』(범조사, 1960)를 번역·출판했으며, 『손문의 생

16 이정식 면담/김학준 편집해설/김용호 수정증보, 『혁명가들의 항일회상 : 김성숙·장건상·정화암·이강훈의 독립투쟁』(민음사, 2005), 75쪽. 김성숙이 자신의 「약력」에서 밝힌 사실이다.

애와 삼민주의』(박영사, 1980)를 출판했다.

'만주국': 표문화·이종항·강영훈

1932년에 일제의 괴뢰국으로 세워진 '만주국'은 같은 해에 자신의 관리들을 양성하기 위한 기관으로 대동학원(大同學院)을 세웠다. 대학급인 이 학교의 정치학과를 졸업한 이로 우선 표문화(表文化, 1908~별세)를 지적할 수 있다. 그는 대동학원 정치학과를 졸업하고 '만주국' 고등문관시험에 합격했으며, 일본으로 건너가 오사카의 외사전문학교(外事專門學校)를 졸업했고, 히메지고등학교(姬路高等學校) 교유로 봉직했다. 일제패망 이후 표운해(表雲海)라는 이름으로 『조선지정학개관: 과거·현재와 미래』(건국사, 1947)를 출판했다. 8·15해방 이후 한국인이 쓴 최초의 지정학(地政學) 책이라고 말할 수 있다. 이 책을 통해, 그는 한반도가 대륙세력과 해양세력이 직접적으로 마주치는 지역이기 때문에 두 세력 사이의 충돌이 전쟁으로 이어지는 위기를 자주 만날 수 있게 된다고 경고했다.

그는 부산의 국립수산대학 수산경제학과 교수로 봉직하면서 자신의 본명 표문화의 이름 아래 『정치지리학 개요: 지정학적 고찰』(고려출판사, 1955)를 출판했다. 이 책은 앞의 책을 발전시킨 것이다. 그는 서울대학교 문리대에 출강해 「정치지리학」 및 「경제지리학」 과목을 강의했다. 오늘날 한국의 정치학계에서는 「정치지리학」이 하나의 과목으로 사라졌다. 후학들로서는 이 사실에 주목할 필요가 있지 않을까 생각된다.

대동학원 출신으로, 표문화에 이어 이종항(李鍾恒, 1919~2017)을 꼽을 수 있다. 그는 이 학교를 마치고 역시 '만주국'이 1938년에 세운 건국대학 정치학과를 졸업했으며, 경북대학교 및 국민대학 교수로 봉직하는 가운데 『정치학』(문성당, 1954), 『한국정치사』(박영사, 1963년 초판; 1978년 개정증보

2판), 『개정 정치학개론』(박영사, 1984) 등을 출판했다.[17]

훗날 대한민국 국무총리로 취임하는 강영훈(姜英勳, 1922~2016)은 건국대학 정치학과에 재학하던 때 학병으로 징집됐다. 그는 건국대학 정치학과의 내용에 대해 거의 아무런 기록을 남기지 않았다. 다만 교토제국대학 교수 출신인 사쿠다 소이치(作田莊一)가 부총장으로 봉직하면서 사실상의 총장 역할을 수행하는 가운데 영국의 사회민주주의 정치학자 해럴드 라스키의 정치이론을 강조했다고 회고했다.[18]

제3항 미군점령 아래 활동한 정치학자

1945년 8월 15일에 일제는 마침내 항복했으며, 한반도는 '해방'과 동시에 분단을 맞이했다. 남한은 미군의 점령통치 아래 놓였으며, 북한은 소련군의 점령통치 아래 놓였다.

한치진

이 시기에 남한에서 활동한 대표적인 정치학자가 한치진(韓稚振, 1901~미상)이었다. 눌인(訥人)이라는 필명을 썼던 한치진은 일제강점기에 우선 상해로 건너가 대한민국임시정부에 참여했으며 이때 도산(島山) 안창호(安昌浩, 1878~1938)의 가르침을 받았다. '한국 정치학의 뿌리'에 해당

17 우산(于山)이종항교수논문집간행위원회 편, 『우산이종항교수논문집』(대구: 우산이종항교수논문집간행위원회, 1999), 3-4쪽.

18 강영훈, 『나라를 사랑한 벽창우: 강영훈 회고록』(동아일보사, 2008), 58-60쪽.

되는 정치학자들 가운데 대한민국임시정부에 참여했던 이는 대한민국임시정부의 초대 대통령이던 이승만 그리고 이승만을 보좌했던 정한경을 제외하고는 한치진이 유일하다.

한치진은 안창호의 추천을 받아 안창호의 독립운동거점이었던 미국 로스엔젤레스에 위치한 서던캘리포니아대학교(University of Southern California) 문리대 철학과로 유학해 철학 및 정치학을 비롯한 인문사회과학을 공부하고 1925년에 학사학위를 받았으며, 같은 대학교 대학원 철학과에 진학해 정치학·사회학·철학·심리학 등을 전공한 뒤 1926년에 석사학위를 받았고 1926년 8월에 이 학교에서 조선인으로서는 처음으로 박사학위를 받았다.[19] 학위논문은 중국의 종교들을 다룬 「중국 윤리체계의 분석: 불교·도교·유교("A Criticism of Chinse Ethical Systems: Buddhism, Taoism and Confuciansim")」였다.

한치진은 곧바로 귀국해 오늘날의 감리교신학대학교의 전신인 협성신학교(協成神學校) 교원으로 출발했으며, 곧이어 이화여자전문학교 교원으로 전직했다. 이 학교들에서 그는 주로 종교학과 철학 및 논리학 등을 강의했다. 이 시기에도 그는 항일독립운동에 참여해 1940년대의 어느 시점에 서대문형무소에 수감됐다. 1945년 8월에 일제가 패망하면서 그는 석방될 수 있었고 이화여자전문학교에 복직할 수 있었다. 그러나 불행히도 6·25전쟁 직후 서울을 점령한 북한당국에 의해 납북됐으며, 그 과정에서 별세한 것으로 추정된다.

19 한치진의 삶과 그의 정치학에 대해서는 저자가 다음 글에서 자세히 설명했다. 김학준, 「잊혀진 정치학자 한치진: 그의 학문세계의 복원을 위한 시도」, 『한국정치연구』 제23집 제2호(2014년 6월), 387－393쪽.

이 약 5년의 시기에 한치진은 이화여자전문학교 그리고 이 학교의 후신인 이화여자대학교 교수로 봉직하는 가운데 서울대학교 문리대 정치학과에도 출강했다. 이 대학들에서 그는 민주주의에 관한 정치학과목들을 강의했다. 그뿐 아니라, 대중을 상대로 라디오방송에 자주 출연해 민주주의에 대해 알기 쉽게 강의했다.

출판도 활발했다. 1947년에는 『민주주의원론』 전3권(남조선과도정부 공보부 여론국 정치교육과)을 출판하면서, 1차적으로 홉스 및 루소의 사회계약론에 바탕을 둔 국가기원론을 설명했다. "국가는 인민들의 합의에 의해 성립된 것이지 하느님의 뜻이나 어떤 특정한 개인 또는 가문의 세습에 의해 성립된 것이 아니다."라는 민주주의의 기초이론들 가운데 중요한 부분을 전파한 것이다. 또 근대민주주의 이론의 기초를 닦은 정치사상가들의 한 사람으로 꼽히는 로크의 이론도 전파했다.

이어 '역사의 절대의지'를 강조한 헤겔의 결정론적 국가론은 물론이고 "인류의 역사는 계급투쟁의 역사였다."라는 사관(史觀)에서 출발한 마르크스의 국가론을 비판적으로 설명했다. 마지막으로, 국가 그 자체를 부인하는 아나키즘에 대해서도 비판적으로 설명했다.

전반적으로, 그는 자유민주주의가 성장한 과정을 설명하는 가운데 국민의 인권이 얼마나 소중하며 그것을 지켜주어야 할 국가의 책임이 얼마나 막중한가를 강조했다. 인권에 대한 그의 강조는 자연법이론에 대한 긍정적 수용으로 이어졌다. 이러한 시각에서, 그는 인권을 소홀히 여기거나 심지어 탄압하는 소련의 정치체제와 그것을 뒷받침하는 일당(一黨) 독재주의론을 전면적으로 배격했다.

이 책이 호의적인 평가를 받으며 널리 읽히는 데 힘을 얻은 그는 1948년에는 『미국 민주주의: 미국의 이상과 문화』(중앙청 공보부 여론국 정치교육과)를 출판했다. 이 책의 흐름은 앞의 책과 마찬가지로 자유민주주의에 대한 철저한 옹호였다. 그러나 그는 미국에서 일어난 노동운동에 대해서도 주목하고 노동자 권리신장의 필요성을 매우 긍정적으로 인정했다. 결론에서, 그는 자유민주주의에 바탕을 둔 사회복지정책의 확대를 지지하면서 '사회민주주의' 또는 '민주사회주의'에 공감하는 자세를 보였다.

장덕수

설산(雪山) 장덕수(張德秀, 1894~1947) 역시 미군정에 적극적으로 협조한 정치학자였다. 와세다대학 정치경제학부를 졸업한 그는 항일독립운동에 참여해 유배형(流配刑)을 받기도 했으며, 1920년에는 《동아일보》 창간에 참여해 초대 주간을 역임했다. 조선공산주의운동에 관여했다가 레닌이 보낸 활동자금을 '남용'했다는 오해를 받고 비난에 시달리게 된 그는 도미해, 오리건주 포틀랜드시에 있는 오리건주의 주립대학교들 가운데 하나인 포틀랜드주립대학교(Portland State University)애서 저널리즘을 전공해 학사학위를 받은 데 이어 콜럼비아대학교 대학원 정치학과에서 1925년에 「국가에 대한 마르크스적 개념의 비판적 분석("A Critical Examination of Marxian Conception of the State")」이라는 논문으로 정치학석사학위를 받았나.[20] 그는 곧 런던경제정치대학교 대학원에서 연구를 계속한 뒤 콜럼비아대학교 대학원 경제학과로 돌아와 「산업평화를 위한 영국적 방식("British Methods of Industrial Peace: A Study of Democracy in Relation

---

20 심재욱(沈在昱), 「설산 장덕수(1894~1947)의 정치활동과 국가인식」, 동국대학교 대학원 사학과 문학박사학위청구논문, 2007년 8월. 필자는 장덕수의 정치학석사학위논문을 최초로 분석했다.

to Labor Disputes")」으로 1936년에 경제학박사학위를 받았고, 귀국해 보성전문학교 교수로 봉직했다. 그 이후 일제말기에 '친일'했다는 비난을 받았다.

8·15해방과 더불어 남한에 미군정이 세워지자 장덕수는 한국민주당 창당에 참여해 정치부장 또는 외무부장으로 활동하면서 미군정과 긴밀한 관계를 맺었다. 그는 '건국운동'에 전념하게 되어 자신이 배운 정치학 및 경제학의 보급과 교육에 시간을 낼 수 없었다. 그러나 반(反)마르크스적·반공적·친미적 이념정향은 한국민주당의 정강정책 수립에 직접적 영향을 끼쳤다.[21]

최봉윤

한치진과 함께 미군정기에 활동한 정치학자가 최봉윤(崔鳳潤, 1914~2005)이다. 최봉윤은 우선 도쿄로 유학해 아오야마가쿠인대학(青山學院大學) 신학과를 거쳐 한치진과 마찬가지로 안창호의 독립운동 거점이었던 로스엔젤레스로 건너가 채프먼칼리지(Chapman College) 정치학과를 졸업했다. 미국에서 전개된 항일독립운동에도 참여한 그는, 본인의 주장에 따르면, 캘리포니아대학교 버클리 캠퍼스에서 정치학석사학위를 받았으며 그곳에서 강의하기도 했다.[22]

일제가 패망하면서 최봉윤은 남한을 점령한 미군을 따라 귀국해 미군정청 공보부 차장으로 부임했다. 동시에 서울대학교 문리대 정치학과

---

21 이경남(李敬南), 『설산 장덕수』(동아일보사, 1981).

22 김학준, 「재미원로 회견기: 정치학과 창설의 주역 최봉윤 교수」, 《대학신문》(서울대학교 대학신문사), 1984년 3월 5일, 3쪽.

강사로 발령을 받고 미국의 정치학자 레이몬드 게텔(Raymond Garfield Gettell, 1881~1949)의 정치학을 중심으로 강의했다. 특히 1947년 11월에 개교한 단국대학 정치학부에서는 그 강의안을 중심으로『정치학개론』을 출판했다.[23] 이 책은 사실상 게텔의『정치학(*Introduction to Political Science*)』(1910)을 요약한 것이다. 1945년 8월 15일에 대한민국정부가 수립되고 미군정이 폐지되면서 그는 미국으로 돌아갔으며, 거기서 조선=한국에 대한 몇 권의 책들을 썼는데, 개개의 책 모두 '균형이 잡히지 않은 책'이라는 평을 받았다.

그러면 최봉윤이 강의의 가장 중요한 자료로 삼은 게텔의 정치학은 어떤 내용을 지닌 것이었나? 게텔은 펜실베이니아주의 얼시너스칼리지(Ursinus College)를 졸업하고 펜실베이니아대학교 대학원 정치학과에서 석사학위를 받은 데 이어 코네티컷주의 트리니티칼리지(Trinity College) 정치학과에서 박사학위를 받은 뒤 애머스트칼리지(Amherst College) 교수를 거쳐 종국적으로 캘리포니아대학교 버클리 캠퍼스 교수로 봉직했다.

게텔은 자신의 첫 번째 저서인『정치학개론』에서 정치학을 '국가에 대한 연구'로 정의했다. 이러한 인식은 그의『정치학(*Political Science*)』(1933)에서 되풀이됐다. 그는『정치사상사(*History of Political Thought*)』(1924) 및『미국정치사상사(*History of American Political Thought*)』(1928)도 출판함으로써 당시 미국정치학계에서 정상급 정치학자라는 높은 평가를 받았다. 그의 저술들에서 보이듯, 그는 국가학 및 정치사상을 중심으로 정치를 분석한 '전통주의적 정치학자'였다.

---

23 최봉윤의『정치학개론』은『단국대학 정치경제강의록』제1호(1948년 10월)에 부록으로 달려있다. 이 책은 사실상 게텔의『정치학』을 요약한 것이다.

제4항 소련군점령 아래 활동한 정치학자

이동화

같은 시기에, 소련군 점령 아래서의 북한에서는 두산(斗山) 이동화(李東華, 1907~1995)가 김일성종합대학 정치경제학부를 중심으로 정치학을 강의했다.[24] 그러면 그의 학문적 배경은 무엇이었나?

이동화는 1929년에 도쿄제국대학 법학부 정치학과에 입학했다. 이곳은 학생들을 고등문관시험 행정과에 합격할 수 있도록 가르치는 것을 1차적 목적으로 삼았는데, 이동화는 거기에는 전혀 뜻을 두지 않고 마르크스와 레닌의 저술들을 읽는 가운데 마르크시즘 그리고 사회주의 전반에 대해 깊이 공부했다.

독일어와 영어는 물론이고 프랑스어와 러시아어에도 능숙해 마르크스와 마르크시즘을 호의적으로나 비판적으로 해설한 저술들을 숙독하면서 마르크시즘에 대한 이해를 높였을 뿐만 아니라, 레닌과 레닌이즘을 호의적으로나 비판적으로 해설한 저술들도 숙독해 레닌이즘에 대한 이해를 높였다. 마르크스와 레닌에 앞선 푸르동(Proudhon, 1809~1865) 및 생시몽(Saint-Simon, 1760~1825) 등 '공상적 사회주의' 또는 '유토피아적 사회주의'의 정립에 기여한 사상가들의 저술들도 부지런히 읽었다. 그러했기에, 그의 도쿄제국대학 법학부 정치학과 후배 김상협(金相浹, 1920~1995)은 "그때 학생들 사이에서 '이동화는 이상한 책들만 읽는 학생'으

24 김학준, 『이동화 평전: 한 민주사회주의자의 생애』(민음사, 1987); ______, 『두산 이동화 평전: 한국에서 민주사회주의운동을 개척한 정치학자의 이념과 행동』(단국대학교 출판부, 2012).

로 불렸다."고 회상했다.

결핵으로 휴학을 거듭한 탓에 입학으로부터 7년이 지난 1936년에 도쿄제국대학을 졸업하고 귀국한 이동화는 오늘날의 동국대학교의 전신인 중앙불교전문학교에서 전임강사로 교직을 시작했다. 이 학교에 정치학과는 없었기에 '아시아의 지도자들을 길러낸다'는 취지의 「흥아과(興亞科)」에서 「법학통론」과 「경제학원론」을 담당했다. 「법학통론」에서는 주로 국가론을, 「경제학원론」에서는 마르크시즘 경제학을 강의했다. 그의 교직생활은 오래 가지 않았다. 그가 곧 항일독립운동에 참여한 까닭으로 일제에 의해 투옥됨으로써 중단됐기 때문이었다.

일제가 패망하면서 고향인 평양으로 돌아간 이동화는 김일성종합대학 정치경제학부의 '교원'으로 교직을 다시 시작할 수 있었다. 그러나 학문의 자유가 사실상 없다시피 한 상황에서 자신의 전공인 마르크시즘과 레닌이즘도 제대로 강의할 수 없었다. 오로지 '소비에트화한 마르크시즘·레닌이즘'만이 정통으로 간주돼 그것을 조금이라도 벗어날 수 없었기 때문이었다.

이에 절망한 그는 6·25전쟁 때 대한민국 국군이 평양을 점령한 기회에 월남했으며, 오늘날의 국방대학교의 전신인 국방연구원 교수를 거쳐 경북대학교 교수에 이어 성균관대학교 교수 그리고 최종적으로 동국대학교 교수로 부임했다. 이 대학교들에서 그는 사회주의 전반에 대해, 그리고 마르크시즘과 레닌이즘에 대해 강의하고 출판했다. 물론 그의 강의는 마르크시즘과 레닌이즘에 대한 비판으로 일관됐다.[25] 그러나 그는 우리

25 이동화, 『볼셰위즘 정치이론의 비판』(진문사, 1953). 이 책은 다음의 원전을 번역한 것이다. Hans Kelsen, *The Political Theory of Bolshevism: A Critical*

나라 정치학계에서 마르크시즘과 레닌이즘 그리고 유럽에서의 사회주의를 본격적으로 소개한 대표적 정치학자로 자리매김됐다.

이동화는 마르크시즘을 포함한 사회주의의 강의와 저술에만 전념하지 않았다. 그는 1950년대 후반에 조봉암(曺奉岩, 1898~1959)이 이끌던 진보당, 그리고 서상일(徐相日, 1886~1962)이 이끌던 민주혁신당에 관여했으며, 이 때문에 이승만정권의 핍박을 받았다. 4월혁명 직후에는 사회대중당에 참여해 제5대 민의원 총선 때 대구 무구(戊區)에서 입후보했으나 차점으로 낙선했다. '혁신운동'에 참여했다는 이유로, 1961년의 5·16군사정변 직후에는 다시 감옥살이를 겪어야 했다. 석방된 뒤에도, 그는 굴하지 않고 가시밭길이었던 민주사회주의운동에 참여한다.

위에서 살폈듯, 한치진·최봉윤·이동화에게는 하나의 공통점이 있다. 모두 평안도 출신으로 항일독립운동에 참여했다는 사실이다. 한치진과 이동화의 경우에는 투옥돼 혹독한 고문을 당하기도 했다. 한치진과 최봉윤 사이에는 또 하나의 공통점이 있다. 모두 안창호가 조직한 흥사단(興士團) 계열로, 안창호의 독립운동거점이었던 로스엔젤레스에서 대학을 다녔으며, 미국의 정치사상과 정치제도를 신봉해 미군정기에 미군정에 철저히 협력했다는 사실이다. 반면에 이동화는 마르크시즘을 수용해 소련군정에 협력했던 것이다.

Analysis(Berkeley, C.A.: The University of California Press, 1948).

제5항 8·15해방으로부터 약 10년의 시기

8·15해방과 더불어, 한국에서는 구한말에 시작됐으나 일제강점기에 금압돼 사실상 맥이 끊겼던 정치학이 '소생'했다. 특히 대한민국정부의 수립을 전후해 대학에 정치학과 또는 정치외교학과가 신설되면서 정치학의 교육에 대한 수요가 급증했다. 그러나 한국에서는 정치학의 역사가 일천했기에 이때로부터 약 10년에 걸쳐 한국의 정치학계는 국가학 및 정치사상을 1차적 관심으로 설정한 '전통적 정치학'에 매달렸을 뿐이었다.

민병태

이 시기를 이끌어간 정치학자들 가운데 강상운(姜尙雲: 본명 강주진[姜周鎭])·김성희(金成熺)·김형수(金烱洙)·백상건(白尙健)·서석순(徐碩淳)·서임수(徐壬壽)·신도성(愼道晟)·이병길(李炳吉)·이상조(李相助)·정인흥(鄭仁興)·조효원(趙孝源)·한태수(韓太壽) 교수[가나다 순] 등을 꼽을 수 있다. 그렇지만 흔히 대표적 정치학자로 공삼(公三) 민병태(閔丙台, 1913~1977) 교수를 꼽는다.[26]

민 교수는 일본 게이오대학(慶應大學) 예과를 수료하고 본과 정치학과를 졸업한 뒤 대학원 정치학과에서 석사과정을 마친 데 이어 그 대학의 아시아문제연구소에서 조교수급 연구원으로 봉직하면서 주로 유럽의 정치학을 배웠다. 유럽의 정치학 가운데서도 영국의 정치학, 특히 해럴드 조지프 라스키(Harold Joseph Laski, 1893~1950)와 로버트 매키버(Robert

26 김학준, 『공삼 민병태 교수의 정치학: 해방 이후 한국에서 정치학이 소생·성장·발전한 과정의 맥락에서』(서울대학교 출판문화원, 2013).

MacIver, 1882~1970)의 다원적 정치학을 연구했다. 라스키와 매키버에 대해서는 우리가 제3장에서 자세히 다루기로 하고, 여기서는 공삼이 해방 이후의 일정한 시기에 걸쳐 라스키의 저술들을 번역·출판하고 자신이 봉직한 연희대학교에 이어 동국대학교와 서울대학교에서 라스키의 정치 이론을 정력적으로 강의했다는 사실만 지적하기로 한다.

민 교수는 영국의 헌정질서에 대해서도 깊은 관심을 보였으며 영국의 의원내각제와 정당제도에 대해서도 지지하는 자세를 취했다. 그래서 이 방면의 저술들을 번역하기도 했다.[27] 다른 한편으로, 민 교수는 라스키와 마찬가지로 다원적 국가론을 정립하는 데 기여한 영국 출신의 미국 사회학자 매키버의 저서도 번역했다.[28] 다원국가론은 국가가 여러 기본적 조직들 또는 결사체들 또는 공동체들의 기초 위에서 성립됐다는 이론으로, 절대국가론은 물론이고 당이 국가를 이끌어간다는 이른바 당국가(Party state)론을 전면적으로 부인한다. 따라서 다원국가론은 현대 자유민주주의 기초이론의 정립에 결정적으로 기여한 정치이론이라는 평가를 받았으며, 이러한 맥락에서, 민 교수는 해방 직후부터 6·25전쟁을 거쳐 일정한 시기에 혼란했던 한국의 정치사상계에 자유민주주의 이론을 전파하고 그 방향으로 다양한 정치이념들이 수렴되도록 하는 데 크게 기여했다는 평가를 받았던 것이다.

민 교수는 곧 『정치학』(보문각, 1958)을 출판했다. 이 책에 대해, 김홍우 교수는 "한 마디로 민 교수의 『정치학』은 첫째 기존의 '국가학'의 전통에

27 예컨대, 민병태, 『영국헌정론』(민중서관, 1955). 원전은 Ivor Jennings, *The British Constitution*(New York: The Macmillan Company, 1941).

28 Robert MacIver, *The Modern State*(Oxford: Clarendon Press, 1926); 민병태, 『근대국가론』(민중서관, 1957).

대한 비판에서 출발하여 현대 사회과학의 한 분야로서의 정치학의 재정립을 지향하며, 둘째 민주주의에서 요청되는 정치학의 방향을 다원주의에 초점을 맞추어 모색했다."고 논평했다. 김 교수는 이어 이 책에서 라스키의 영향을 읽을 수 있다고 부연했다.[29]

'사상계 그룹': 양호민·차기벽·이극찬

민병태 교수와 마찬가지로 이 시기에 한국정치학계에 기여한 정치학자들로 민도(民道) 양호민(梁好民, 1919~2010) 교수와 동하(東下) 이극찬(李克燦, 1924~2009) 교수 및 옥전(玉田) 차기벽(車基壁, 1924~2018) 교수 등을 지적할 수 있다. 이 세 선학(先學)들에는 하나의 공통점이 있다. 모두 평안도 출신으로 8·15해방 이후 월남해 서울대학교 문리대 정치학과를 졸업했으며, 6·25전쟁을 전후한 시기에 대구에서 교편생활을 했고 서울의 대학들로 올라와 교수로 봉직하는 한편 월간『사상계(思想界)』를 중심으로 반정부적인 필봉을 휘둘렀다는 사실이 그것이다. '사상계 그룹'으로 불리던 그들 사이에 이념적·이론적 성향에는 약간의 편차가 있으나 대체로 민주사회주의 또는 사회민주주의에 친화적이었다고 말할 수 있다.

그 점을 인정하는 전제 아래 약간의 편차를 지적하기로 한다. 양호민은 마르크시즘·레닌이즘을 깊이 연구해 이동화와 쌍벽을 이루었으며 거기서 한 걸음 더 나아가 북한을 깊이 연구했다. 그의 일련의 저술들은 소

29 김홍우, 「한국정치학에서 서양정치사상 교육」, 김유남 엮음, 『한국정치학 50년: 정치사상과 최근 연구분야를 중심으로』(한울, 2001), 218-219쪽; 김홍우, 「민병태 『정치학』의 이해: 슈미트와 라스키의 논의를 중심으로」, ______, 『한국정치의 현상학적 이해』(인간사랑, 2007), 130쪽.

련 및 소련판 공산주의에 대한 철저한 비판 그리고 김일성 체제 및 북한판 사회주의에 대한 철저한 반감을 드러냈다. 이극찬은 라스키를 주제로 한 단행본을 출판하면서 동시에 자유민주주의에 대한 열정을 훨씬 더 강하게 드러냈으며, 그와 매제지간(妹弟之間)인 차기벽은 자유민주주의를 옹호하면서도 민족주의와 민주주의의 상관관계 그리고 근대화에 대해 훨씬 더 많은 학문적 열정을 쏟았다.[30]

이 '사상계 그룹'의 세 정치학자들 가운데 어느 누구도 권력에 참여한 일이 없었다. 그러나 현실정치에는 참여한 이가 있었다. 양호민 교수가 바로 그 사람이다. 그는 민주사회주의를 한국에 전파한다는 사명감에서 4월혁명 직후에 실시된 제5대 민의원총선 때 사회대중당 공천으로 대구 정구(丁區)에서 출마했으나 차점으로 낙선했다. 다행히 서울대학교 법과대학 교수로 임용됐지만, 한일협정반대운동에 참여했다가 박정희정권에 의해 강제해직됐다.

김상협

이 '사상계 그룹'에 포함시킬 수 있으면서도 독사적으로 연구될 대상으로서의 정치학자가 남재(南齋) 김상협(金相浹, 1920~1995) 교수다. 도쿄

30 양호민의 대표적인 저술들에는 다음이 포함된다. 양호민 저, 『공산주의의 이론과 역사: 맑스=레닌주의비판』(중앙문화사, 1956); ______, 『공산주의이론과 현실 비판전서』 전4권(내외문화사, 1964); ______, 『북한의 이데올로기와 정치』 전2권(고려대학교 출판부, 1967). 이극찬의 대표적인 저술들에는 다음이 포함된다. 이극찬, 『권력과 자유: 헤롤드 J.라스키의 사상』(태양문화사, 1977). 차기벽의 대표적인 저술들에는 다음이 포함된다. 차기벽, 『간디』(지문각, 1966); ______, 『근대화 정치론』(박영사, 1969); ______, 『민주주의의 이념과 역사』(한길사, 1980).

제국대학 법학부 정치학과를 졸업하고 고려대학교 정법대학 정치학과에서 교직을 시작한 김 교수는 『사상계』 편집위원진의 일원으로 활동하면서 이승만정부와 5·16군사정부에 대해 비판적인 글들을 썼다. 이 과정에서, 그는 한국이 나아가야 할 이념적 방향으로 '신(新)보수주의'를 제시했다.

그 사실보다 훨씬 더 중요하게 상기돼야 할 것은 그가 『기독교민주주의·사회민주주의·교도민주주의』(지문각, 1963) 및 『모택동사상』(지문각, 1964; 일조각 1975년 개정판)을 출판했다는 사실이다.[31] 그 책들 가운데 『모택동사상』은 한국정치학계에서 모택동 그 개인에 대해서는 물론이고 중국공산당에 대한 학문적 관심을 자극한 것으로 높은 평가를 받았다.

윤천주

민병태 교수로 대표되던 '정치학 연구에 있어서의 철학적 접근방법'을 비롯해, '정치학 연구에 있어서의 법적·제도론적 접근방법' 그리고 '정치학 연구에 있어서의 역사학적 접근방법'을 포함한 '전통적 접근방법'에 대한 비판은 인재(仁齋) 윤천주(尹天柱, 1921~2001) 교수에 의해 제기됐다. 도쿄제국대학 법학부 정치학과 재학 때 일제가 패망을 맞자 귀국해 서울대학교 문리대 정치학과를 졸업하고 고려대학교 정법대학 정치학과 교수로 교직을 출발한 그는 그 시대의 조류에 따라 '전통적 접근방법'을 유지했다.

31 남재김상협선생추모문집간행위원회 편, 『당산(堂山)나무의 큰 그늘이여: 남재김상협선생추모문집』(나남출판, 1998). 김상협의 전기로 다음이 있다. 남재김상협선생전기편찬위원회 엮음, 『남재김상협: 그 생애/학문/사상』(한울, 2004).

그러나 1952~53년 하버드대학교 연경학사(燕京學舍)에서의 1년 연수를 계기로 미국의 정치학에 접하고 귀국한 이후 연구방법을 바꿨다. 당시 한국정치학계에서 지배적이던 이념적·철학적 정치학, 특히 헤겔의 국가학 및 게오르그 옐리네크의 국가학으로는 한국의 정치현실을 적절히 설명할 수 없다고 주장하면서, 그 대안으로 미국의 정치학계에서 성장한 행태주의 정치학을 제시한 것이다.[32]

윤천주는 영어의 'behaviorism' 또는 'behavioralism'을 '행태주의(行態主義)'로 번역하고, 일련의 저술들을 통해 1950년대 후반에 한국정치학계에 '정치행태' '정치사회화' '정치문화'[33] 라는 용어들을 보급했다. 윤 교수는 그러한 이론적 틀 안에서 '투표행태'를 실증적으로 분석하고 "도시화(都市化)는 민주화(民主化)를 촉진시킨다."라는 명제를 제시했다.[34] '투표행태'를 비롯한 한국인의 '정치행태'를 가장 심층적으로 그리고 지속적으로 연구한 대표적 정치학자가 바로 그였다. 그리하여 그는 이 주제에 관한 저술들을 노후에도 계속해서 출판할 수 있었다.[35]

---

32 이러한 성격의 논문들로 1950년대 후반에 발표된 것들에 한정해 소개하면 다음과 같다. 윤천주, 「영국정치에 있어서 집행권의 지도성문제」, 『문리논집』(고려대학교 문리과대학) 2(1957년 5월), 129–156쪽; ______, 「우리나라의 사회성격과 정치행태」, 『신태양』 제8권 제5호(1959년 5월), 128–133쪽; ______, 「행태과학 "Behavioral scince"적 정치학의 역할」, 『정치학』(한국정치학회) 1(1959년 4월), 108–129쪽.

33 윤천주, 「정치문화와 권력형」, 『사상계』(1959년 1월), 174–179쪽; ______, 『정치문화와 통치형(統治型): 비교정치논문집』(서울대학교 출판부, 1981).

34 윤천주, 『한국정치체계 서설: 정치상황과 정치행태』(문운당, 1961년 초판; 1962년 증보판); ______, 『한국정치체계』(고려대학교 출판부, 1963; 1978년 서울대학교 출판부 증보판).

35 그 대표적인 저술들로 다음을 꼽을 수 있다. 윤천주, 『우리나라의 선거실태, 추

한배호

이 연구방법론에서 같은 길을 걸은 정치학자가 한배호(韓培浩, 1931~현재) 교수다. 연세대학교 정법대학 정치외교학과를 거쳐 미국 테네시주 메리빌칼리지(Maryville College) 정치학과를 졸업한 뒤 노스웨스턴대학교(Northwestern University) 대학원 정치학과에서 석사학위를 받고 1960년대 초에 귀국한 그는 중앙대학교 법정대학 정치외교학과에서 교직을 시작하면서 자신이 미국에서 공부한 행태주의 정치학을 정력적으로 전파했다. 그의 『이론정치학: 정치행동의 요인분석』(일조각, 1965; 1982 초판 제2쇄)이 그 대표적 저서였다. 그는 1971년에 프린스턴대학교에서 한국의 정당정치에 대한 연구로 정치학박사학위를 받았으며, 고려대학교 정경대학 정치외교학과 교수로 부임했다.

이용희

'한국 정치학의 뿌리'를 말하면서, 동주(東洲) 이용희(李用熙, 1917~1997) 교수를 빼어놓을 수 없다. 그는 정치학 전반에 대해서는 물론이고 특히 국제정치학에 매우 밝은 학자로, 서울대학교 안에 외교학과를 창설했고 한국국제정치학회를 창설함으로써 그리고 국제정치학에 관한 개척적 저술들을 출판함으로써 한국 학계에서는 한국에 국제정치학의 토대를 닦은 '국제정치학의 태두'로 불린다. 그의 전집이 이미 출판됐고 그에 대한 저술들이 이미 출판됐기에,[36] 여기서는 더 이상 논의하지 않기로 하

록』(서울대학교 출판부, 1981); ______, 『투표참여와 정치발전』(서울대학교 출판부, 1986); ______, 『한국정치체계: 단극적 통치형』(일조각, 1991).

36 동주기념사업회(東洲記念事業會), 『동주 이용희 전집』 전10권(연암서가, 2017~2018); 이용희의 삶과 학문적 편력에 대한 연구로는 다음이 대표적이다.

겠다.

제2절 인산 김영국의 자리, 그리고 그것에 관한 자료

제1항 이 책의 주제

그러면 이 책의 주제로 삼는 인산 김영국 교수는 '한국 정치학의 뿌리'에서 어느 부분에 해당되는 것일까? 이 물음과 관련해, 저자는 이미 한 편의 논문을 발표했었고, 이 논문에 가필해 다시 발표했었다.[37]

간단히 요약하면., 그는 공삼 민병태 교수의 직계 제자로 스승의 다원론적 국가론을 계승했을 뿐만 아니라 스승의 서양정치사상 연구를 계승했다. 다원론적 국가론과 관련해서는, 라스키의『국가론』과 매키버의『현대국가론』을 번역·출판했다. 서양정치사상 연구와 관련해서는, 루소의

강상규(姜相圭)·김명섭(金明燮)·김성호(金聖昊, 연세대)·김준석(金駿錫)·민병원(閔丙元)·박건영(朴健榮)·박성우(朴性宇)·안외순(安外順)·이선옥(李仙玉)·장진성(張辰城)·전재성(全在晟)·정병모(鄭炳模)·조인수(趙仁秀)·조홍식(趙泓植) 등 공저,『장소와 의미: 동주 이용희의 학문과 사상』(고양: 연암서가, 2017). 강동국(姜東局),「국제정치학자 이용희의 탄생」이용희탄생100주년을 기념해 서울대학교 국제문제연구소가 주최한 학술회의에서 발표(2017년 10월 27일).

37 김학준,「김영국 교수의 정치학: 삶, 그리고 연구와 강의를 중심으로」를『한국정치연구』제11집 제1호(2002년 2월), 335－391쪽. 인산김영국선생10주기기념학술대회추진위원회 편,『인산 김영국 선생의 정치학』(고양: 인간사랑, 2010), 23－103쪽.

『인간불평등기원론』을 번역·출판했고 세바인의 『정치사상사』 완역을 주도했으며 마키아벨리와 스트라우스의 정치사상 연구를 이끌었다.

이렇게 볼 때, 인산은 '한국 정치학의 뿌리'에서 자라난 '줄기'에 해당된다고 하겠다. 특히 인산이 대한민국정부수립으로부터 1년 후에 대학 정치학과에 입학해 학사학위를 받았으며 이어 석사학위를 받았다는 사실을 염두에 둔다면, 그를 대한민국정부수립 이후의 '정치학 제1세대'의 선두주자로 자리매김할 수 있다.

이 사실에 주목하면서, 저자는 인산에 관한 저자의 두 논문 가운데 후자를 택해 그것의 연장(延長)으로 이 책을 쓰고자 한다. 설명에 미흡했던 부분을 보충해 부연하고, 또 놓쳤던 논점들을 보완하기로 한다.

제2항 이 책이 활용한 새로운 자료

이러한 부연과 보완을 위해, 연구자라면 우선 인산의 회고록을 찾는 것이 순서가 될 것이다. 그러나 그가 회고록을 남기지 않았다는 사실을 일찍부터 알고 있었기에 아예 찾지를 않았다. 인산은 자신의 시카고대학교 은사였던 레오 스트라우스(Leo Strauss, 1899~1973)의 "점잖은 사람이라면 남 앞에서 자신에 관한 말을 하지 않는 법이다."라는 가르침에[38] 충실해 자신의 과거행적에 대해 후학들에게 짧게 몇 가지만 말했을 뿐 체계적인 회고록은 남기지 않았다.

38 김영국, 「L. 스트라우스」, 한국사회과학연구소 편, 『현대의 사회사상가』(민음사, 1979), 11쪽.

인산은 자신의 회고록을 남기지 않은 대신에 여섯 개의 노트를 남겼다. 다행히도 인산의 자녀들은 그 노트들을 보관하고 있었으며 저자에게 기꺼이 넘겨주었다. 그 노트들은 다음과 같이 나눌 수 있다.

첫째, 석사논문을 쓰기 위한 준비작업으로 국가에 관해 서양의 철학자들 또는 정치학자들의 저술들을 다시 읽고 요점을 적어놓은 세 개의 노트다. 이 노트를 「석사논문준비 노트」 1·2·3으로 표기하기로 한다. 둘째, 장 자크 루소의 『인간불평등기원론』을 번역·출판하기 위한 준비작업으로 루소의 저술들을 다시 읽고 요점을 적어놓은 한 개의 노트다. 이 노트를 「루소 노트」로 표기하기로 한다. 셋째, 시카고대학교 대학원에서 수강하며 작성한 2개의 노트다. 하나는 인산의 자녀들로부터 2002년에 받았었는데, 이것을 「시카고 노트」 1로 표기하기로 한다. 다른 하나는 역시 인산의 자녀들로부터 2019년 1월에 받았는데, 이것을 「시카고 노트」 2로 표기하기로 한다. 넷째, 서울대학교 사회과학대학 교수로 강의하던 때 마키아벨리에 관해 작성한 노트다. 이것을 「마키아벨리 노트」로 표기하기로 한다.

저자는 이어, 서울대학교정치학과60년사발간위원회 편, 『서울대학교 정치학과 60년사』(서울대학교 사회과학대학 정치학과, 2009) 및 인산김영국선생10주기기념학술대회추진위원회 편, 『인산 김영국 선생의 정치학』(고양: 인간사랑, 2010)에 게재된 인산의 저작목록에 들어있는 저작들을 철저히 점검했다. 그 결과, 그 저작목록에 들어있는 저작들의 제목이 실제의 제목과 다르고 또 게재지의 이름과 발행연도도 다른 경우가 적지 않음을 확인할 수 있었다. 그뿐만 아니라, 저작목록에 인산이 쓴 논문으로 들어있기에 찾아보면 인산이 그 논문을 쓴 것이 아니라 그 논문을 심사했었음을 확인할 수 있었다.

저자는 이어, 기존의 연구들이 다루지 않은 자료들을 찾는 데 많은 노력을 기울였다. 그리하여 서울대학교 《대학신문》을 다시 꼼꼼하게 점검하는 가운데 이제까지 그 존재조차 전혀 알려지지 않았던 인산의 논설들 그리고 좌담회에서의 발언들을 찾을 수 있었고, 또 『사상계』(월간지) 및 『서울평론』(주간지)에 게재됐던 논문들을 비롯해 몇 편의 논문들을 더 찾을 수 있었다. 그것들은 인산에 관한 기존의 논지들을 더욱 확실하게 뒷받침해주었다.

마지막으로, 저자는 앞에서 말한 『인산 김영국 선생의 정치학』을 다시 꼼꼼히 읽었다. 여기에는 김세균(金世均) 교수, 이정복(李正馥) 교수, 김홍우(金弘宇) 교수, 김경희(金敬熙) 교수, 홍광엽(洪廣燁) 교수, 임혁백(任爀伯) 교수, 김동수(金東洙) 교수[저서에 나타난 목차의 순서] 등의 논문이 게재됐다. 이 논문들이 제시하는 논지들과 자료들은 저자를 새롭게 일깨워 주었다.

제2장

정치학자로 성장한 과정(1930~1954)

제1절 집안 배경

제1항 부모와 형제자매들

인산 김영국은 일제강점기이던 1930년 6월 26일(양력)에 태어났다. 간지(干支)로는 경오년(庚午年)이니, 인산의 띠는 말띠가 된다. 아버지는 본관을 김해(金海)로 하는 김덕창(金德昌)으로, 김윤장(金允章)과 이씨(李氏) 사이에서 1902년 12월 7일에 태어났다. 이 집안은 오랜 기간에 걸쳐 대대로 인천에서 생활했으며, 김덕창은 오늘날 답동(畓洞)이라고 부르는 곳에서 태어났다. 그는 본관을 의령(宜寧)으로 하는 남상철(南相哲)과 서씨(徐氏) 사이에서 1907년 7월 13일에 경기도 연천군 적성면 구읍리 492번지에서 태어난 남인옥(南仁玉)과 결혼했다.

결혼한 날짜는 어떠한 기록에도 나와 있지 않다. 그러나 1925년 4월 24일에 결혼신고가 접수됐고 장남 김영균(金榮均)이 1925년 9월 19일에 태어났다는 제적등본의 기록에 미뤄,[39] 1924년 말과 1925년 초 사이의 어느 시점에 결혼했던 것으로 추정된다.

김덕창은 다섯 살 아래의 아내 남인옥과의 사이에 6남 3녀를 두었다. 인산은 3남으로 태어났으며, 그 아래에 남동생 셋과 여동생 셋을 두었다. 부부 금술이 매우 좋았던 것으로 보인다. 그러나 다른 각도에서도 말할 수 있다. 그 시대에 조선=한국인들은 번족(繁族)을 지향했다. 정변과 외침, 그리고 질병이 잦았던 탓에 자식을 잃는 경우에 대비하는 경우가 흔했기 때문이다. 어떻든 인산은 식구들이 많은 집안에서 태어났던 것으로, 2019년 3월 31일 현재, 누이동생 셋과 남동생 한 사람이 생존해 있다.

제2항 출생지의 내력

인산이 태어난 곳은 당시 행정편제의 명칭으로는 경기도 인천부(仁川府) 부내면(府內面) 사정(寺町)이었다. 이곳은 오늘날 인천광역시 중구 답동 27번지에 해당된다. 답동의 '답'은 '논'이라는 뜻이다. 그 이름이 말해주듯, 원래 농지로 '논골'이라고 불렸다. 그러나 인천항이 개항하면서 주거지마을로 바뀌었으며, 대한제국정부가 1903년 8월에 인천부 안에 부내면을 신설할 때 '논골'을 부내면에 편입시키면서 한문 식의 '답동'으로 바꿨다. 일제가 들어서면서 1912년 5월에 답동을 답동과 사정으로 나눴고, 1914년 10월에 다시 합쳐 사정으로 명명했다가 1937년 1월에 욱정(旭町)으로 바꿨다. 일제패망 직후인 1946년 1월에 미군정은 일본식 이름인 욱

39 김영국 교수의 제적등본. 그의 차남 김창완 박사가 발급받아 저자에게 넘겨주었다.

정을 원래의 이름인 답동으로 돌려놓았다.

답동은 1980년대 중반까지는 인천의 중심부에 해당됐다. 그러나 신도시가 계속 개발되고 중구 관동(官洞)에 있었던 인천광역시청이 새로 개발된 지역인 남구 구월동(九月洞)으로 이전한 1985년 말 이후 이곳은 구도심(舊都心)의 한 부분을 형성한다.[40]

제2절 개화기 인천의 교육상황 속에서의 창영학교 개교, 그리고 인산의 초등 및 중등교육

제1항 신식 학교와 교회의 설립

조선왕조가 1876년 2월에 개항한 이후, 특히 1882년 5월에 미국과 수교한 이후, 인천은 서양인들이 서울로 들어오는 첫 관문이었다. 오늘날의 연세대학교를 세운 사람으로 간수되는 미국 장로교교단의 호레이스 언더우드(Horace Grant Underwood, 1859~1916) 선교사, 오늘날의 배재대학교를 세운 사람으로 간주되는 미국 감리교교단의 헨리 아펜젤러(Henry Gerhard Appenzeller, 1858~1902) 선교사, 그리고 오늘날의 이화여자대학교

40 답동에 관한 설명을 포함해 앞으로 소개되는 인천의 역사에 관해서는 다음의 책들에 의존했다. 김양수(金良洙), 『인천개화백경(仁川開化百景): 이 책에 인천이 있다』(화인재, 1998); 나채훈·박한섭 지음, 『인천개항사: 인천의 역사를 다시 본다!』(미래지식, 2006); 조우성(趙宇星), 『인천이야기 100장면』(인천광역시: 인아트, 2007) 및 『20세기 인천문화 생활연표』(인천광역시: 인아트, 2007).

를 세운 사람으로 간주되는 미국 감리교교단의 메리 스크랜턴(Mary Fletcher Benton Scranton, 1832~1909) 선교사 등이 모두 인천항을 통해 조선에 입국했던 것이다.

이러한 배경에서, 인천에서는 서양식의 또는 신식의 교회들과 학교들이 어느 다른 지방도시에서 보다, 경우에 따라서는 서울에서 보다, 먼저 세워졌다. 우선 인천의 첫 개신교회이면서 한국의 첫 감리교회인 내리교회(內里敎會)가 오늘날의 인천광역시 중구 내동(內洞)에 세워졌다. 이 교회가 정확히 언제 누구에 의해 세워졌는가에 대해서는 서로 다른 해석들이 있다. 1885년 7월 19일에 아펜젤러에 의해 세워졌다는 해석이 있는가 하면, 1890년에 감리교 선교사 올링거(F. Ohlinger)와 그가 길러낸 한인들에 의해 세워졌다는 해석도 있고, 또 다른 해석들도 있다. 그러나 내리교회는 첫 번째 해석을 받아들여 교회설립일을 1885년 7월 19일로 보며 초대 목사를 아펜젤러로 본다.[41]

내리교회에는 새로운 변화가 일어났다. 1892년 1월에 감리교 선교사 조지 존스(George H. Jones, 1867~1919)가 담임목사로 부임한 것이다. 2개월 뒤, 1890년에 미국에서 선교와 교육의 사명을 안고 서울로 온 마거릿 벤겔(Margaret Bengel, 1869~1943)이 인천으로 내려와 내리교회 안에 영화학당(永化學堂)을 세웠다. 그런데 어떤 연구자들에 따르면, 영화학당이 먼저 세워지고 내리교회는 영화학당 안에서 세워졌다. 당시 조선은 외국인의 선교를 금지했기 때문에 비록 선교의 목적을 갖고 입국했다고 해도

41 신태범(愼兌範), 『인천 한 세기: 몸소 겪고, 들은 이야기들』(한송, 1996), 189-190쪽; 한만수·이성민·박철호 공저, 『내리교회 110년사: 초기역사(1885-1903)』(인천광역시: 인천내리교회, 1995).

처음부터 교회를 세울 수 없었고 학교를 세운 뒤 그 학교 안에서 예배를 드리는 방식으로 사실상의 교회를 세웠다는 것이다. 어떻든 1893년 4월에 부부가 된 그들은 내리교회와 영화학당의 성장을 위해 함께 노력했다. 훗날 이화여자대학교 총장이 되는 우월(又月) 김활란(金活蘭, 1899~1970)이 이 학교에서 수학했다.

개신교가 인천에서 이렇게 학교를 세운 데 이어 가톨릭교육재단은 1900년에 인천항박문학교(仁川港博文學校)를 세웠는데, 이 학교는 곧 인천박문학교로 개칭된다. 제2공화정에서 국무총리를 역임한 장면(張勉, 1899~1966) 그리고 그의 동생으로 서울대학교 미술대학장을 역임한 장발(張勃, 1901~2001)이 이 학교 졸업생이다.

다른 한편으로, 대한제국정부는 1895년 6월에 관립한성외국어학교 인천지교(仁川支校)를 세웠으며, 1904년 4월에 이 학교를 관립인천일어학교로 개편했고, 1909년 5월에 인천실업학교로 개편했다. 오늘날의 인천광역시 미추홀구 용현동(龍現洞)에 속했던 독정리(讀亭里)의 유지들은 학계(學契)를 형성해 기금을 모아 1899년에 일신학교(日新學校)를 세웠고, 서상빈(徐相彬, 1859~1928)은 1903년 6월에 순수한 민간학교로 제녕학교(濟寧學校)를 세웠으며, 정재홍(鄭在洪, ?~1907)은 인명학교(仁明學校)를 세웠다. 일신학교·제녕학교·인명학교 등은 뒷날 인천공립보통학교로 흡수되는데, 이 인천공립보통학교가 창영학교의 전신이다.

그러면 훗날 인산이 다니게 되는 창영학교는 언제 누구에 의해 세워져 오늘날에 이르고 있는 것일까? 이 학교는 대한제국의 마지막 황제인 융희황제, 곧 순종 1년인 1907년 5월 6일에 「보통학교설치령」에 의해 인천공립보통학교로 개교했다.[42] 오늘날의 감각으로 그 이름만 들어서는 제법 격식을 제대로 갖췄던 것으로 느껴지지만, 실제에 있어서는 인천관립일어학교의 한 교실을 빌려 단지 3명의 학생들을 데리고 개교했을 뿐이었다.

제2항 일제의 조선강점과 교육환경의 변화

우리 모두가 뼈아프게 기억하듯, 대한제국은 경술년(庚戌年)인 1910년 8월에 일제의 판도 안으로 강제병합됐다. 조선=한민족은 거족적으로 저항했다. 그리하여 1919년에는 3·1만세독립운동을 일으켰고 곧이어 대한민국임시정부를 중국 상해에서 세웠으며, 1926년에는 6·10만세운동을 일으켰고 1929년에는 광주학생항일운동을 일으키는 등 일제에 대한 조선=한민족의 저항운동을 계기적으로 전개했다.

그러나 일제는 식민지배의 고삐를 더욱 거세게 움켜쥐었을 뿐만 아니라 만주침략을 음모하고 있었다. 실제로 인산이 태어난 때로부터 1년 2개월 뒤인 1931년 9월에 일제는 만주 유조구(柳條溝)에서 이른바 만주사변을 일으키고 이것을 빌미로 삼아 만주침략의 행보를 넓혀 마침내 1932년 3월 1일에 자신의 괴뢰국으로 '만주국'을 세웠다. 청(淸)의 마지막 황제 선통제(宣統帝) 부의(溥儀, 1906~1967)를 '만주국'의 '황제'로, 그리고 길림성(吉林省) 장춘(長春)을 '신경(新京)'으로 고쳐부르면서 '만주국'의 수도로 삼았다.

---

42 김양수, 『인천개화백경』, 303-304쪽; 나채훈·박한섭 지음, 『인천개항사』, 165-169쪽; 인천창영초등학교 총동창회 편, 『창영85주년사, 1907-1992』(인천직할시: 인천창영초등학교 총동창회, 1992), 43-81쪽.

조선의 위대한 애국자 윤봉길(尹奉吉, 1908~1932) 의사는 대한민국임시정부와 손을 잡고 1932년 4월 29일에 상해 홍구공원에서 일왕의 생일을 축하하는 일제의 장군들과 외교관들을 향해 폭탄을 던짐으로써 일제의 조선침략과 만주침략에 대해 목숨을 걸고 저항했다. 중국인민들은 중국공산당의 지도 아래 1936년 3월에 동북항일연군(東北抗日聯軍)을 조직해 저항했고, 김일성(金日成, 1912~1994)과 최용건(崔庸健, 1900~1976)을 포함한 일정한 규모의 조선인들 역시 여기에 참여했다. 그러나 중국인들과 조선인들의 희생에도 불구하고 침략의 발길을 멈추게 하지는 못했다. 그리하여 일제는 마침내 1937년 7월 7일에 중국대륙에 대한 침략을 본격화함으로써 중일전쟁에 돌입했다. 일제는 곧이어 동남아로 전쟁을 확대해 싱가포르와 말레이시아 및 인도네시아 등을 점령하기에 이르렀다. 이제 세상은 '일본 세상'이 되는 것처럼 보였다.

제3항 창영학교·경기중학교·서울대학교 동기생 노봉유에 대한 회상

대체로 이 시점인 1938년 4월 1일에, 인산은 창영보통학교에 입학했다. 이 학교의 이름은 여러 차례 바뀌었는데, 입학했을 때는 그 이름이 인천창영공립심상소학교(仁川昌榮公立尋常小學校)였으며, 졸업할 때는 인천창영공립국민학교였다. 이 학교는 현재 인천창영초등학교로 불린다. 인산은 1922~1924년에 세 차례에 걸친 큰 공사를 통해 증축된 새로운 교사(校舍)에서 공부했다. 당시의 행정편제로는 경기도 인천부 창영동 30번지에 자리를 잡았던 것인데, 현재 인천광역시 동구 우각로(牛角路) 19번지로 불린다.[43] 이때 세워진 본관건물은 근대건축물로서 시(市)가 지정하는 문화재가 됐다. 현재 '인천지방유형문화재 16호'로 불리면서 인천광역시의 보호를 받고 있다.

인산이 5~6학년 때인 1942~1944년에 일제는 태평양전쟁에서 밀리고 밀려 패색을 두드러지게 나타냈다. 조선에 대한 식민통치는 더욱 가혹해졌다. 초등학생들에 대해서도 일정한 규모의 군사훈련과 노역을 강요했다. 식량사정은 더욱 각박해졌다. 이 매우 어려운 과정을 거쳐 그는 1944년 3월 22일에 346명과 함께 제34회로 졸업했다. 동기생으로는 훗날 인천에서 네 차례에 걸쳐 국회의원으로 봉사하는 기업인 심정구(沈晶求, 1931~현재), 그리고 1967년 여름에 중앙정보부가 발표한 '동백림(東伯林)을 거점으로 한 북괴의 대남공작단 사건'에 대남공작단의 프랑스 책임자로 지목된 노봉유(魯鳳裕) 등이 있다.[44]

노봉유는 인산과 함께 6년제 경기중학교에 입학했다. 그러나 일제가 패망한 직후 남한에서 형성된 '해방공간'에서 '이념적인 문제'에 연관돼 '퇴학'을 당했다. 그러자 고향인 인천으로 내려와 6년제 인천중학교로 전학했다. 당시 인천중학교 교장은 일제 때 항일운동에 가담해 투옥되기도 했었던 그 유명한 길영희(吉瑛羲) 선생으로, 학생들을 '지사형(志士型) 인간'으로 성장시키는 것을 교육의 목표로 삼았다. 그래서 다른 학교의 교장과는 달리 노봉유처럼 '이념적인 문제'로 고뇌하는 학생을 선호했으며 그의 전학을 기꺼이 받아준 것이다.

노봉유는 6년제 인천중학교를 제2회로 졸업하고 인산과 같은 해에 서

43 나채훈·박한섭 지음, 『인천개항사』, 169－172쪽.

44 인천창영초등학교 총동창회 편, 『창영85주년사, 1907－1982』, 321쪽.

울대학교 문리대에 입학했다. 서울대학교에 남아있는 기록에 따르면, 그는 문리대 수학과에 진학했다. 이 기록은 그가 언제 졸업을 했는지 전혀 알려주지 않는다. 그러나 '동백림을 거점으로 한 북괴의 대남공작단 사건' 관련자들을 프랑스 현지에서 다뤘던 당시 중앙정보부파견 주불대사관 공사의 회고에 따르면,[45] 노봉유는 6·25전쟁 때 프랑스군 통역으로 활동해 프랑스정부훈장을 받았으며 그 공적으로 프랑스정부의 초청을 받아 파리대학교 대학원 수학과에서 공부할 수 있었고 국가박사학위를 받을 수 있었다. 중앙정보부 공작팀이 그를 프랑스에서 국내로 압송하려 했으나 낌새를 채고 '라오스인 부인'과 함께 재빨리 피신하는 데 성공하며 프랑스의 식민지였던 알제리의 수도 알제에 위치한 알제국립대학교 교수가 된다. 인산은 가끔 노봉유를 떠올리면서 "국내에 돌아와 한국수학계를 위해 크게 이바지할 수 있었는데 참 아쉽게 됐다."고 안타까워하곤 했다.

제4항 이미 초등학교 때 '공부를 아주 잘하는 학생'으로 주변에 각인되다

인산의 창영시절에 대해 몇 가지 회상들이 남아있다. 첫째, 인산은 어느 시점에서인가 최태호(崔泰浩, 1915~1987)의 훈도를 받았다. 최태호는 경성사범학교를 졸업한 교사로 훗날 『리터엉 할아버지』(1955)를 비롯한

45 윤응렬(尹應烈), 「20 내가 겪은 동베를린사건의 진상」, ______, 『상처투성이의 영광』(황금알, 2010), 321－352쪽 가운데 330－331쪽.

몇 편의 동화를 출판했던 작가이기도 했으며, 문교부 편수관·장학관·국립중앙도서관장 그리고 춘천교육대학장 등으로 봉직하기도 했다. 인산은 그로부터 조선전래의 동화들과 민담들에 대해 많은 이야기를 들었노라고 회상하면서, '조선적(朝鮮的)'인 것에 대해 애정을 표시하곤 했다. 아마 그때 받은 교육의 영향이 남아있었던 것으로 추정된다.

둘째, 인산은 '공부를 아주 잘하는 학생'으로 주변에 각인됐다. 이 사실과 관련해, 서울대학교 사회과학대학 정치학과에서 인산을 모시고 교수로 봉직했던 최명(崔明) 박사는 다음과 같은 일화를 소개했다.

> [1971년 봄의] 어느 날 저녁에 김영국 교수와 무교동의 '하이웨이'라는 대형 맥주집에 간 일이 있었다. 그날은 [훗날 서울대학교 사회과학대학 국제경제학과] 김세원(金世源) 교수와 셋이 갔다. 당시 맥주집은 여러 종류가 있었는데, 소위 대형은 극장식으로 큰 홀에 여러 테이블이 있고, 무대에서는 일류 가수들이 노래를 부르곤 하는 그런 집이었다. 김영국 교수는 술을 많이 하는 편은 아니고, 김세원 교수와 나는 소위 고래 축에 드는 편인데, 그날 마침 무대에서 노래를 부른 가수 중에는 인천출신의 박경원 씨가 있었다. 「이별의 인천항구」라는 노래 등, 그의 히트곡을 부르고 있었다.
>
> "나 저 친구 아는데, 나하고 인천서 소학교를 같이 다녔어."
>
> "그러면 막간에 잠깐 부르지요."
>
> 박경원 씨가 우리 테이블로 왔다. 두 사람은 반가운 눈치였는데, 김 교수는 그가 무얼 하는 사람인지 알지만, 박경원 씨는 김 교수의 직업이 궁금했던 모양이었다.
>
> "야, 너 뭐하니?"

"응, 나 서울대 교수야!" 그러자,

"야, 너 공부를 그렇게 잘 하더니, 결국 그렇게 되었구나!"

인산의 공부에 대한 최명 교수의 회고는 다음으로 이어졌다.

> 김영국 교수는 초등학교 때부터 공부를 썩 잘 했다고 하고, 대학도 한 학년 월반하여 들어왔다. 특히 어학에 능통하여, 일본어는 물론이고, 영어·독일어·프랑스어·이탈리아어 등도 잘했다. [⋯] 또 책읽기를 좋아하여 소설도 무척 많이 읽으신 모양인데, 예컨대, 『삼국지(三國志)』에 관하여는 책을 쓰기도 한 나보다도 더 많이 아셨다. 한 수 위셨다. 아무튼 그는 박학 덩어리라고 할 수 있을 만큼 아는 것이 많은 분인데, 말년에 『물명고(物名攷)』라는 박물학 책을 복사하여 나에게 주신 기억이 있다.[46]

『물명고』는 조선왕조 제23대 군주인 순조 때 언어학자 유희(柳僖)가 서술한 일종의 어휘사전이다. 인산이 이 책을 복사해 최 교수에게 주었다는 사실은 인산의 독서의 폭이 얼마나 넓었던가를 말해주는 하나의 작은 자료가 된다.

---

46 최명, 「김영국 교수 조사(弔辭)」, ______, 『나의 글 나의 정치학』(고양: 인간사랑, 2006), 285－287쪽; ______, 「나의 재직시절」, 서울대학교정치학과60년사 발간위원회 편, 『서울대학교 정치학과 60년사』(서울대학교 사회과학대학 정치학과, 2009), 177－178쪽.

제5항 경기중학교에서의 5년 그리고 답동성당과의 인연

창영공립국민학교를 졸업한 인산은 1944년 4월 1일에 서울의 6년제 경기공립중학교에 진학했다. 14세 때의 일이다. 입학연도를 기준으로 따지면 그는 46회에 해당된다. 그러나 5학년 때 대학입학자격검정고시에 합격하고 곧바로 대학에 진학했기에, 그는 경기고등학교 동창회에서 '준회원'으로 간주된다.

경기에서의 인산에 관한 공식기록을 저자는 열람할 수가 없었다. 「개인정보보호법」은 친족이 아닌 사람에게 학적부 또는 성적표와 같은 공식기록의 열람을 허용하지 않기 때문이다. 그래서 인산이 평소에 후학들에게 들려준 회상 그리고 인산에 관한 회상을 중심으로 짧게 소개하고자 한다.

첫째, 인산은 처음에는 경인선 열차를 타고 통학했다. 오늘날에는 동인천역이라고 불리는 상인천역이 가까웠기에 거기서 서울역으로 가고 서울역에서 전차를 타거나 걸어서 등교했다. 아들이 너무 힘들어 하는 것을 보고 아버지가 어려운 생활형편인데도 학교근처에 방을 하나 마련해주어 거기서 자취를 했는데, 아버지가 이부자리를 비롯한 간단한 생활용구들을 지게에 싣고 날라주었다고 회상하면서, 인산은 아버지에 대한 고마움과 그리움을 나타내곤 했다.

둘째, 인산은 모든 과목에서, 특히 영어·독일어 등의 어학에서 — 그때 경기중학교에는 프랑스어 과목이 없었다 —, 뛰어난 기억력을 과시하면서 발군의 성적을 냈다. "김영국은 천재다" 또는 "천재소년 김영국"이라는 전설은 이때 만들어진 것이다. 문학에도 관심이 커 세계문학전집을 자주 읽는 가운데 급우들에게 자신이 읽은 것을 그대로 설명해주어, 글자 그대로 '박람강기(博覽强記)'의 모습을 주변에 보여주었다. 그뿐 아니라 체력단련을 위해 평행봉을 비롯한 기계체조에 많은 노력을 기울였다. 평행봉에서 가장 어렵다는 '대차돌기'를 거뜬하게 해내어 급우들의 부러움을 사기도 했다. 군살이 전혀 없고 꼿꼿하면서도 바른 자신의 자세와 건강은 그때 다져진 것이라고 때때로 회상하곤 했다.

셋째, 인산은 중학생 시절에 인천의 답동성당(畓洞聖堂)과 가까이 지냈다. 이 성당은 프랑스 파리에 본부를 둔 외방전교회(外邦傳敎會)가 1897년에 세웠고 1937년에 증축했는데, 로마네스크 양식에 따라 벽돌로 아름답게 세워져 많은 사람들의 사랑을 받았다. 지난날의 주소이름으로는 인천광역시 중구 답동 3-1번지, 오늘날 주소이름으로는 인천광역시 중구 우현로(又玄路) 50번길 2에 위치한 이 성당은 인천교구 안에 있는 102개 본당들을 관장하는 주교좌(主敎座) 성당의 자리를 차지하고 있다. 이러한 역사적 사실을 고려해, 대한민국정부는 1981년 9월에 이 성당을 사적 제287호로 지정함으로써 '국가지정문화재'로의 성격을 부여했다.[47]

인산은 집에서 가까운 이 성당을 자주 찾아다니면서 프랑스 신부들과 인연을 맺고 특히 그들로부터 프랑스어를 배웠다. 요새 말로 표현하면, 인산은 '원어민'으로부터 프랑스어를 배운 셈이다. 이 인연으로 그는 프랑스어에 아주 능통해져 대학원 학생 때 18세기의 프랑스 정치사상가 장 자크 루소(Jean Jacques Rousseau)의 『인간불평등기원론』을 번역·출판했으며, 교수시절에는 프랑스의 세계적 정치학자 모리스 뒤베르제(Mau-

47 답동성당에 대한 연구로는 다음이 있다. 전영일, 「인천 답동성당 건립과정에 관한 연구」, 인하대학교 대학원 건축공학과 공학석사학위청구논문, 1989년 8월. 윤인복, 「답동성당, 빛과 구조의 미학」, 『문화재사랑』 99(2013년 2월), 40-43쪽.

rice Duverger, 1917~2014)를 비롯한 프랑스 정치학자들의 저서들을 중심으로 프랑스어 강독(講讀)을 담당할 수 있었고, 1970년대 중반에 파리정치대학에 교환교수로 나갈 수 있었던 것이다. 그뿐 아니라, 그는 어떤 주변사람들에게는 프랑스적인 것을 좋아하고 거기에 기우는 '프랑코화일(Francophile)'의 성향과 모습을 보였다.

넷째, 인산이 경기중학교에 입학했을 때는 일제식민통치가 막바지에 이르렀을 때였다. 그때 겪었던 일들을 회상하면서, 그는 자신만 아니라 급우 모두가 그리고 조선인 교사들이 글자 그대로 '미쳐 날뛰는' 일제의 식민통치자들과 일본인 교사들에 대해 말할 수 없는 증오를 느꼈다고 말했다. 동시에 이때의 경험으로부터 하나의 소박한 '정치이론'을 세울 수 있었다. '강경파'의 득세와 극렬한 언동은 그 정권의 종말을 알리는 신호라고 인산은 말하곤 했다.

입학으로부터 1년 4개월 뒤에 조국은 해방을 맞이했다. 그러나 한반도가 남북으로 나뉜 데 대해 모두 의아심을 가졌고 북한에서 소련군이 저지르는 만행에 대한 소식이 들려올 때마다 약소민족의 비애를 느꼈다고 회상했다. 남한에서의 좌우익투쟁에 대해 불안감을 가지면서 "이데올로기라는 것이 과연 무엇이기에 이렇게 상대방을 죽이면서까지 싸우는가?"라는 의문을 항상 가졌다. 이 의문이 그로 하여금 정치이데올로기를 본격적으로 연구하는 정치학과를 선택하게 만들었고, 정치이데올로기를 포괄하는 정치사상 또는 정치철학을 평생에 걸쳐 연구하게 만들었다.

제3절 서울대학교 문리대 정치학과 학생시절

제1항 서울대학교에 정치학과가 설립된 배경

대한민국정부는 1948년 8월 15일에 수립되면서 우리나라 역사에서 처음으로 대학입학자격검정고시제도를 채택하고 문교부의 책임 아래 1년에 2회에 걸쳐 실시했다. 인산은 1949년 초에 실시된 제2회 검정고시에 우수한 성적으로 합격했다. 이에 따라 그는 서울대학교 문리대 정치학과에 응시할 수 있었고, 1949년 9월에 우수한 성적으로 입학하기에 이르렀다. 미군정은 일제강점기의 학제를 고쳐 1949년 9월부터 새 학년도를 9월에 시작하기로 결정했는데, 그는 바로 이 새 학제의 적용을 받았던 것이다. 서울대학교에 입학한 입학년도로만 따져 4회에 해당된다고 하겠다.

그러면 서울대학교 그리고 그 안에서의 정치학과는 어떻게 설립된 것인가? 일제가 패망한 직후 남한을 점령통치한 미군정은 1945년 9월에 일제가 1924년에 개교한 경성제국대학을 경성대학으로 개칭했다. 미군정은 이어 1946년 7월 13일에 '국립종합대학안' 약칭 '국대안'의 추진계획을 발표했다.[48] 이 '국대안'은 경성대학을 뼈대로 삼아 경성고등공업학교·경성고등상업학교·수원고등농림학교·경성경제전문학교·경성법률전문학교·경성치과전문학교·경성의학전문학교·경성광산전문학교·경성사범

48 서울대학교50년사편찬위원회 편, 『서울대학교50년사』 전2권(서울대학교 출판부, 1996), 상, 6-10쪽.

학교·경성여자사범학교 등 관립학교들을 통폐합시켜 국립종합대학교로 발족시키는 것이었다. 실제로 미군정은 1946년 8월 27일에「국립 서울대학교 설립에 관한 법령」을 공포했다. 여기에 맞서 특히 미군정에 반대하는 세력이 '국대안반대투쟁'을 전개했으나 결국 무위(無爲)로 돌아갔고 국립 서울대학교가 세워지기에 이르렀다.

정치학과는 이때 문리과대학의 한 학과로 창설됐다. 미군정청 공보부 차장으로 봉직하면서 서울대학교 설립에 관여했던 최봉윤(崔鳳潤)은 문리대가 세워지고 정치학과가 그 안에 포함된 데 대해 다음과 같은 취지로 회상했다.

> 나는 일제의 조선강점기에 미국에 건너가 로스앤젤레스에서 채프먼 칼리지를 졸업하고 캘리포니아대학교 버클리 캠퍼스 대학원에서 수학했기에 미국의 대학편제에 익숙했다. 그래서 미국 대학교에서 기본적 대학으로 간주되는 '칼리지 오브 리버럴 아츠 앤 사이언시스(College of Liberal Arts and Sciences)'를 도입할 것을 강력히 주장했고 관철시킬 수 있었다.
>
> 일제가 왜 군국주의로 갔던가? 그 까닭들 가운데 하나는 대학들이, 특히 관립대학들이, 자유로운 학풍을 배양하지 않고 관료적 학풍을 주입시킨 데 있었다. 도쿄제국대학을 보자. 도쿄제국대학은 천황에 충성스러운 관리들을 양성하는 데 역점을 두어 기본적으로 비판적 학문이어야 할 정치학을 법학부 안의 정치학과에서 가르쳤다. 반면에 미국은 정치학과를 '칼리지 오브 리버럴 아츠 앤 사이언시스'에 두었다.
>
> 나는 앞으로 미군정에서 벗어나 새롭게 태어날 한국이 관료적 학풍

속에서 성장한 인재들에 의해서가 아니라 자유주의적 학풍 속에서 성장한 인재들에 의해 이끌려나가기를 기대했다. 그래서 정치학과를 문리대 안에 둘 것을 강력히 제의했는데, 다행히 받아들여진 것이다.[49]

제2항 정치학과를 선택한 이유

그러면 인산은 왜 정치학과를 선택했던가? 그 스스로 이 물음에 직접 대답한 일은 없다. 그러나 그가 남긴 글 가운데 그의 심경이 엿보이는 대목이 있어 다음에 인용하기로 한다.

> "식민통치는 이 땅에서 반만년을 흐르던 정치의 강줄기를 묶어놓고 물 없는 불모의 하상(河床)만을 남겨놓았다. 해방은 마치 [일제가 조선을 강점한] 36년간의 제방이 하루아침에 툭 터지는 것이나 다름없었다. 노도의 흐름 속에서 우리 겨레는 잃었던 목숨을 되찾았고 정치의 부활을 보았다. 전국의 대부분의 대학교가 거의 때를 같이하여 정치학과 또는 정치외교학과를 신설하게 되었음은 바로 이러한 민족의 정지적 생명의 부활을 상징하는 것이라 하겠다. 정치는 국가생활의 관건이며 정치가는 인간 가운데의 인간이며 정치학은 제(諸) 학문의 대종(大宗)이라는 지배적 풍조 속에서 장차 이 나라 이

49 김학준, 「재미원로 회견기: 정치학과 창설의 주역 최봉윤 교수」, 《대학신문》(서울대학교 대학신문사), 1984년 3월 5일, 3쪽.

겨레의 초석이 되어 경륜을 펴보겠다는 구시대의 지사, 대통령을 바라보는 패기에 찬 실천가, 제(諸) 학문 위에 군림하겠다는 야망을 가진 이론가들이 정치학의 수업과 정치역량의 배양을 위해 정치학과에 모여들었다."[50]

비슷한 맥락에서, 인산은 다른 글에서 다음과 같이 썼다.

"정치학과는 실로 해방 후 소생한 국민의 정치의욕의 축복 속에서 탄생했다고 볼 수 있다. 개설과 더불어 방방곡곡에서 청운의 정치적 포부를 안고 많은 인재들이 운집해왔다. 본래 일제식민통치시대에는 허용되지 않았던 학문이라 초기의 편입생은 모두가 다른 학문적 배경을 가진 사람들이었다. 학생의 과별정원이 엄격하지 않았던 까닭에 대학교의 입학자격을 갖춘 사람이라면 누구나 지원만 하면 자유롭게 입학할 수 있었다."[51]

인산이 정치학과를 지망했을 때 앞으로 현실정치에 뛰어들어 정치가로 성장하겠다는 뜻을 가졌던 것 같지는 않다. 그 대신에 '제 학문 위에 군림하겠다는 야망을 가진 이론가'가 되겠다는 뜻을 가졌던 것 같다.

---

50 김영국, 「학풍 한세대(8): 정치학」, 《대학신문》(서울대학교 대학신문사), 1976년 5월 31일, 5쪽.

51 김영국, 「사회과학: 정치·외교학」, 서울대학교30년사편찬위원회 편, 『서울대학교30년사, 1946–1976』(서울대학교 출판부, 1976), 582–584쪽.

제3항 학부생활

인산의 정치학도로서의 학부생활은 1949년 9월 1일에 시작되어 4년 7개월이 지난 1954년 3월 28일에 끝났다. 그 사이에 몇 차례에 걸친 학제의 변경 — 예컨대 새 학년도가 시작되는 날짜를 1950년에는 6월 1일로, 1953년에는 4월 1일로 바꿨다. — 그리고 1950년 6월 25일에 일어난 전쟁으로 말미암은 서울대학교의 전시연합대학으로의 통합 및 분리 등에 따른 혼란이 겹쳤기 때문이었다.

6·25전쟁이 일어난 때로부터 45일이 지난 1950년 8월 10일에 만 20세의 청년이던 인산은 군에 입대했다. 서울대학교에 보존되어있는 그의 공무원인사기록카드에 따르면, 그는 육군 보병 이병(군번 0785472)으로 입대한 것이다. 이것은 그가 분명히 '대한민국의 편'에 서 있었음을 말해준다. 그때의 시대상황에서, 20세의 청년이면, 좌익사상에 물이 들을 수도 있었겠고 그래서 월북을 결심할 수도 있었겠다. 또는 '회색지대'에 머물러 우왕좌왕(右往左往)하다가 '의용군'으로 끌려갈 수도 있었겠다. 그러나 그는 해방공간에서의 '좌익'에 이미 머리를 내흔들었으며 북한의 남침 소식에 접하자 주저 없이 국군에 입대한 것이다. 인산의 반공적·반북한적 입장은 일생을 일관한다. 그러나 복무기간은 짧았다. 중공군의 개입에 따른 이른바 1951년의 1·4후퇴 직후인 3월 31일까지 7개월에 걸쳐 복무한 것이다.[52]

이 전쟁기인 1950년 11월에 정부는 전시연합대학을 설립하고 피난지에서 자신의 편의에 따라 등록하게 하였으며, 전황이 안정돼 정부가 서울

52 서울대에 비치된 김영국 교수의 공무원인사기록카드.

로 환도하면서 1952년 5월에 전시연합대학을 해체한다. 그런데 인산은 이 학교에 등록하지 않았다. 이에 대해, 인산과 6년제 경기중학교 동기생이면서 서울대학교 정치학과 1년 후배가 되는 한국학중앙연구원 한국학대학원의 이기원(李基遠) 전 교수는 다음과 같이 회상했다.

> "김영국은 검정고시를 거쳐 서울대 정치학과에 입학해 대학은 나보다 1년 선배가 됐으나 경기중학교 때부터 친했기에 정치학과 때도 선후배를 떠나 아주 가깝게 지냈다. 군복무를 마치고 김영국은 부산으로 내려갔지만 생계를 위해 어떤 사업에 종사하느라고 전시연합대학에 등록하지 않았다."[53]

그래서 인산의 학부성적표에 1949년도는 기록되어 있으나 1950년도와 1951년도는 아예 기록되지 않은 채 1952년도와 1953년도가 기록되어 있을 뿐이다.

이기원 교수는 인산이 부산에서 '어떤 사업'에 종사했다고 말했지만, 그것이 구체적으로 무엇을 의미하는지는 밝히지 않았다. '사업' 체질이 아닌 인산으로 피난지에서 매우 힘들게 생활했을 것으로 짐작된다. 그렇다고 하여, "손에서 책을 놓지 않는다."라는 뜻의 수불석권(手不釋卷)이 몸에 밴 그가 공부 그 자체를 그만둔 것은 아니었다. 그는 자신의 고향 선배이면서 경기중학교 선배로 그 시기에 임시수도 부산에서 외무부 공무원으로 봉직하던 임명진(林明鎭)과 가까이 지냈는데, 훗날 베네수엘라 대사와 덴마크대사를 역임한 그는 이 시기의 인산에 대해, "어려운 여건

---

53 2001년 12월 17일 전화통화.

속에서도 정치학 또는 역사학 원전들을 구해 열심히 읽는 모습을 잃지 않았다."라고 회고했다.[54]

인산이 복학한 때는 1952년 2학기였다. 이때의 모습을 서울대학교 문리대 정치학과 3년 후배인 구범모(具範謨) 학생은 이렇게 회상했다.

> "내가 처음 김영국 교수를 만난 것은 1952년 6·25동란 중 부산 동대신동으로 피난 갔던 문리대 판잣집 가교사(假校舍)에서였다. 그로부터 근 40개 성상이 지났지만 그때 김 선배가 풍겨주었던 대쪽같이 곧은 성품과 옥과 같이 맑기만 한 마음은 지금도 변함없는 그의 모습이다."[55]

제4항 당시 정치학의 학풍과 서울대 정치학과 교수진

인산의 학부성적표를 보면 전체 취득학점 186점 가운데 졸업논문 학점 6학점을 제외한 180학점이 정치 분야 80, 외교 및 국제법 분야 22, 경제 및 재정 분야 20, 사회학 분야 14, 헌법 및 행정법 분야 4, 프랑스어 및 독일어 분야 20 등으로 나뉘어 있다. 따라서 정치학의 여러 과목들뿐만이 아니라 다른 학문들에 대해서도 폭넓게 수강했으며, 특히 외국어에 많은 노력을 기울였음을 알 수 있다. 인산에 관해 저자의 학부학생시절까

54 2001년 12월 17일 전화통화.

55 구범모 교수의 회고는 인산(仁山)김영국박사회갑기념논문집간행위원회 편, 『인산김영국박사회갑기념논문집: 정치학의 전통과 한국정치』(서울: 박영사, 1990), ⅰ-ⅲ쪽에 실린 구 교수의 「하서(賀序)」에 포함되어 있다.

지 내려온 '전설'에 따르면, 그는 영어와 프랑스어에 뛰어나 학부 때부터 정치학 원전들에 능숙했다고 한다. 그러나 성적표에 나타난 프랑스어 성적은 뜻밖에도 보통 수준이다. 그 까닭은 당시 성적평가가 매우 인색한 데 있었을 것이다.

교수가 성적평가에서 얼마나 인색했던가를 말해주는 일화가 있다. 당시 정치학과 학생이었던 구범모는 헌법시험에서 잘 썼다고 생각했지만 막상 성적표를 받아보니 D로 나왔다. 너무 뜻밖이어서 담당 박일경(朴一慶) 교수에게 물었더니, 박 교수는 "나는 A는 물론이고 B나 C도 준 일이 없어. D는 고등고시에서 합격할 만한 답안이라고 생각할 때 주었어."라고 대답하더라는 것이다.

인산의 학부시절의 정치학 수학(修學)과 관련해 우선 토론돼야 할 대상은 이 시기를 관류한 국내 정치학계의 학풍이다. 한국에서 정치학이 성장·발달한 역사를 연구한 김계수(金桂洙) 교수는 8·15해방 직후 약 10년을 우리나라 정치학의 '발족기(發足期)' 또는 '초창기(草創期)'라고 불렀다. 인산은 이 시기에 정치학을 공부한 셈이 된다. 다시 김계수 교수에 따르면,

> "이 시기의 한국 정치학은 […] 일본의 학적(學的) 경향에 지배적 영향을 받았다. […] 일본의 정치학은 정치학 연구를 국가학과 법률학의 일익으로 간주하였으므로 정치학에 있어서 법적·전통적 접근법의 경향이 이 시기의 한국 정치학의 지도적인 정치학자들의 학문적 활동으로서 반영되었다."[56]

56 김계수, 『한국과 정치학』(일조각, 1987), 4쪽.

이 점은 인산의 성적표에서 그대로 확인된다. 그가 수강한 정치학 과목들의 대부분이 (1) 국가학, (2) 정치를 법적·제도적으로 접근한 정치제도론(정부론, 정부형태론, 의회제도론, 민주정치제도론), 그리고 (3) 정치를 사상적·철학적으로 접근한 정치사상사 및 정치철학 등이기 때문이다. 그는 사상사에 관심이 컸기에 조선사상사와 사회사상사도 각각 수강했다. 인산 스스로도 자신의 정치학과 학부학생 시절을 이렇게 회고했다.

> "학문적으로 볼 때 당시의 학풍은 정치학의 계보로 본다면 이른바 전통적 연구에 속하는 것이었기에 전전(戰前)에 독일과 오스트리아에서 일본으로 수입된 법학적 정치학의 잔재가 컸고, 영국과 미국의 정치학 교과서가 원서로 또는 역서로 새로이 읽혔다. 그 가운데 이용희 교수가 신설한 「국제사정(國際事情)」 강의는 당시로 보아서는 분류가 어려운 새로운 강좌였다. […] 사변 후 모든 것이 폐허로 돌아갔지만 정치학의 경우는 얻은 것이 많았다. 외국, 특히 미국과의 접촉이 긴밀해짐에 따라서 문화적 교류도 활발해졌다. […] 어려운 여건이래서도 어떻게 입수했는지 새로운 서적이 소개되기 시작했다."

그리면 새로운 서적이란 어떤 것이있나? 다시 인산의 회고를 들어보자.

> "새로운 주제는 아무래도 민주정치론이 되었고, 베커(Carl Becker)의 *Modern Democracy*(1941)가 불법으로 복사되어 대부분의 대학교에서 읽혔다."[57]

57 김영국, "학풍 한세대(8): 정치학", 《대학신문》(서울대학교), 1976년 5월 31일, 5

여기서 잠시 칼 베커와 그의 저서 『현대 민주주의』에 대해 알아보기로 한다. 칼 베커(1873~1945)는 위스콘신대학교 매디슨 캠퍼스 사학과에서 박사학위를 받은 뒤 코넬대학교 사학과에서 교수로 봉직했다. 그는 미국에서 민주주의가 성장·발전하는 과정을 깊이 연구해 이 방면에서 많은 저서들을 출판했으며 그 연장선 위에서 예일대학교 출판부를 통해 이 책을 출판했던 것이다. 그는 민주주의의 유지와 발전을 위해서는 국민의 참여와 감시가 중요하다는 점을 역설했다.

인산의 학부시절 정치학과 교수진이 어떻게 짜였었는지는 명확하지 않다. 여러 자료들을 종합해 보면,[58] 1학년 때이던 1949년 9월 1일부터 1950년 5월 31일까지에는 조선정치사와 조선정치사상사 분야의 이선근(李瑄根), 민주주의론 분야의 신도성(愼道晟), 조선사상사 분야의 김경수(金敬洙), 국제정치 분야의 이용희(李用熙), 외교사와 국제법 분야의 신기석(申基碩), 헌법과 행정법 분야의 박일경(朴一慶), 경제원론과 재정학 분야의 임원택(林元澤) 등이 전임으로 재직했다. 서양정치사상 및 서양정치이론 분야의 서임수(徐壬壽)는 입학 직전 또는 직후의 어느 시점에 전임강사직에서 사임했으며, 이선근은 1950년 2월에 사임했다.

인산이 군복무와 피난생활을 마치고 복학한 시점을 전후해서는 박일경이 1951년에, 신기석 역시 1951년에, 그리고 신도성은 1952년에 사직했다. 1949년 9월에 부임한 임원택 전임강사는 6·25전쟁 발발과 더불어 군

쪽.

58 서울대학교 50년사 편찬위원회 편, 『서울대학교 50년사』(서울: 서울대학교, 1996). 하, 852-853쪽. 임원택에 대해서는 두남(杜南) 임원택교수정년기념논문편찬위원회 편, 『두남 임원택 교수 정년기념논문집: 사회과학의 제 문제』(서울: 법문사, 1998), Ⅸ.

에 입대했다가 1953년 4월에 사직했다. 그들이 남긴 자리들을 중심으로 우선 미국의 브라운대학교에서 정치학석사를 받은 데 이어 콜럼비아대학교에서 정치학박사과정을 마친 박준규(朴浚圭)가 전임강사로 부임해 서구의 민주주의정치론 및 미국의 민주주의정치론을 담당했다. 1952년 10월에는 동국대학교의 민병태(閔丙台)가 정교수로 부임했으며, 그의 뒤를 따라 동국대학교의 김성희(金成熺)가 대우교수로 부임해 정당론 및 유럽정치사 등을 담당했는데 그는 곧 교수로 자리를 잡았다. 다른 한편으로 임원택이 비운 자리에 경제학자 김두희(金斗熙)가 조교수로 부임해, 경제원론과 재정학 및 재정정책을 담당했다. 대체로 이 시기에 김운태(金雲泰), 정인흥(鄭仁興), 이세구(李世求), 서석순(徐碩淳), 이정우(李晶雨), 천관우(千寬宇) 등이 시간강사로 출강했다.[59]

여기서 한 가지 토론할 것이 있다. 정치학과에 헌법 및 행정법 전임교수, 외교사 및 국제법 전임교수, 그리고 경제학 및 재정학 전임교수가 있었다는 사실이다. 고등고시 행정과에 응시하려는 정치학과 학생들을 배려해 고등고시 행정과 시험의 필수과목 분야에 전임교수들을 두었던 것이다. 「법학통론」의 황산덕(黃山德), 「헌법」의 한태연(韓泰淵) 등은 강사로 초빙했다.

정치학과의 이러한 배려로, 서울대학교 정치학과에서는 고등고시 행정과 합격자들이 많이 배출된다. 훗날 국무총리를 거쳐 대통령권한대행에 오르는 고건(高建), 상공부장관을 거쳐 부총리 겸 경제기획원장관에 오

---

59 서울대학교 문리대 정치학과, 『정치학보』 창간호(1955년 12월)의 끝부분. 강사진에 포함된 천관우는 물론 언론인 천관우로 「신문원론」을 강의했다. 김영국은 3학년 때 두 학기에 걸쳐 이 과목을 수강했다.

르는 최각규(崔珏圭), 상공부장관을 거쳐 부총리 겸 경제기획원장관에 오르는 서석준(徐錫俊), 외무부장관을 거쳐 부총리 겸 통일원장관에 오르는 최호중(崔浩中), 제네바대사를 거쳐 외무부장관에 오르는 이상옥(李相玉), 산업은행 총재를 거쳐 재무부장관에 오르는 정영의(鄭永儀), 재무부차관을 거쳐 동력자원부장관에 오르는 박봉환(朴鳳煥), 외무부차관을 거쳐 상공부장관에 오르는 김동휘(金東輝), 산업은행 총재를 거쳐 노동부장관에 오르는 이형구(李炯九), 유엔대사를 거쳐 외무부장관에 오르는 유종하(柳宗夏), 충청북도 지사를 거쳐 교통부장관에 오르는 노건일(盧健一) 등이 대표적이다.

제5항 민병태 교수와의 만남

인산의 학부시절에서의 중요한 한 계기는 1952년 10월에 마련됐다. 오늘날의 연세대학교의 전신인 연희대학교 정법대학 정치외교학과 교수를 거쳐 동국대학교 법정대학장으로 재직하던 민병태 교수가 주임교수로 부임해 온 것이다. 민 교수는, 《동아일보》 논설위원으로 부임함과 아울러 제1야당 민주국민당 입당을 통해 정계에 입문하고자 교수직을 사임한 신도성 교수의 후임이었다. 민 교수는 당시 만 39세에 지나지 않았지만 국내 정치학계의 제1인자로 꼽히면서[60] 어느 분야보다 국가학 분야에서, 특히 다원주의국가론 분야에서 탁월했다. 3학년 2학기 재학생이던 인산은 민 교수의 국가학 강의로부터 참으로 많은 것을 배워 각별히 따르게 됐

60 김계수, 『한국 정치학: 현황과 경향』(서울: 일조각, 1969), 52쪽.

으며, 민 교수는 민 교수대로 자신의 경기중학교 후배이기도 하면서 외국어에 뛰어나고 학구열이 높은 이 수발(秀拔)한 제자에게 가르침을 아끼지 않았다.

이때를 앞뒤한 시기에 정치학과가 개설한 강좌들과 관련해 인산은 이렇게 회고했다.

> "새로 부임한 민병태 교수는 난삽한 다원주의 국가이론을 전개하고, 이용희 교수는 현대미국 정치학계의 태두로 알려진 메리엄(Charles Merriam)의 저서를 소개하는 한편 정부론 강좌를 신설했다. 그리고 신도성 교수가 민주정치원리 이외에 정치과정과 관련된 정당과 압력단체의 개념을 심어주었다. [국방부 정훈국장으로 봉직하다가 육군준장으로] 예편된 이선근 교수가 외교사와 최근 조선정치사들을 강의했다."

그러면 교재들은 어떤 것들이었을까? 다시 인산의 회고를 인용한다

> "전시였음에도 불구하고 부산 광복동 거리에는 고서상(古書商)이 아닌 서적상이 길가에 책을 벌려놓고 책을 팔고 있었다. 대부분이 옛날 책이었으나 그 가운데 일본, 미국 등 해외에서 발간된 신간서가 많았다. 교수들과 학생들은 메마른 호주머니의 바닥을 털면서 경쟁하다시피 진귀본을 사고 입수할 길도 없는 신간을 책방주인에게 구해달라고 부탁하기도 했다. 당시의 서적은 정상적으로 수입되는 것이 아니었다. 일본서적은 대부분이 밀수품이 아니면 개인의 소장서였고 양서는 미군 도서관에서 흘러나온 것이었다. 우리에게는 새

로운 책이었으나 출판년도로 따진다면 오래된 것이었다.

그럼에도 불구하고 이러한 고서들이 외국에 있어서 정치학 연구현황의 편모를 알려주기에는 충분했다. 전전(戰前)에 일본을 통해서 수입된 독일계 학문체계 이외에도 새로운 학문체계가 있다는 것을 일깨워준 것만 해도 그 공로가 크다. 다행한 것은 우리가 우연히 접한 미국의 정치학은 제2차 세계대전 후 획기적 발전을 했고 모든 면에서 세계의 정치학계를 주름잡고 있었다는 사실이었다. 우리는 그 앞선 이론을 부족한 독해력과 미숙한 훈련의 애로를 겪으면서도 이해 섭취 소개하려고 애썼던 것이다."[61]

다시 그의 회고에 따르면, 대체로 1952년과 1953년을 고비로 전선이 안정되면서 대학도 비교적 안정을 되찾아갔고, 그러한 분위기 아래 유럽과 미국의 정치학 책들이 번역되어 나왔다. 그 책들에 대해서는 다음 장에서 설명하기로 한다.

여기서 한 가지 덧붙이고자 하는 것은 인산이 대학생시절에 오로지 공부하나에만 몰두한 '공부벌레' 또는 '책벌레'는 아니었다는 사실이다. 그는 학생회에도 적극적으로 참여해 서울대학교 학생운영위원회, 오늘날의 표현으로는 서울대학교 학생회에서 유엔부장을 맡았다. 그의 어학실력이 출중하다는 평가가 그에게 대외적 성격이 강한 이 자리를 맡겼던 것으로 보인다.

61 김영국, "학풍 한세대(8): 정치학",《대학신문》, 1976년 5월 31일, 5쪽.

제3장

다원주의국가론에 몰입하다(1954~1958)

제1절 서울대학교 대학원 정치학과 석사과정 시절 (1954~1957)의 학풍과 그 변화

제1항 당시 한국정치학계의 학풍

인산은 1954년 3월 26일에 서울대학교 제11회 졸업생으로 정치학학사를 받으면서 1954년 4월 1일에 서울대학교 대학원 정치학과 석사과정에 입학했으며 3년 뒤인 1957년 3월 26일에 정치학석사를 받았다. 이 3년 동안의 수학내용에 대해 살펴보기로 한다.

우선 이 기간의 학풍을 돌이켜보면, 전통적 국가학 및 국법학 그리고 영국의 다원적 국가학이 주류를 형성한 가운데 미국의 행태주의적 정치학이 도입되기 시작했으며 다른 한편으로 마르크스의 유물사관적 정치학이 미약하나마 유지되고 있었다.[62] 제1장과 제2장에서 부분적으로 설

62 구범모, "비교정치학 20년의 반성", 『한국정치학회보』 제2집(1967), 11쪽.

명했기에 중복이 있을 수 있다는 전제 아래, 이 세 가지 경향의 학풍을 자세히 설명하면 다음과 같다.

첫째, 전통적 국가학(國家學) 및 국법학(國法學)은 1차적으로 독일에서 시작되고 성장했다. 이 학문은 요한 블룬칠리(Johann Kaspar Bluntschli, 1808~1881)로부터 시작됐다. 그는 스위스 출신으로 독일의 본대학교에서 법학박사를 받고 취리히대학교 로마법교수로 교직을 시작했다. 온건한 보수주의자였던 그는 취리히의 현실정치에도 참여해 그 지역에서 일종의 '의회의원'으로 활동하다가 결국 독일로 '망명'했다. 거기서 뮌헨대학교 교수를 거쳐 하이델베르크대학교 헌법학교수로 종신하는 가운데, 『일반국가법』·『근대국가학』·『학문으로서의 정치학』 등을 출판해 명성을 높였다. 그의 헌법학 저서인 『일반국가법』은 명치시대에 일본 도쿄제국대학 총장 가토 히로유키(加藤弘之, 1836~1916)에 의해 『국법범론(國法汎論)』으로 번역돼 지식인들에게 많은 영향을 끼쳤다. 블룬칠리가 1852년에 출판한 『일반국가학(*Allgemeine Staatslehre*)』 역시 일본의 지식인들에게 많은 영향을 끼쳤다.

블룬칠리와 동시대 학자인 루돌프 폰 그나이스트(Heinrich Rudolf Hermann Friedrich von Gneist, 1816~1895) 역시 국가학의 성장에 기여했다. 그는 베를린대학교에서 법학박사를 받고 베를린대학교 교수를 역임한 뒤 프로이센왕국 하원의원 및 독일제국의회 의원 등을 역임하는 가운데 『헌법학』 및 『국법학』 등을 비롯한 국법학 분야에서의 주요한 저서들을 출판했다.

블룬칠리와 그나이스트의 국가학 및 국법학을 계승한 학자가 게오르그 폰 옐리네크(Georg von Jellinek, 1851~1911)였다. 그는 오스트리아 유대인계의 독일인으로 라이프치히대학교와 빈대학교에서 각각 법학박사를 받은 데 이어 빈대학교에서 교수자격과정을 성공적으로 마쳐 빈대학교 교수로 임용됐으며 곧 스위스의 바젤대학교 교수로도 임용됐다. 그가 1925년에 출판한 『국가에 관한 일반이론(*Allgemeine Staatslehre*: 영역 *General Theory of the State*)』으로, 그는 국가학을 완성했다는 칭송까지 들었다.[63] 그의 대표작으로 꼽히는 이 책에서, 그는 국가가 형성되기에 훨씬 앞서 사회가 형성됐다고 주장하면서 국가의 기원을 사회에서 찾았다. 여러 기본적 조직들이 모이고 모여 결국 국가로 연결됐다는 그의 사회학적 국가론은 국가의 기원에 관한 새로운 인식을 심어주는 데 큰 영향을 미쳤다.

이상에서 살핀 국가학 및 국법학은, 옐리네크의 『국가에 관한 일반이론』을 제외한다면, 주로 헌법과 행정법의 분석을 통해 국가의 여러 많은 제도들 및 기구들 그리고 그 제도들 및 기구들의 기능을 설명하는 데 초점을 맞췄다. 거기에 더해, 그러한 제도들 및 기구들이 성립되고 때로는 변경된 역사적 과정을 설명하고자 했다. 후자는 자연히 정치사 연구에 연결됐다. 그리하여 국가학 및 국법학의 연구는 정치학에 있어서 법적·제도적 연구 그리고 역사학적 연구로 연결됐다. 이러한 성격의 정치학 연구는 명치유신기(明治維新期)의 일본으로 수입됐고 거기서 조선=한국으로 유입됐던 것이다.

법적·제도적 연구 및 역사학적 연구의 학풍이 우세하던 한국정치학계에는 1940년대 후반과 1950년대 초 사이에 새로운 학풍이 전래되고 수용되기 시작했다. 해럴드 라스키 및 로버트 매키버 등이 발전시킨 영국의 다원주의국가론 또는 다원주의론이 널리 전파된 것이다.

---

63 이 책은 국내에서 다음과 같이 번역됐다. 김효전(金孝全), 『일반국가학』(태화출판사, 1980: 전면개정판 법문사, 2005).

우선 라스키(1893~1950)에 대해 살펴보기로 한다. 라스키는 옥스퍼드대학교 뉴칼리지(New College)를 수석으로 졸업하고 노동당에 친화적인 《데일리 헤럴드(*Daily Herald*)》 기자를 거쳐 학사학위 이상의 어떠한 학위도 받음이 없이 캐나다의 맥길대학교 전임강사와 미국의 하버드대학교 전임강사 그리고 런던경제정치대학교 교수를 역임하는 가운데 참으로 수많은 저술들을 출판했다. 동시에 점진적 사회주의의 실현을 표방하는 페이비언협회(The Fabian Society)와 노동당에 가입해 적극적으로 활동했다.[64]

라스키의 저술들은 대체로 세 개의 시기로 나누어볼 수 있다. 제1기의 저술들은 대체로 주권(主權, sovereignty)을 주제로 삼았다.『주권의 문제에 관한 연구들(*Studies in the Problem of Sovereignty*)』(1917),『현대국가에 있어서의 권위(*Authority in the Modern State*)』(1919),『주권의 기초들, 그리고 주권에 관한 다른 논문들(*The Foundations of Sovereignty, and Other Essays*)』(1921) 그리고『로크로부터 벤담에 이르기까지 영국에서 전개된 정치사상(*Political Thought in England from Locke to Bentham*)』(1920) 등이 그 대표적인 사례들이다. 이것들 가운데 앞의 세 책은 라스키의 '주권론 3부작'이라고 불린다.

이러한 연구와 출판의 기초 위에서, 특히 런던경제정치대학교에 자리를 잡은 이후, 그는 그때까지의 연구를 집대성한『정치학 강요(綱要: *A Grammar of Politics*)』(1925)를 출판했으며 이 책을 요약한『정치학 입문(*In-*

64 라스키의 생애와 저술들에 대해서는 저자가 다음에서 자세히 설명했다. 여기서는 이 논문을 요약하기로 한다. 김학준,「제1부 생애와 정치이론」, ______,『라스키』(서울대학교 출판부, 1987년 초판 1쇄; 1995년 초판 2쇄; 2007년 수정증보판 1쇄), 1-39쪽.

troduction to Politics)』(1931)을 출판했다. 이 책들은 기본적으로 정치적 다원주의에 입각해 '진화적 사회주의'를 옹호했으며, '사회주의적 조합주의(socialist corporatism)'를 지향한 것이었다. '진화적 사회주의' 그리고 '사회주의적 조합주의'는 모두 자본주의에 대한 비판에서 출발한 것으로, 노동자들의 권익을 옹호한 정치이념이다.

사회주의에 대한 라스키의 관심은 우선 『칼 마르크스: 한 편의 논문(*Karl Marx: An Essay*)』(1921) 및 『사회주의와 자유(*Socialism and Freedom*)』(1925) 그리고 『공산주의(*Communism*)』(1927) 등으로 나타났다. 이 책들에서, 자본주의를 비판하고 노동자들을 옹호하는 라스키로서도 마르크스의 이론에 대해서는 반감을 표시했다. 공산주의혁명이 성공한 뒤에 나타날 국가에 대한 구상이 빈약하다는 것이 그 반감의 한 부분이었다. 사회주의에 대한 라스키의 관심은 『프랑스혁명에 있어서의 사회주의적 전통(*Socialist Tradition in the French Revolution*)』(1930)에서도 나타났다.

라스키는 이러한 책들을 출판하면서 자신의 일관된 관심의 대상인 국가에 관한 연구를 계속했다. 『현대국가에 있어서의 자유(*Liberty in the Modern State*)』(1930), 『복종의 위험, 그리고 다른 논문들(*The Dangers of Obedience and Other Essays*)』(1930), 『신사가 되는 것의 위험, 그리고 다른 논문들(*The Dangers of Being a Gentleman and Other Essays*)』(1930), 『법과 정치의 연구(*Studies in Law and Politics*)』(1932) 등이 그 대표적 사례들이다.

1929년에 뉴욕의 금융계에서 촉발된 대공황의 영향이 영국에까지 파급돼 영국을 큰 혼란에 빠뜨린 1931년에 영국에서는 정치적으로 커다란 변화가 일어났다. 이 해에 실시된 총선거에서 노동당이 참패한 것이다. 다른 한편으로 유럽대륙에서는 파시즘세력이 크게 진출하고 있었고 일본은 만주침략을 개시해, 세계는 또다시 전쟁의 위기에 접어들게 된 것이다. 이러한 시대적 전환 속에서 라스키는 자신의 정치이론 정립에 있어서 제2기에 들어섰다. 그것은 서구민주주의의 위기에 대한 경고, 서구민주주의의 위기를 가져온 원인들에 대한 성찰 그리고 서구민주주의를 위기로부터 구출할 수 있는 방법에 대한 고뇌 등으로 이어졌다.『국가주의와 문명의 장래(*Nationalism and The Future of Civilization*)』(1932),『이론과 실제에 있어서의 국가(*The State in Theory and Practice*)』(1935), 그리고 바로 앞의 저서의 논지를 영국과 미국에 각각 적용한『영국의 의회정부제(*Parliamentary Government in England*)』(1938) 및『미국의 대통령제(*The American Presidency*)』(1940),『우리는 이곳으로부터 어디로 가는가?: 영국민주주의의 선언(*Where Do We Go From Here? A Proclamation of British Democracy*)』(1940) 등이 그 대표적 사례들이다.

제2차 세계대전이 연합국의 승리로 귀결되면서 라스키는 자신의 정치이론 정립에 있어서 제3기를 맞이했다. 이 시기에 그는 소련에 대한 비판의 수준을 훨씬 높였으며 소련의 일당독재체제 아래서 인간의 가장 존귀한 가치인 자유는 철저히 제약됐다고 지적했다. 이어 프롤레타리아독재론과 프롤레타리아에 의한 폭력혁명론을 전면적으로 부정했다. 그 대신에 미국의 정치이념과 정치제도에 대한 긍정적인 평가는 훨씬 높아졌다.『미국의 민주주의: 논평과 해석(*The American Democracy: A Commentary and An Interpretation*)』(1948)이 그 대표적인 사례이다.

라스키는 위에서 거론한 책들 이외에도 더 많은 책들을 썼다. 이렇게 워낙 많은 글들을 썼기에 글들 사이에 일관성이 부족하고 심지어 불일치와 모순이 자주 나타난다는 비난도 받았다. 이 점을 염두에 둔다면, "라스키의 그 무수한 저술들이 국가와 관련해 결국 무엇을 말했느냐?"라는 물음 앞에서 쉽게 대답하기는 어렵다. 그러나 단순화시켜 다음과 같이 요약할 수 있다.

> 라스키는 "국가라고 하는 것은 무수한 자발적인 단체들에 기초하고 있으며 따라서 국가가 절대적이며 무제한적인 주권을 행사할 수 없다."는 다원주의국가론을 제시했다. 한때는 마르크스의 계급국가론에 따라 자본주의국가를 '노동자를 탄압하는 자본가들의 통치체' 정도로 보았지만 훗날에는 자신의 이 이론을 수정했다. 다른 한편으로, 그는 의회와 정당을 통한, 말하자면, 민주주의적 절차를 통한 사회주의의 실현을 옹호했다.

라스키의 정치이론, 특히 민주사회주의론은 인도의 자와할랄 네루(Javāharlāl Nehrū, 1889~1964)에게 많은 영향을 주었다. 케임브리지대학교 법과대학 학생으로 때로는 라스키의 강의도 듣고 그의 저술들을 숙독한 네루는 인도의 독립을 위해 활동하다가 인도가 독립하면서 총리로 봉직한다. 반면에 런던경제정치대학교에 입학해 첫 학기에 라스키의 강의를 청강한 리콴유(李光耀, 1923~2015)는 처음에는 그에게 매료됐으나 곧 그가 말하는 '이상사회'는 사실상 실현불가능하다는 것을 깨달았으며 이 학교를 떠나 케임브리지대학교로 전학했다. 그는 훗날 싱가포르의 총리로 봉직한다.[65]

라스키와 마찬가지로 영국인인, 그러나 라스키와는 달리 미국으로 귀화한 매키버(1882~1979)는 옥스퍼드대학교에서 학사학위를 받은 데 이어

---

65 Lee Kwan Yew, *The Singapore Story* (Upper Saddle River, N. J.: Prentice Hall, 1998)/류지호 옮김, 『리콴유 자서전』(문학사상사, 1999), 120-122쪽.

에든버러대학교에서 석사·박사학위를 받았다. 그 이후 스코틀랜드의 애버딘대학교 교수로 봉직한 데 이어 캐나다의 토론토대학교 교수로 봉직했다. 토론토대학교에 재직하면서 그는 『공동체: 사회학적 연구(*Community: A Sociological Study*)』(1917) 및 『사회과학의 요소들(*Elements of Social Science*)』(1921) 등을 출판했는데, 이 책들이 높은 평가를 받으면서 미국으로 초빙돼, 바나드칼리지(Barnard College) 교수와 콜럼비아대학교 교수 및 「사회조사연구를 위한 뉴 스쿨」 총장 그리고 미국사회학회 회장 등을 역임했다. 미국에서 출판한 책들로 대표적인 사례들이 『사회: 그 구조와 변화들(*Society: Its Structure and Changes*)』(1931), 『현대국가(*The Modern State*)』(1947), 『통치의 망(*The Web of Government*)』(1947) 등이다.

매키버의 이론적 출발점은 '공동체(community)'와 '결사체(association)'의 구분이다. 전자의 대표적인 사례가 '가족'이며 후자의 사례에는 무수한 사회적 단체들이 속한다. 그는 국가는 이러한 공동체들과 결사체들의 기초 위에서 성립된 것이라고 보면서 다원주의국가론을 제시한 것이다.

라스키와 매키버에 못지않게 한국정치학계에 영향을 끼친 영국의 정치학자들은 어니스트 바커(Ernest Barker, 1874~1960)와 조지 콜(George. D. H. Cole, 1889~1959)이었다. 바커는 옥스퍼드대학교 배리올칼리지(Balliol College)를 졸업하고 케임브리지대학교 교수가 됐으며 그 사이에 런던대학교 킹스칼리지(King's College) 학장을 역임하는 가운데 『플라톤과 아리스토텔레스의 정치사상(*The Political Thought of Plato and Aristotle*)』(1906)과 『허버트 스펜서로부터 오늘날에 이르기까지 영국에서의 정치사상: 1848–1914(*Political Thought in England from Herbert Spencer to the Present Day: 1848–1914*)』(1915)를 비롯해, 『정부에 대한 성찰(*Reflections on Government*)』(1942),[66] 『사회적·정치적 이론의 원리들(*Principles of Social and Political Theo-*

ry)』(1951), 『정부에 관한 논문들(*Essays on Government*)』(1951), 『사회계약: 로크·흄·루소의 논문들(*Social Contract: Essays by Locke, Hume, and Rousseau*)』(1956) 등을 출판해 자유민주주의 이론을 발전시켰을 뿐만 아니라 서방세계에 이를 전파하는 데 기여했다.

콜은 옥스퍼드대학교 배리올칼리지를 졸업하고 라스키처럼 신문기자로 사회생활을 시작했다. 그 역시 라스키처럼 페이비언협회를 위해 활동했으며 노동당에 친화적이었다. 라스키가 반전론자로 출발했으나 나치즘의 위협을 실감하고 나치독일이 제2차 세계대전을 일으키는 것을 보면서 영국의 참전을 지지한 것처럼, 그 역시 반전론을 전개하다가 나치즘의 흥기와 전쟁도발을 보고는 '평화주의'를 배척했다. 인간성 그 자체에 대해 심각하면서도 본질적으로 도전하는 세력이 도발할 전쟁의 위험이 실존하는 상태에서는 '평화주의'를 옹호할 수 없다는 것이었다. 기본적으로 경제학자로 옥스퍼드대학교 유니버시티칼리지(University College) 교수가 된 그는 마르크시즘 그 자체를 수용하지 않은 채 이른바 길드사회주의(Guild socialism) 또는 집산주의(集産主義)로 번역되는 콜렉티비즘(Collectivism)을 옹호하고 동시에 참여민주주의를 옹호하는 가운데 노동자 중심의 사회체제 및 정치체제의 이론적 기초를 닦기 위해 많은 노력을 기울였다.[67]

---

66 이 책은 국내에서 다음과 같이 번역됐다. 김상협, 『현대정치론』(한국번역도서, 1960).

67 콜에 대한 자세한 해설은 다음에서 읽을 수 있다. 임혁백·장주영, 「다원주의 정치론의 현대적 의의: 영국 다원주의 국가론, 결사체 민주주의, 화이부동의 정치」, 인산김영국선생10주기기념학술대회추진위원회 편, 『인산 김영국 선생의 정치학』(고양: 인간사랑, 2010), 215-258쪽.

이러한 점들에서, 콜과 라스키 사이에는 일정한 범위 안에 공통점이 있었다. 콜에게 많은 영향을 받은 학생들이 훗날 노동당 당수로 영국의 수상이 되는 해럴드 윌슨(James Harold Wilson, 1916~1995) 그리고 노동당 당수로 봉직하다가 급사한 휴 게이츠켈(Hugh Gaitskell, 1906~1963) 등이다.

국가학적 및 국법학적 연구경향 그리고 영국의 다원주의적 및 민주사회주의적 연구경향에 이어 마르크스(Karl Marx, 1818~1883)의 유물사관적·계급국가적 국가론의 연구경향도 부분적으로 나타났다. 프랑스의 정치학자 레이몽 아롱(Raymond Aron, 1905~1983)이 이미 지적했듯, 지식인에게 특히 감수성이 예민한 10대 후반과 20대 초반의 젊은이들에게 마르크시즘은 여전히 '아편'의 마력을 지녔던 것이다.[68]

제2항 학풍의 전환: 미국적 행태주의 정치학이 우세해지다

제1항에서 설명한 학풍들에는 각각 변화가 일어났다. 우선 독일 국가학에 대해서는 비교적 젊은 정치학자들 사이에서 이미 시대의 흐름에 뒤떨어진 학문으로 인식됐다. 이 점과 관련해, 윤천주 교수는 1950년대 중

---

68 Raymond Aron, *L'Opium des intellectuels*(Paris: Calmann-Lévy, 1955). 이 책은 1957년에 영어로 처음 번역된 이후 여러 차례 영역본이 뒤따랐다. 최근의 영역본으로 대표적인 것은 다음이다. *The Opium of the Intellectuals*(New Brunswick, N. J. and London: Transaction Publishers, 2017). 'Raymond'을 '레몽' 또는 '래몽'으로 표기하는 것이 가장 정확하다고 프랑스어에 능통한 학자들은 설명한다. 그러나 워낙 '레이몽'으로 널리 표기되어왔기에 여기서는 그 전통적인 표기를 따랐다.

반에 이렇게 회고했다.

> "해방 후 우리의 상황에서 1920년대까지는 세계적 영향을 가졌지만 이제는 독일인 자신도 수정을 가하고 있는 일반국가학적 사고방식에 우리가 구태의연(舊態依然)하게 의존했다는 것은 우리 학계가 얼마나 후진적이었던가를 말한다."[69]

독일의 국가학에 대한 회의가 확산되면서, 특히 자유민주주의의 이념과 제도가 실험되던 1950년대의 정치상황과 맞물려, 자연히 다원주의국가론과 민주사회주의론 또는 사회민주주의론을 주제로 삼은 영국의 정치학이 가장 큰 관심을 받았다. 제1항에서 살핀 영국 정치학자들 및 사회학자들의 저서들은, 특히 라스키와 콜의 사회주의적 성향의 민주주의론은, 사회주의에 대해서도 관심을 가진 지식인들에게 널리 수용됐다. 따라서 김계수 교수의 조사로는 이 시기에 국내에서 가장 많이 읽힌 정치학 책들은 라스키의 저서들이었으며, 여기에 근거해 김계수 교수는 이 시기를 '한국정치학계에서의 라스키 시대'였다고 명명한 것이다.[70] 공산주의자들과의 무려 37개월에 걸쳤던 6·25전쟁을 막 멈춘 직후의 엄혹한 반공분위기 속에서, 그리고 '이적(利敵) 표현물'의 소지와 독서를 금지시킨 국가보안법 아래서, 마르크스의 저작들을 연구한다는 것은 현실적으로 매우 어려웠기 때문에 그 대안으로 지식인들은, 특히 젊은 사회과학

---

69 윤천주, 『한국 정치체계서설: 정치상황과 정치행태』, 증보판(서울: 문운당, 1962), 92쪽.

70 김계수, 『한국정치학: 현황과 경향』(일조각, 1969), 68－69쪽.

도들은 라스키로 대표되는 민주사회주의론에 기울어진 것이다.

그렇다고 해서 영국 정치학의 다원주의국가론 및 민주사회주의론이 학풍을 제패했던 것은 아니다. 그 무렵 미국의 행태주의적 정치학이 소개되고 있었고, 행태주의적 정치학의 뿌리가 되는 '정치과학운동'이 주목을 받고 있었다. '정치과학운동'은, 정치를 철학적 접근방법과 법적·제도적 접근방법 및 역사적 접근방법 등 전통적 접근방법으로써가 아니라 실증적이면서도 과학적인 방법으로 접근함으로써 결과를 얻어내고 그렇게 얻은 결과를 중심으로 정치학을 하나의 과학으로 발전시키자는 운동이었다.

이 운동은 시카고대학교 정치학과의 찰스 메리엄(Charles Edward Merriam, 1874~1953) 교수가 시작했다. 그는 아이오와대학교 법학과를 졸업한 뒤 콜럼비아대학교 대학원 공법·정부학과에서 석사·박사학위를 받았으며 1900년에 시카고대학교 정치학과의 첫 번째 교수로 부임했다. 그는 곧 '행태주의적 접근'을 통해 정치를 '과학적'으로 분석할 것을 제의했다. 그의 '행태주의적 접근'은 광범위한 호응을 불러일으켰으며, 그리하여 시카고대학교 정치학과는 '정치과학운동'의 중심으로 자리를 잡았다. 그는 곧 미국정치학회 회장으로 봉사하게 된다.

이 과학적 연구와 관련해 인산 스스로 이렇게 회고했다.

> [1950년대 중반과 후반 사이] 상당수의 정치학자가 도미중이거나 도미연구를 마치고 귀국하여 신풍을 일으켰다. 당시 미국에는 법학 및 제도연구를 주축으로 하는 이른바 전통적 학풍을 청산하고 사회학 및 심리학을 기초로 경험적 및 분석적 방법을 개발하고 있었다. 정치학의 연구도 경험을 토대로 과학화하자는 것이 이들 학자들의

일반적 주장이었다. 가령 국가가 무엇이냐의 문제는 관념으로는 규명될 수는 없으며 개별국가를 구체적으로 연구한 뒤에나 비로소 그 실태를 알 수 있다는 주장이다. 다른 한편 정치는 법률이나 제도와 같이 정태적(靜態的)인 것이 아니기에 이를 동태적(動態的)인 것으로 파악하기 위해서는 새로운 접근방법을 개척할 필요가 있다는 점이 또한 역설되었다.[71]

이러한 분위기 속에서, 김성희 교수는 메리엄의 저서들인 *The Role of Politics in Social Changes*(1936) 및 *Public and Private Government*(1945)를 『사회변동과 정치』(민중서관, 1955)라는 한 권의 책 속으로 번역·출판했다. 유럽정치사와 서양정당정치론을 전통적 방법에 서서 가르치던 김성희 교수도 메리엄의 저서를 번역했다는 사실은 메리엄의 '체계적 정치학' 또는 '정치과학운동'의 영향이 대부분의 정치학과 교수들에게도 밀려왔음을 뜻했다. 같은 맥락에서, 김운태는 이우현과 함께 메리엄을 중심으로 한 시카고학파의 『체계적 정치학』을 국내에 소개했다.[72]

71 김영국, 「학풍 한세대(8): 정치학」, 《대학신문》(서울대학교 대학신문사), 1976년 5월 31일, 5쪽.

72 김운태는 이우현(李宇鉉)과 함께 1955년에 제일문화사를 통해 메리엄의 *Prologue to Politics*를 『정치학서설』로 번역·출판한 데 이어, 역시 이우현과 함께 1956년에는 일조각을 통해 메리엄의 *Systematic Politics*(1945)를 『체계적 정치학』으로 역간했다.

제2절 민병태 교수의 국가다원론에 영향을 받으며 『인간불평등기원론』을 번역함과 아울러 석사학위논문을 준비하다

제1항 민병태 교수의 국가다원론

이 대목에서 우리는 라스키로 대표되는 다원주의국가론, 그리고 거기에 뿌리를 둔 민병태 교수의 정치학세계를 다시 살펴볼 필요를 느끼게 된다. 단순화시켜 말하건대, 국가에 관한 이론과 사상 및 철학이 플라톤과 아리스토텔레스를 비롯한 고대희랍의 철학자들로부터 시작되어 고대로마의 철학자들과 중세의 신학자들을 거치고 마침내 근대의 정치사상가들에 이르러 국가학으로서의 하나의 체계를 갖췄을 때, 그것은 대체로 절대국가론(絶對國家論)의 모습을 지니고 있었다.

그러면 이 절대국가론의 이론적 핵심은 무엇이었냐? 그것은 영국 런던대학교 법과대학 교수 존 오스틴(John Austin, 1790~1859)이 『법학 영역의 설정(設定)(*Province of Jurisprudence Determined*)』에서 강조한 주권론이었다. 국가가 사회 전반에 거쳐 무제한적 최고권(最高權)을 행사할 수 있다는 절대주권론으로 근대국가는 무장하고 있었던 것이다.

이 절대주권론에 이의를 제기한 최초의 사상가들 가운데 대표적 학자가 바로 독일에서 단체법이론을 창시한 법학자들 가운데 지도적 학자인 오토 폰 기예르케(Otto von Gierke, 1841~1921)였다. 베를린대학교 법학교수였던 그는 자신의 대작 『독일단체법(*Das deutsche Genossenschaftsrecht* 영역

German Law of Associations)』 전4권을 통해 국가의 기초는 무수한 단체들에 있다고 주장한 것이다. 기에르케의 이론을 기점으로 국가가 사회를 포괄하고 있는 것이 아니라 국가와 사회는 분리되어 있으며, 국가는 사회 안의 많은 단체들 또는 결사체들 가운데 하나일 뿐이라는 이론이 성장해 마침내 사회 전반에 걸친 국가의 독점적 주권을 부인하는 다원주의국가론 또는 국가다원론이 발전하기에 이르렀다.

이러한 내용의 다원주의국가론은 영국에서는 중세사 및 법제사를 깊이 연구해 옥스퍼드대학교 전임강사로 강의하다가 케임브리지대학교 교수가 된 프레드릭 메이틀랜드(Frederic William Maitland, 1850~1906)에 의해 수용됐다. 그리고 프랑스에서는 레옹 뒤기(Leon Duguit, 1859~1928) 등에 의해, 네덜란드에서는 유고 크라베(Hugo Krabbe, 1857~1936) 등에 의해 수용됐으며, 마침내 우리가 앞에서 살핀 라스키와 매키버 및 콜 등에 의해 보다 더 정교하게 다듬어졌다.

굳이 새삼스럽게 설명하지 않아도 금세 깨닫게 되듯, 다원주의국가론은 현대 민주주의의 성장과 발전에 직결된 이론이었다. 국가가 구성원의 충성심을 확보하기 위해서는 교회와 노동조합을 비롯한 여러 수많은 단체들이나 결사체들과 경쟁해야 한다는 다원주의자들의 이론은 절대주권을 앞세우는 국가에 대한 중대한 가격(加擊)이었으며, 그것은 국가구성원의 자유와 기본권 확보에 대한 중요한 후원이었다. 다른 한편으로 그것은 단일한 계급에 기반을 둔 독재정당의 수뇌부 또는 지도자가 사회를 국가 속에 통합시킨 채 국가 전체를 영도해야 한다는 전체주의국가론에 대한 중대한 반론이었다.

민병태 교수는 바로 이러한 취지의 국가다원론을 국내에 소개한 최초의 정치학자였다. 그는 1954년부터 1957년까지 3년에 걸쳐 우선 라스키의 *A Grammar of Politics*(London: George Allen and Unwin, Ltd., 1925)를 『정치학 강요』 상(문연사, 1954) 하(민중서관, 1957)로 번역·출판했고, 역시 라스키의 *The State in Theory and Politics*(London: George Allen and Unwin, Ltd., 1935)를 『국가론: 이론과 실제』(백영사, 1954)로 번역·출판했다. 그리고 매키버의 *The Modern State*(Oxford University Press, 1951)를 『근대국가론』(민중서관, 1957)으로 번역·출판했다.

민 교수의 라스키 및 매키버의 소개가 당시 국내 정치학계에 얼마나 큰 영향을 미쳤던가는 김계수 교수가 1965년에 국내 정치학자들을 대상으로 실시한 조사에서 입증됐다. 1945년부터 1955년까지의 10년에 걸쳐 국내 정치학자들에게 가장 큰 영향을 미친 외국학자로 1위에 라스키가, 2위에 매키버가 각각 올랐음이 그것을 말해준다. 공동 3위에는 라스웰과 메리엄이 올랐다.[73]

제2항 인산의 석사과정

대학원생 인산이 석사과정에서 어느 과목을 수강했는지는 그의 성적표에 자세히 나와 있다. 1954년도 1학기에는 19세기 이후의 정치사상, 국제법 연구, 재정정책, 국가론을, 2학기에는 국제법, 근세정치사상, 외교사를 수강했다. 이어 1955년도 1학기에는 최근정치이론, 절대주의론, 국제법을. 2학기에는 최근정치이론, 절대주의론, 국제정치학을 각각 수강했다. 마지막으로 1956년도 1학기에는 정치학방법론, 절대주의 연구, 정치사상,

73 김계수, 『한국과 정치학』(일조각, 1987), 68쪽.

정치이론을, 2학기에는 절대주의 연구, 정치사상, 정치이론, 행정학을 각각 수강했다. 모두 75학점을 취득했는데, 대체로 정치이론 및 정치사상 분야에 치중하고 이어 국제정치 분야에 관심을 두었던 것으로 나타난다.

여기서 우리는 비슷하거나 같은 제목의 강좌들이 많았음을 지적하게 된다. 절대주의론과 절대주의 연구가 그 대표적 보기들이다. 이것은 무엇을 의미하는가? 첫째, 당시 한국의 정치학은 오늘날의 기준에서 볼 때 분화가 덜 되어 있었음을 의미한다. 오늘날의 용어를 빌린다면 비교정치론과 정치행태론 및 정치문화론 등은 전혀 개설되지 않았다. 둘째, 절대주의론과 절대주의 연구 모두 사실상 국가의 절대주권론과 동의어였다. 이것은 당시 한국의 정치학이 여전히 국가학의 영역에 머물러 있었음을 의미한다. 셋째, 한국정치에 관련된 강좌는 하나도 개설되지 않았다. 그 이유는 좀 더 깊이 있게 구명되어야 할 것이다. 그러나 잠정적으로 말한다면 한국의 정치현실에 대해 분석하고 논평하기를 꺼려했던 학계의 풍조가 한 이유였을 것이다.

인산은 석사과정 2차 년도인 1955년 5월 20일에 서울대학교 총장으로부터 무급조교 발령을 받았다. 이로써 그는 이 시점에 이미 전임이 될 수 있는 길에 들어선 것이다. 그는 대학원 석사과정 학생으로서보다는 조교로, 당시 동숭동 캠퍼스 안에 자리를 잡은 서울대학교 중앙도서관에 연접한 동부연구동(東部硏究棟) 1층의 정치학과 연구실에서 생활하다시피 하며 민 교수가 소장한 방대한 양의 도서들을 탐독했다. 그러므로 이 시기에 그가 다원주의국가론에 완전히 빠져 있었다고 믿어도 전혀 이상하지 않을 것이다.

제3항 석사학위논문 준비를 위한 고전 연구

석사과정 2년을 마친 인산은 곧바로 석사학위논문 작성에 들어갔다. 그는 우선 국가론 분야의 서양고전들을 다시 읽으면서 요점들을 가려 뽑아 세 권의 노트에 남겼다.

플라톤에 대한 메모

첫째, 인산은 고대희랍의 철학자로 스승 소크라테스가 플라톤을 포함한 많은 제자들과 나눈 대화를『대화』라는 문집으로 남긴 플라톤에 대해 깊은 관심을 쏟았다. 플라톤에 대해, 영국의 세계적 수학자이면서 철학자로 미국 하버드대학교에서 교수로 봉직했던 알프레드 노스 화이트헤드(Alfred North Whitehead, 1861~1947)는 "유럽의 철학전통의 가장 안전하고 일반적인 정의(定義)는 그것이 플라톤에 대한 일련의 각주(脚註)들로 이루어져 있다는 것이다."라고 썼다.[74] 플라톤의 위상이 그러하기에, 더구나 국가에 관한 일련의 고전들을 저술한 정치철학자이기에, 국가에 관한 연구에 전념하는 인산으로서 플라톤에 깊은 관심을 쏟았다는 것은 너무나 당연했다.

인산은 플라톤의 3대 저서로 꼽히는『국가(*Republic*)』와『정치가(*Statesman*)』및『법률(*Laws*)』에 대해 언급하는 가운데『국가』에 1차적 관심을 쏟았다. 이 고전에 대해, 인산은 다음과 같이 논평했다.

---

74 Alfred North Whitehead, *Process and Reality*(New York: Oxford University Press, 1929). 이 책은 그 이후 여러 곳들에서 다시 출판됐는데, 대표적인 사례는 뉴욕의 프리 프레스(Free Press)에서 1979년에 나온 것이다. 인용된 구절은 이 판본의 39쪽에 있다.

> "『국가』는 정치학의 서적이라고만 할 수 없다. 그것은 어떤 의미에서 인간생활의 모든 것을 망라하고 있다. 그것은 […] 선(善)의 기준과 선을 달성하기 위한 방법을 말하고 있다. 따라서『국가』는 어떠한 [특정] 제목을 갖는 논문도 아니요, 정치·윤리·경제·심리 등에 제한되는 것도 아니다. 그 이외에도 예술·교육·철학이 포함되어 있다. […]『국가』의 요점은 매우 단순하고 모두가 추상적인 관념에서 나온 것이다. […] 플라톤의 이론은 대체로 두 가지로 요약된다. '통치'라는 것은 정확한 지식에 의거한 기술(技術)이며, 사회(社會)는 상호부조(相互扶助)하는 인간의 욕구를 상호충족시키는 곳이다."[75]

인산은 노트의 마지막에서『국가』에 관해 자신이 읽고자 하는 서양의 해설서 15종을 목록으로 만들었다. 거기에는 대표적인 사례로 어니스트 바커(Ernest Barker)의『희랍의 정치이론: 플라톤과 그의 선구자들(*Greek Political Theory: Plato and His Predecessors*)』(1957)이 포함됐다. 영어로 쓰인 이 책 이외에 독일어로 쓰인 서술들과 프랑스어로 쓰인 저술들도 포함됐다.

키케로에 대한 메모

플라톤에 이어, 인산은 고대로마의 정치가이며 정치철학자였고 웅변가였던 키케로(Marcus Tullius Cicero, 기원전 106년~기원전 43년)에 대해 관심을 보이면서, 우선 키케로의 생애를 연대기별로 상세히 기록했다. 특히 키케로가 정치가로 입신하는 과정, 율리우스 카이사르(Gaius Iulius Caesar,

---

75 「석사과정 노트」 3, 19–26쪽.

기원전 100년~기원전 44년)에 대항했으나 카이사르에 의해 사면을 받는 과정, 그러나 마지막에 안토니우스(Marcus Antonius, 기원전 83년~기원전 30년)에 의해 처형되는 과정 등에 주목했다. 이어 "키케로는 그리스의 사상을 로마로 전달한 로마인들 가운데 가장 중요하며, 그가 정치에 대해 전개한 이론은 그리스의 이념을 강화했고, 그가 정부에 대해 정립한 이론은 로마인들에게 환영을 받았다."고 썼다.

키케로의 저술들 가운데 주요한 『국가에 관하여(*De re publica*: 영역 *On the Republic*)』를 설명하면서, 인산은 다음과 같은 논평을 덧붙였다.

> "키케로는 이 책에서 '시민은 법 앞에 평등하다.'는 명제를 제시했으며, '로마의 정부보다 더 훌륭한 정부는 없다.'는 말로써 로마의 정부에 대한 자부심을 나타냈다. 국가의 목적에 대해, 키케로는 '항해사의 목적이 성공적인 항해에 있고 의사의 목적이 대중의 건강에 있는 것처럼 국가의 목적은 안정과 부유함을 향유하는 행복한 시민의 삶에 있다.'고 썼으며, 같은 맥락에서, '정치가의 목적은 인간생활을 보다 더 고상하고 부유하게 만드는 데 있다'고 썼다."[76]

인산은 이어 키케로가 일생 동안 열렬한 공화주의자로 왕정에 반대한 사실을 특기했다. 바로 그 점 때문에 왕이 되고자 했던 카이사르 그리고 안토니우스와 언제나 대결할 수밖에 없었다고 지적했다.[77]

---

76 「석사과정 노트」 2, 2-17쪽.

77 키케로에 관한 한국정치학계의 대표적 저술은 다음이다. 김용민(金容敏), 『키케로의 철학: 정의와 행복을 위한』(한울아카데미, 2018).

뒤기에 대한 메모

셋째, 근대로 내려와서 주권에 관한 이론을 정립하는 데 기여한 프랑스의 법률사상가이며 정치사상가인 레옹 뒤기에 대해 많은 관심을 기울였다.[78] 뒤기는 일정한 기간에 걸쳐 프랑스의 대표적 사회학자들 가운데 한 사람으로 꼽히던 에밀 뒤르켐(Émile Durkheim, 1858~1917)과 보르도대학교에 같이 봉직하며 많은 대화를 나눴다. 여기서 엿보이듯, 뒤기는 이 시절에 사회학에 대해 깊은 관심을 키웠으며 그리하여 국가의 기원을 찾음에 있어서 사회학적 접근방법을 활용했다. 그리하여 그의 이론은 역시 사회학적 접근방법을 통해 국가다원론을 정립하려는 영국의 정치학자들에게 많은 영향을 주었다.

인산은 특히 뒤기의 『일반공법학 강의』[79] 및 『주권과 자유(*Souveraineté et Liberté*)』에 대해 자세히 썼다.[80] 뒤의 책은 뒤기가 보르도대학교 법과대학 학장으로 1920~1921년에 콜럼비아대학교에서 행한 13회의 강의를 정리한 것으로, 대내적으로 절대적인 '주권'과 그 주권에 의해 제약될 수밖에 없는 '개인의 자유'를 서로 대립적인 관계로 파악하면서 양자 사이의 조화를 추구하고자 했다. 제13강은 이 강의 전체의 결론으로 '현대국가조직과 개인의 자유'를 주제로 삼았다. 이 제13강에 대해 인산은 다음과 같이 요약·정리했다.

---

78 레옹 뒤기에 관한 국내학자의 저술로 다음을 지적할 수 있다. 김충희, 「레옹 뒤기의 국가이론: 『법과 국가』를 중심으로」, 『유럽헌법연구』 17(2015년 4월), 181-282쪽.

79 이광윤 번역, 『일반공법학 강의』(민음사, 1995).

80 「석사과정 노트」 1. 이 1권은 거의 전부 뒤기에 바쳐졌다. 「석사과정 노트」 3, 3-5쪽.

"이미 10세기 이래로 프랑스와 미국에서 민족주권의 이념과 개인의 자유이념이 형성되어왔다. 앞의 것은 정치적 원리이고 뒤의 것은 사회적 원리를 말한다. 지난 130년 동안 이 두 개의 이념이 진화하면서 민족국가의 이념은 권력국가의 이념으로 대치됐으며 주권이념은 공공봉사(Public service)의 관념으로 바뀌어왔다. 다른 한편으로, 주권론은 자유이념을 발전시켰다."[81]

반스에 대한 메모

넷째, 뒤기에 대한 관심은『현대정치이론에 대한 사회학의 몇몇 공헌들(*Some Contributions of Sociology to Modern Political Theory*)』(1921)을 저술한 미국 콜럼비아대학교 해리 엘머 반스(Harry Elmer Barnes, 1889~1968) 교수로 이어졌다. 반스는 프랑스의 사회학자들인 오귀스트 콩트(August Comte, 1798~1857) 및 귀스타브 르 봉(Gustave Le Bon, 1841~1931) 그리고 제정러시아계의 프랑스 사회학자 자크 노비코(Jacques Novicow, 1849~1912)를 비롯해 영국의 사회학자들인 허버트 스펜서(Herbert Spencer, 1820~1903) 및 레너드 홉하우스(Leonard Hobhouse, 1864~1929) 등 기성 사회학자들의 이론들을 모두 살폈다. 기성의 사회학자들은, 그들 사이에 편차는 있으나, 1차적으로 "사람들은 초기에 '조직되지 않은 무리(horde)'를 형성했고 이어 '모계사회(母系社會)'를 형성했고 이어 '부계사회(父系社會)'를 형성했으며 이어 '부족적 봉건사회(tribal feudalism)'를 형성했고 여기서 '영역적 국가(territorial state)'를 형성했다."는 단계설을 제시했다고 설명한 반스

81 「석사과정 노트」1, 29쪽.

는 "그러한 단계설은 과학적 근거가 약하다고 비판했다."[82]

그런데 반스는 미국 역사학계에서 '이단자'로 규정되고 자연히 학계에서 배척을 받았다. 특히 그가 제1차 세계대전의 책임은 독일에 있지 않았다는 논리를 전개하면서 독일제국을 변호하고, 이어 제2차 세계대전 때 나치독일이 유대인을 대학살한 '홀로코스트(Holocaust)'를 부인하는 논리를 전개한 이후, 완전히 '버림받은 사람'으로 취급됐다. 이러한 사람에까지 관심을 보였다는 것은 인산의 연구의 폭이 매우 넓었음을 보여주었다.

제4항 「정치학의 대상으로서의 정치현상」

이렇게 석사학위논문을 준비하면서 인산은 최초의 논문을 출판했다. 1955년 12월에 서울대학교 문리대 정치학과가 창간한 『정치학보』에 발표한 「정치학의 대상으로서의 정치현상」이라는 논문이 바로 그것이다. 이 논문집은 등사판으로 오늘날의 기준에서는 볼품이 떨어지나 그때로서는 의욕적인 작품이었다고 하겠다. 여기서 주목되는 것은 대학원생인 그의 논문이 민병태 교수의 논문과 이용희 교수의 논문에 이어 47-57쪽에 게재됐다는 사실이다. (인산의 논문 다음으로 대학원생 구범모의 「페이비안 사회주의에 관한 소고(小考)」가 게재됐다.) 그의 처녀작이라고 할 수 있는 이 논문은 그때의 학풍과 관련해, 그리고 앞으로의 그의 연구경향과 관련해, 충분히 분석될 만한 가치가 있다.

---

82 「석사과정 노트」 1, 30-35쪽.

이 논문의 요지는 "종전에는 정치와 국가가 동일시되었던 시기도 있었으나 필자는 이의 부정(否定)으로써 그 출발점을 삼을까 한다."는 앞부분 문장에 압축됐다. 이 문장은 바로 다원주의국가론의 출발점이라는 점에서 그가 당시 민 교수에 의해 소개되어 한국정치학계의 지배적 담론으로 자리를 잡은 국가다원론을 충실하게 받아들였음을 보여준다. 실제로 그는 사회와 국가는 구별되어야 한다는 라스키의 이론을 중심으로 논지를 전개했다.

제5항 루소의 『인간불평등기원론』을 번역하다

인산은 이 논문을 출판한 직후인 1956년 2월에 프랑스의 정치사상가 장 자크 루소가 1754년에 쓴 「인간불평등의 기원 및 근거에 관한 논문(*Discours sur L'origine et les Fondements de L'inégalité Parmi les Hommes*, 영어로는 *Discourse on the Origin and Basis of Inequality Among Men*으로 번역됐다)」을 번역해 현대문화사에서 『인간불평등기원론』으로 출판했다. 인산은 이 역서를 1958년에 신아사에서 다시 출판했다.

대본으로는 영국 리즈대학교(University of Leeds)의 영문학 교수 본(C. E. Vaughan)이 편집해 1915년에 영국 케임브리지대학교 출판부에서 출판한 『장 자크 루소의 정치저술들(*The Political Writings of Jean Jacques Rousseau*)』 전 2권 가운데 제1권을 사용했다. 이 책은 루소의 저술들을 프랑스어 원전 그대로 소개하되 각 원전마다 영어로 해설을 붙여놓았는데, 인산은 이 책의 프랑스어 원전을 번역한 것이다.

루소 그리고 『인간불평등기원론』에 대한 인산의 기본인식

그러면 루소의 『인간불평등기원론』은 어떠한 배경에서 쓰였고 출판된 것일까? 이 물음에 대해, 인산은 자신의 이 역저의 서문에서 그리고 「루소 노트」에서 말했듯, 루소의 자서전에 해당되는 『고백록(*Les Confessions*)』을 먼저 읽을 것을 권했다. 루소가 이 책을 통해 자신의 생애에 대해서뿐만 아니라 저술들에 대해서도 자세히 회고했기 때문이라는 것이다. 그러면 이 『고백록』에 근거해[83] 그리고 인산의 해설 및 인산의 제자 김용민(金容敏) 교수의 해설[84]을 종합해 설명하기로 한다.

루소는 제네바공화국의 한 매우 가난한 집안에서 태어나 교육을 제대로 받지 못한 채 불우하게 컸다. 그러나 아주 어려서부터 책을 좋아하고 강한 기억력을 과시해 학자로 성장할 수 있는 잠재력을 보여주었다. 다행히 뒤늦게나마 한 부인의 배려로 높은 수준의 인문교육을 받게 됐고 그 이후 당시 유력했던 계몽주의자들과 친교를 맺으며 자신의 지적 수준을 크게 향상시킬 수 있었다.

37세가 된 1749년에 프랑스 중부에 위치한 역사적 도시인 디종(Dijon)의 아카데미가 「학문과 예술의 부흥은 도덕의 순화에 기여했는가?」라는 논제의 현상논문들을 공모했을 때, 루소는 "학문과 예술의 부흥은 도덕을 순화하는 것이 아니라 오히려 나락시킨다."라는 취지의 논문을 제출해 최우수상을 받음으로써 학계의 주목을 받았다. 루소의 논지는 "인간은 본성적으로 선(善)하며 단지 제도에 의해 사악하게 된다."라는 그의 철학의 대원칙에서 출발했다. 이러한 '본성적으로 착한 인간'이 '학문·예

83 루소 저/홍승오(洪承五) 역, 『고백록』(동서문화사, 1975).

84 김용민, 『루소의 정치철학』(고양: 인간사랑, 2004).

술·사치의 발달로 대변되는 문명'에 의해 파괴되고 있다는 것이다. 근대 문명이 지닌 위험성을 강력하게 부각시키는 데 성공한 이 논문은 흔히 『학문예술론』 또는 『제1논문』으로 불린다.

그때로부터 4년이 지나 41세가 된 1753년에 디종 아카데미는 「인간불평등의 기원은 무엇이며 그것은 자연법에 의해 인정되는가?」라는 현상논문을 공모했다. 그는 이때도 응모했지만 낙선했다. 그러나 그는 좌절하지 않고 2년 후에 자신의 모국 제네바공화국을 높이 평가한 헌사(獻辭)와 그리고 많은 주석을 첨가해 같은 제목으로 네덜란드 암스테르담에서 출판했다. 이 논문은 흔히 『제2논문』으로 불린다.

이 논문은 2부로 구성됐다. 「루소 노트」에서, 인산은 제1부에 대해 "제1부는 인간이 서로 평등했던 '자연상태(état naturel)'가 어떠한 상태였는가를 설명하는 데 초점을 맞추었다."라고 지적한 뒤, 루소의 설명을 다음과 같이 요약했다.

> 이 자연상태에서 인간은 완전한 고립상태로 살았다. 각 개인은, 곳곳에서 먹을 것과 숨을 곳을 마련해주는 대삼림(大森林) 속에서 다른 동물들과 섞여 일정한 주거도 없고 서로가 상대자(相對者)를 필요로 하는 일도 없이, 아마도 일생에 두 번도 만나는 일이 없을 뿐만 아니라 서로가 알지도 못하고 말도 하지 않은 채 분산하여 생활했다. 인간과 인간 사이에 상호관계가 거의 없었던 이러한 자연상태에서, 인간은 오로지 자기보존에 대한 관심과 동정(同情)의 정(情)만을 갖고 단순하게 생활할 뿐이었다. 그리하여 각 개인은 모두 다른 개인과 마찬가지로 같은 것을 먹고 같은 것을 마시며 같은 일을 하고 같은 양식의 생활을 한다.

> 이러한 자연상태에서 인간과 인간 사이에 대립과 투쟁을 발생시키는 원인은 거의 없었고 인간의 차이를 자아내는 조건도 거의 없었다. 인위적으로 설정된 제도의 불평등도 존재하지 않았다. 물론 연령·건강·체력의 차이에서 그리고 정신의 질의 차이에서 오는 자연적 불평등은 있었을 것이다. 그러나 그것은 극히 적었다. 그러한 것들에서의 우월자(優越者)라고 해도, 그러한 조건을 이용해 얻을 수 있는 이익은 없었다.[85]

자연상태에 대한 루소의 이러한 인식은 루소의 선학들이 자연상태에 대해 가졌던 인식과 대조된다. 우선 루소가 『인간불평등기원론』을 저술한 1753년에 111년 앞서 1642년에 『시민론(*De cive*)』을 출판하고 102년 앞선 1651년에 『리바이어던(*Leviathan*)』을 출판한 홉스의 인식과 대조된다. 홉스는 자연상태를 상정하면서 자연상태에서는 "인간은 인간에게 늑대와 같은 존재다."라는 뜻의 그 유명한 '호모 호미니 루푸스(라틴어: Homo homini lupus)'라는 명제를 제시했었고(『시민론』), '만인 대 만인의 투쟁(라틴어: Bellum omnium contra omnes, 영어: the war of all against all)'이라는 명제를 제시했었던 것이다(『리바이어던』).[86]

홉스의 뒤를 이어 로크는 1689년에 『통치에 관한 두 편의 논문(*Two Treatises of Government: The Second Treatises of Government; An Essay Concerning*

85 「루소 노트」, 10쪽.

86 책의 제목인 '리바이어던'은 구약성경의 욥기에 나오는 '바다 속의 거대한 짐승'의 이름으로 '땅 위의 거대한 짐승'인 '베헤모스(Behemoth)'와 짝을 이룬다. 홉스는 자신이 상정한 절대국가를 이러한 거수(巨獸)에 비유했던 것이다.

the True Original, Extent, and End of Civil Government)』[87]을 출판했다. 여기서 로크는 자연상태에 대해 '평화 선의 상호부조 및 상호보존의 상태'로 보았다. 이렇게 대비할 때, 자연상태에 대한 루소의 인식은 홉스의 그것 그리고 로크의 그것과 많은 차이를 보여준다.

루소의 논지에 대한 인산의 요약

인산은 이어 제2부의 내용을 자세히 소개하면서, 그 핵심은 "인간은 어떠한 원인에 의해 평등한 자연상태에서 불평등한 사회상태로 옮겨갔는가? 그리고 그것으로 말미암아 얼마나 비참한 결과가 발생했는가?"라는 서로 연결된 주제에 대한 루소의 대답이었다고 부연했다. 인산은 루소의 논지를 다음과 같이 요약했다.

> 인구의 증가와 자연환경에 적응한다는 외적 원인에 촉구되어 자연상태에서 최초의 첫 걸음을 내디딘 인간은 새로운 지식의 획득에 따라 동물에 대한 인간의 우월과 인간상호간의 유사(類似)를 의식하기 시작하여 일시적이기는 하나 상호원조의 이익을 알고 공통의 이해관계에 따라 결합하게 된다. 그 후 집을 짓게 되고 가족생활을 하게 되면서 처음으로 사유재산이 도입되고 남녀 사이의 분업이 발생하며 언어가 형성되기 시작한다. 그리고 여러 가족의 영속적인 인접(隣接)에서 자연히 유대가 생겨 민족이 형성되며 사람들은 오락을 위한 집회에서 대중의 존경을 받고자 한다. 이것이 불평등과 악

87 이 책은 다음과 같이 국역됐다. 강정인·문지영 옮김, 『통치론: 시민정부의 참된 기원, 범위 및 그 목적에 관한 시론』(까치, 1996년 초판: 2017년 초판 21쇄).

을 향하는 첫 걸음이었다. 그러나 가족의 설립에서 민족의 형성에 이르는 이 시기가 인류에게는 가장 행복하고 또 혁명이 일어나기 가장 어려운 지속적인 시대였다.

루소의 논지에 대한 인산의 해설은 루소의 그 유명한 사회계약론으로 이어졌다. 사회계약론은 국가의 기원을 추적하는 정치학자들에게 매우 중요한 이론들 가운데 하나로 간주되며, 인산도 그러한 관점에서 루소의 사회계약론을 대했던 것이다.

인산은 루소가 사회계약에 따라 국가를 세웠다는 이론을 다음과 같이 설명했다.

> 인간이 자기자신의 힘으로 충족시킬 수 없는 욕망을 갖게 되고 타인의 원조를 필요로 하기 시작한 순간으로부터 평등은 없어지고 부(富)나 재산의 불평등이 진전하는데, 부와 재산이야말로 모든 불평등의 원천이다. 결국 사유제도의 확립과 그것에 따른 불평등의 진전에 따라 사회는 폭력에 빠져들고 드디어 가장 무서운 전쟁상태에 들어간다. 이러한 비참한 상태에서 사회를 구출하기 위해 사람들은 계약을 체결하여 법을 제정하고 국가를 건설한다.

여기서 보이듯, 루소는 인간에게 가장 '비참한 상태'는 폭력이 만연하고 그것에 따라 전쟁상태가 조성되는 것이라고 보았다. 특히 전쟁상태가 인간을 그리고 인류사회를 얼마나 비참하게 만드는가를 자세히 묘사하면서, 궁극적인 평화의 실현이라는 이상의 추구를 제의했다. 루소의 평화론은 이러한 맥락에서 발생한 것이었다.[88] 이 점과 관련해, 인산은 다음과 같이 썼다.

> "루소는 『사회계약론』에서도 말했지만 『에밀(*Émile, ou De l'éducation*)』에서도 '폭정과 전쟁은 인류최대의 재앙이다.'고 강조했다. 루소는 '나는 화재를, 황폐한 전야(田野)를, 약탈된 마을을 본다. 이 불행한 사람들과 황폐한 산림들을 어디로 데리고 갈 셈인가? 나는 무서운 소리를 듣는다. 무서운 소리다! 나는 가까이 가본다. 나는 살육의 무대를 본다. 만인의 사람이 목이 잘렸고 죽은 사람이 말발굽 아래 밟혀있는 것을 본다. 곳곳에서 죽음과 고통의 모습을 본다.'고 썼는데, 아주 격정적이다."[89]

다시 루소의 사회계약론으로 돌아가기로 하자. 인산은 다음과 같이 썼다.

> 이렇게 성립된 국가는 세 단계를 거치며 전제국가로 전락한다. 첫 단계는 사유재산제도를 확립하고 그것을 보호하기 위한 법률을 제정해 발효시킨 단계다. 이 단계에서 국가는 이미 유산자의 국가가 된다. 두 번째 단계는 그 국가가 국정의 운영을 위해 '장관직'을 제정한 단계다. 1인일 수도 있고 소수일 수도 있는 '장관'은 기본적으로 사유재산과 유산자를 보호하기 위해 법의 이름을 빌려 이미 불평등한

---

88 루소 저/김용구 역, 『전쟁과 평화』(을유문화사, 1974). 역자는 이 책을 다음과 같이 개정출판했다. 김용구, 『장 자크 루소의 국제정치: 영구평화를 위한 외로운 산책자의 꿈』(인천광역시: 원, 2001년 초판; 2004년 개정판).

89 「루소 노트」, 25–27쪽.

지위에 속하게 된 대다수의 인민을 억압하게 된다. 세 번째 단계는 '장관직'이 세습되고 장관의 수가 1인으로 고정된 채 그가 행사하는 권력이 자의적(恣意的)인 성격을 갖는 단계다. 이렇게 되면, 사회는 주인과 노예의 관계를 형성하게 되고 대다수의 사람들은 노예가 돼 노예로서 평등해진다. 결국 모든 사람이 평등한 사회였던 자연상태로 복귀한 셈이 되는데, 진정으로 평등했던 자연상태가 아니라 자유를 상실하고 노예로서 평등한 자연상태인 것이다.[90]

인산의 『인간불평등기원론』 번역은 우리나라 최초의 번역이다

『인간불평등기원론』에 이어 루소는 1762년에 『사회계약론(*Du contrat social*: 영어번역으로는 *The Social Contract*)』을 출판했다. 이 명저에서, 그는 자연상태가 구성원들의 '일반의사(volonté général)'에 바탕을 둔 사회계약에 의해 지양되어 공화제국가를 성립시키게 된다는 논지를 전개했다. 특히 인간의 생명·자유·재산에 대한 권리는 하늘이 준 것이며 누구에 의해서도 침해될 수 없고 누구에게도 양도될 수 없는 성격의 것이라는 주장을 폈다. 이 주장을 흔히 '불가침(不可侵)·불가양(不可讓)의 천부인권론(天賦人權論)'이라고 말한다.

이러한 루소의 공화제국가론과 천부인권론은 왕정을 핵심으로 삼은 앙시앵 레짐(Ancien régime), 곧 구체제(舊體制)에 반대하던 사상가들과 혁명가들에게 큰 영향을 끼쳤기에 결국 1789년에 일어나는 프랑스대혁명의 사상적 원천으로 여겨지게 된다. 실제로 혁명에 가담해 거리로 뛰어나온 사람들은 루소의 이름을 부르면서 '자유 평등 박애(Liberté Égalité

90 「루소 노트」, 11–14쪽.

Fraternité)'를 외쳤다고 한다.

루소의 정치사상적·정치이론사적 위치를 이렇게 평가할 때, 인산이 루소의 주요한 저술들 가운데 하나인『인간불평등기원론』을 번역·출판했다는 것은 그가 국가의 기원에, 좀 더 포괄적으로는 국가론에 관심을 쏟았음을 말해준다. 이처럼 그는 몇 해에 걸쳐 일관되게 국가론에 몰입했었던 것이다.

여기서 상기해야 할 점은 인산의 이 번역이 우리나라에서 이 책에 대한 최초의 번역이라는 사실이다. 그 이전에도 루소에 관한 저술들은 부분적으로 번역·출판됐었다. 그러나 이 중요한 책은 인산에 이르러 비로소 완역됐던 것이다.[91] 이 책은 인산의 번역이 출판된 때로부터 22년이 지난 1978년에 와서야 다른 번역이 출판된다.[92]

루소의「정치경제론」과 인산

인산의「루소 노트」는 그가 루소의「정치경제론("De économie Politique")」에 대해서도 깊은 관심을 쏟았음을 보여주었다. 그것은 너무나 당연했다. 루소는『사회계약론』을 준비하는 과정에 이 논문을 집필했던 것이다.『백과전서』(1755) 제5권에 수록된 이 논문의 1차적 관심은 "합법적 정부 또는 인민정부적 정부가 인민의 행복을 위해 무엇을 어떻게 해야

91 이 사실을 강조한 논문은 다음이다. 김용민,「한국에서 루소사상 수용과 연구 현황에 관한 일(一) 고찰」,『정치사상연구』 제18집 2호(2012년 가을), 87-111쪽.

92 박은수,『사람들 사이의 불평등의 기원과 근거들에 관한 논문, 사회계약론』(성문각, 1978). 이 번역은 박은수·김붕구 공역,『루소전집』 전8권(성문각, 1978), 제8권을 형성했다.

하는가?"에 있었다. 이 논문은 흔히 「정치경제론」이라고 불리는데, 인산은 그저 「경제론」이라고 자신의 노트에 기록했다.[93]

第6항 「국가이론의 변천과 현대 민주주의」: '인간의 존엄성'을 강조하다

이렇게 국가론을 중심으로 민병태 교수의 지도를 받으며 석사과정 3년을 보낸 인산은 민 교수의 직접 지도 아래 「국가이론의 변천과 현대 민주주의」를 석사학위논문으로 썼다. 그러면 이 논문에 대해 살펴보기로 한다.

이 논문은 등사판으로 제작됐으며, 3쪽에 걸친 영문초록을 빼놓으면 모두 122쪽으로 구성됐다. 200자 원고지로 환산한다면 약 180매 분량이다. 1956년 12월에 등사가 끝난 것으로 기록됐다. 구성을 보면, 제1장이 「서론」이고, 제2장이 「역사적 변천」이며, 제3장이 「현대 민주주의와 국가권력」이고, 제4장이 「결론」이다.

이 논문이 대체로 어느 이론가들에 의존했던가는 각주에 잘 나타났다. 각주를 보건대, 가장 자주 등장하는 이론가는 옐리네크, 라스키, 매키비, 콜, 메리엄, 바커, 뒤기, 세바인 등이며, 보다 더 고전적 사상가로는 홉스와 로크 및 루소, 그리고 벤담 등이다. 그들 가운데서도 가장 자주 인용된 이론가들은 압도적으로 국가다원론 계열의 정치학자들, 특히 라

93 이 논문은 김용구 교수에 의해 다음과 같이 국역됐다. 김용구, 「정치경제론」, ______, 『장 자크 루소의 국제정치』, 119 – 171쪽.

스키와 매키버 등이다.

이렇게 볼 때 이 논문의 핵심적 내용이 무엇이었는가는 스스로 명백해진다. 이 논문은 국가에 관한 이론들이 고대희랍 이후 어떻게 전개되어 왔던가를 살핀 뒤 결론적으로 다원주의국가론을 자세히 설명함과 아울러 그것을 옹호했다. 특히 라스키의 이론에 대한 공감을 표시하면서, 다음과 같이 설명했다.

> "라스키는 단체이론에 입각하여 국가의 주권뿐만 아니라 국가의 통일성을 전제하는 '일반의사'의 존재도 시인하지 않으며, 국가도 무수한 사회집단들 가운데 하나로 보는 다원주의국가론을 전개해 국가이론사상 커다란 전환을 초래한다. 이러한 다원론적 국가이론은 길드 사회주의(Guild Socialism)를 표방한 콜, 프랑스의 뒤기, 화란의 크라베, 미국의 매키버에 의해 주장된다. 결론적으로 이러한 다원주의국가론이 현대 민주주의의 이론적 뼈대이다."[94]

그렇다고 해서 인산이 다원주의국가론에 의해 현대 민주주의이론이 완결됐다고 본 것은 아니다. 그는 "민주주의는 영원히 완성될 수 없는 통치형태를 의미하며, '이것이 민주주의 국가이다'라고 말할 수 있자면 민주주의는 앞으로도 몇 세기를 더 성장해야 할 것인지 알 수 없다."는 매키버의 지적을 소개했다.

이상에서 살펴보았듯, 인산은 민주주의를, 곧 다원적 민주주의를 가장 이상적인 정치이념으로 받아들였다. 그런데 여기서 솔직하게 시인돼

---

94 김영국, 「국가이론의 변천과 현대 민주주의」, 92–93쪽.

야 할 점이 있다. 인산은 라스키와 콜 등이 민주주의를 노하면서 강조한 '사회적 민주주의'에 전적으로 공감한 것이다. 인산은 "정치적 민주주의는 억압으로부터의 자유를 의미하고, 사회적 민주주의는 인간이 창조생활을 위한 실질적 수단에 균점할 기회를 갖는 것을 의미한다."고 쓰면서, "정치적 민주주의는 사회적 민주주의가 없다면 의미가 없다."는 시각을 보였다.[95] 거기서 한 걸음 더 나아가, 인산은 자본주의사회에서 나타날 수 있는 빈부의 극심한 격차 그리고 그것에 따른 이해관계의 날카로운 대립은 민주주의의 객관적 조건인 사회적 동질성을 파괴한다는 사회민주주의론자들의 주장에 공감을 표시했다.

이렇게 인용된 구절만 보아서는, 인산이 자유민주주의가 가장 우선시하는 자유와 사회민주주의가 가장 우선시하는 평등의 조화를 민주주의의 본질로 파악한 것으로 해석될 수 있다. 그러나 그렇지 않다. 인산은 "민주주의 본질은 무엇인가?"라고 물은 뒤, "민주주의는 어느 특정한 인간이 아닌 모든 인간의 존엄성에 대한 신조(信條)이다."라고 대답한 것이다. 민주주의는 자유와 평등도 아니고, 정부형태도 아니며, 약한 국가권력도 강한 국가권력도 아니고, 인간의 존엄성에 대한 신조라는 것이다.[96] 이러한 관점으로부터, 인산은 '인간에 대한 신조'를 구현하지 못하는 일들은 고쳐져야 한다고 강조했다. 그렇다면 어떻게 고쳐져야 할 것인가? 그는 일단 '합법적 방법'과 '비합법적 방법'을 상정한 다음, 그러나 "사회

95 이 점에 대해서는 특히 이정복 교수가 주목했다. 이정복, 「인산 김영국 선생의 연구업적 내용」, 인산김영국선생10주기기념학술대회추진위원회 편, 『인산 김영국 선생의 정치학』(고양: 인간사랑, 2010), 112쪽.

96 이 점에 대한 이정복 교수의 주목은 다음에서 읽을 수 있다. 이정복, 위와 같음, 113쪽.

개혁의 방법까지도 민주주의적 방법을 사용하지 않으면 안 된다."고 결론지었다.[97] 인산의 일생을 일관하는 점진주의적이면서도 합법적인 개혁론, 그리고 그것에서 파생하는 보수주의적 경향은 이미 그의 석사논문에서 보인다고 하겠다.

이 석사논문이 통과됨으로써 인산은 1957년 3월의 서울대학교 졸업식에서 정치학석사를 받았다. 자료의 미비로 서울대학교가 수여한 정치학석사로 몇 번째에 해당되는가는 정확히 밝히기 어렵다. 그러나 몇몇 자료들을 종합해 보면[98] 대체로 스무 번째 정도인 것 같다. 뒷날 서울대학교 총장이 되는 박봉식(朴奉植), 뒷날 서원대학교(西原大學校) 총장이 되는 이정식(李廷植) 등과 함께였다. 석사학위를 받음과 아울러 그는 서울대학교 문리대 정치학과 유급조교로 임명됐으며, 동시에 시간강사로 위촉됐다. 주로 원서강독을 담당한 가운데 자신의 석사논문을 개고해 1957년 12월에 출간된『정치학보』제2집에 같은 제목 아래 발표했다.

---

97 김영국,「국가이론의 변천과 현대 민주주의」, 120－121쪽.

98 저자가 입수한 서울대학교의 정치학석사학위 수위자 명단은 1953년에 받은 박문옥(朴文玉)으로부터 시작한다. 그러나 구범모의 앞의 논문의 부록과『국제정치논총』제1집(1963년 8월) 말미의 부록에 게재된 정치학석사 수위자 명단, 그리고《동아일보》조사연구부의 서울대학교 도서관 자료검색을 통해 확보한 명단 등을 종합해 보면, 정치학석사학위 수여의 첫 해인 1949년에 원충연(元忠淵)과 김영진(金英振) 및 최성악(崔性岳) 등이, 1950년에 김옥평(金玉坪) 등이 받은 것으로 나와 있다.

제3절 다원주의국가론의 원전들을 번역하다

제1항 매키버의 『근대국가론』 번역

인산은 석사학위논문을 준비하고 루소의 『인간불평등기원론』을 번역한 데 이어 매키버의 『근대국가론』을 번역했다. 이 대목에서 중요하게 지적돼야 할 사실이 있다. 그것은 민병태 교수의 이름 아래 번역·출판된 『근대국가론』이 민 교수의 지도와 감수 아래 인산이 번역했다는 사실이다.

이 사실에 대해 그 뒤 20년 남짓한 세월 동안 인산 스스로 말한 일이 없었다. 그런데 1977년 봄에 민 교수가 당시 정치학과 조교수였던 저자를 용산구 후암동 자택으로 불러 찾아뵈었더니 민 교수가 번역한 것으로 되어 있던 이 책을 주시면서, "사실 이 책은 영국이가 대학원생 때 내 이름으로 번역한 것인데, 이제 출판사 민중서관이 새 쇄(刷)를 하겠다고 하니 이번엔 영국이 이름을 넣어서 공역으로 하도록 하게. 그리고 첫 쇄의 역자서문에 '교정을 밑아준 김영국 군' 운운의 문장을 빼도록 하게." 라고 말씀하시는 것이었다. 이때야 비로소 이 책이 인산이 대학원 석사과정 학생으로 번역한 것임을 알았다. 민 교수의 말씀을 인산에게 전했더니 인산은 그제야 "선생님이 그렇게 하라고 하셨으니 따르도록 하라." 고 해, 그해 6월에 나온 새 쇄에는 민병태·김영국 공역으로 표시됐다.

민 선생님의 말씀을 듣고나서 저자는 "이 책에는 옛 어투(語套)의 표기가 적지 않습니다. 예컨대 페르샤를 파사(巴斯)로 표기했습니다. 그러니 중쇄(重刷)하는 계제에 문장을 오늘날의 어법에 맞게 제가 조금 다듬어 보겠습니다."라고 말씀을 올렸다. 민 선생님은 한 마디로 안 된다고 하셨다. "영국이가 한 것이라 빈틈이 없을 거야." 이 말씀에 저자는 책만 받아들고 돌아왔다. 인산에 대한 민 선생님의 믿음은 그처럼 굳었다.

이 대목에서 꼭 검토해야 할 일이 있다. 실제로는 인산이 번역한 책을 민병태의 이름으로 출판한 사실이 '부도덕한 행위'가 아니냐는 문제제기와 관련해서이다. 이 문제는 당시의 시대적 관행에 대한 이해를 요구한다. 그 시대 이전부터 내려오던 관행은 젊은 학도가 자신의 이름으로 출판하는 것은 '매문(賣文) 매명(賣名)'이라고 해서 억제됐다. 제자 스스로 "불초한 제가 알고 있는 것은 모두 은사께서 가르쳐주신 것에 지나지 않습니다."라는 자세를 취하는 것이 학도의 올바른 자세로 간주됐다. 인산은 민 교수의 세미나 시간에 매키버의 저서들에 접했으며, 민 교수의 지도 아래 그 책들을 읽었기에 자신의 번역을 은사의 가르침의 산물로 여겼던 것이다. 그뿐만이 아니라 매키버에 대해서도 매우 밝았던 민 교수는 제자에게 번역의 큰 흐름을 제시해주었고, 난해한 문장들에 대해서는 직접 설명해주었다.

제2항 라스키의 『국가론』 번역

'민병태 번역'의 『국가론』에 대해서도 민 교수가 별세한 뒤인 1983년에 인산은 자신의 이름 아래 『국가란 무엇인가』로 개제해 번역·출판하게 된다. 이 점과 관련해 인산은 역자서문에서 이렇게 설명했다.

본래 이 책은 은사이신 고 민병태 교수님께서 1955년에 백영사(白映社)판의 『국가론』으로 내놓으신 바 있다. 그러나 민 교수님의 역본은 절판되어 지금은 구해보기 어려운 처지에 있다. 그러던 가운데 출판사측의 요청이 있었고 또한 민 선생님께서 이 저서에 부여했던 의미를 후학으로서 되살리고자 하는 역자 나름의 의욕도 생겨서 손을 대게 되었다.[99]

그런데, 1961년 학번의 이부영(李富榮) 전 열린우리당 의장(3선 국회의원)의 회고에 따르면, 이 책은 실제에 있어서는 이부영 자신이 번역하고 "김영국 선생님께 감수를 받아 김영국 선생님의 이름으로 나온" 것이다.[100] 이 경우는 앞의 경우와 크게 대조된다.

99 해롤드 J · 라스키 저, 김영국 역, 『국가란 무엇인가』(서울: 두레, 1983), 8쪽.
100 서울대학교정치학과60년사발간위원회 편, 『서울대학교 정치학과 60년사』(서울대학교 사회과학대학 정치학과, 2009), 430쪽.

제4장

시카고대학교에서 스트라우스로부터 배우다

(1958~1959)

제1절 '정치과학운동'의 본산으로 떠나다

제1항 결혼과 자녀들

20대 후반의 젊은 정치학자 김영국의 앞날은 매우 밝아보였다. 그는 유급조교생활 1년을 끝낸 뒤인 1958년 4월에 28세의 젊은 나이로 서울대학교 문리대 정치학과 전임강사로 임용된 것이다. 이어 한 달 뒤에는 본관을 울산(蔚山)으로 하는 인촌(仁村) 김성수(金性洙) 전 부통령의 아우로 삼양사(三養社) 창업자인 수당(秀堂) 김연수(金秊洙)의 따님 김정유(金正裕)와 결혼해 일가를 이뤘나. 학계에서 사윗감을 찾던 수당이 자신의 절친한 친구로 그때 문리대 학장이던 이희승(李熙昇) 교수에게 "유망한 젊은 교수를 추천해 달라."고 부탁하고, 이 학장이 문리대 문학부장이던 민 교수에게 그 뜻을 전한 것이 계기가 됐다고 한다. 신부는 이화여자대학교 음악대학 기악과(피아노 전공) 졸업생으로, 계유년(癸酉年) 1933년생이었으니 간지(干支)로는 닭띠였고 방년 25세였다. 주례는 이 학장이 맡았다.

결혼한 때로부터 5년이 지난 1963년에 닭표간장회사는 닭표간장을 홍보하는 CM송을 만들어 방송으로 내보냈다. “닭이 운다 꼬끼오. 집집마다 꼬끼오. 맛을 낼 땐 닭표 간장. 꼭 낀다고 꼬끼오.”라는 메시지였다. 저자가 3학년 때인 1963년 가을학기가 끝나던 어느 날 선생님은 우리 1961년 입학동기생들 가운데 아직 하교(下校)하지 않은 몇몇 학생들을 불러 한식당에서 저녁을 사주셨다. 식당종업원이 밑반찬을 놓으면서 공교롭게 닭표간장을 가져오자, 선생님은 분위기를 부드럽게 만들겠다는 뜻에서 사모님의 띠가 닭띠라고 밝히신 뒤 이 CM송을 부르셨다. 엄해 보이는 표정의 선생님에게 이처럼 유머러스한 면모가 있었던 것으로, 우리는 박수로써 화답했다.

두 분의 다복한 결혼생활은 인산이 별세한 2000년 1월까지 42년 가까이 계속된다. 1960년 11월 23일에 장남 주완(柱完) 군이 태어났고, 1963년 5월 20일에 장녀 원경(園景) 양이 태어났으며, 1965년 3월 20일에 차남 창완(昶完) 군이 태어났다. 이제 2남1녀의 아버지가 된 것이다.

훗날 김주완 군은 서울대학교 사범대학 체육교육과를 졸업하고 서울에서 교사로 봉직하다가 현재 사업에 종사하고 있다. 김원경 양은 서울대학교 미술대학 동양화과를 졸업하고 현재 캐나다 토론토에서 생활하고 있다. 김창완 군은 서울대학교 사회과학대학 국제경제학과를 졸업하고 서울대학교 대학원 국제경제학과에서 경제학석사학위를 받은 뒤 미국 캘리포니아대학교 로스앤젤레스 캠퍼스(UCLA) 대학원 경제학과에서 박사학위를 받고 귀국해 현재 국책연구기관인 정보통신정책연구원(KISDI)에서 선임연구원으로 봉직하고 있다.

세 자녀로부터, 두 분의 손자 1명 손녀 2명 외손녀 2명이 태어난다. 사모님은 2007년 8월 2일에 향년 만 74세로 별세한다.

제2항 미국 국무부에 의해 '방문학자'로 선발되다

인산은 결혼 직후 미국 국무부가 실시한 시험을 통해 '방문학자'로 선발돼 1학기가 끝나면서 1958년 8월 2일부터 미국 시카고대학교 대학원 정치학과에서 연구하게 됐다. 그에게 부여된 직함은 'Visiting Scholar' 곧 '방문학자'였다. 그 사이 옥스퍼드대학교 교수로 철학자이며 정치이론가였던 토머스 듀어 웰던(Thomas Dewar Weldon, 1896~1958)의 *The Vocabulary of Politics*(Baltimore, M.D.: Penguin Books, 1955)를『정치학사전』으로 번역해 현대문화사에서 출판하기도 했다. 이 역서를 지금으로서는 국내외 어디에서도 찾을 수가 없어 안타깝지만, 이 번역에 나타났듯, 20대 후반에서의 그의 학문적 정열과 우수한 실력은 빛났다. "김영국이 앞으로 한국의 정치학을 이끌어갈 것이다."라는 기대는 이러한 근거에서 자라난 것이었다.

유럽의, 특히 영국의 정치이론을 깊이 공부해온 인산이 왜 영국으로 유학하지 않고 미국으로 유학했는가를 생각해 보는 것은 그때 세계적 수준에서, 그리고 국내적 수준에서 정치학의 학풍이 어떠했는가와 연관해 의미 있는 일이다. 널리 알려져 있듯, 정치학 연구의 큰 물줄기는 이미 유럽에서 미국으로 옮겨진 형편이었다. 그 변화는 1921년에 시카고대학교 정치학과 교수 메리엄에 의해 시작된 '정치과학운동'에서 기원을 찾을 수 있겠으나 제2차 세계대전이 끝난 이후의 시기에 더욱 활발해진 '정치과학운동'에서 분명하게 확인될 수 있겠다. 정치현상을 철학적 방법, 법적·제도적 방법, 역사적 방법이라는 전통적 방법을 통해서가 아니라, 현장조사와 계량분석에 바탕을 둔 '과학적' 방법을 통해 분석함으로써 '정치과학'을 정립하자는 이 운동은 메리엄의 제자들인 라스웰과 키(V. O. Key, 1908~1963) 및 알몬드(Gabriel A. Almond, 1911~2002), 그리고 트루먼(David B. Truman, 1913~2003) 등의 후속적 연구들에 의해 행태주의 정치학으로 확실하게 자리를 잡은 채 세계의 정치학계에 커다란 영향을 미치고 있었던 것이다.

그리하여 1950년대에는 서방세계의 정치연구에서 '행태적 혁명(Behavioral revolution)'이 주류를 형성했다. 이러한 변화는 예컨대 영국의 정치학계에 대해서도 자극을 주어 다원주의국가론을 비롯한 전통적 접근방식의 정치연구에 대해서도 비판이 제기되기에 이르렀다.[101] 우리가 바로 앞에서 살핀 웰던과 같은 정치학자가 그 대표적인 경우였다. 그는 사실을 대상으로 하는 정치과학, 그리고 가치와 관계를 맺지 않을 수 없는 정치이론을 명백히 구별해야 한다고 제의한 것이다.

이러한 '정치과학운동'에 대해 전통적 방법을 옹호하는 정치학자들은 여전히 반발하고 있었다. 민 교수도 반발하는 정치학자들 가운데 한 사람이었고 인산도 마찬가지였다. 그러나 이미 국제사회에서 정치학의 중심무대는 미국으로 이동했음을 더 이상 부인하기 어려운 상황이었다.

이 점은 앞에서 몇 차례 인용했던 김계수 교수의 연구에서도 확인된다. 1956년과 1964년 사이에 한국의 정치학계에 영향을 미친 외국의 정치학자를 지목함에 있어서 한국의 정치학자들은 1위에 시카고대학교의

101 한배호, 『이론정치학: 정치행동의 요인분석』(일조각, 1965; 1982 초판 제2쇄), 33-38쪽.

모겐소(Hans J. Morgenthau, 1904~1980), 2위에 라스웰, 3위에 알몬드, 4위에 이스턴(David Easton, 1917~2014), 5위에 메리엄을 꼽은 것이다. 새삼스런 설명이 필요 없듯 그들은 모두 미국의 정치학자들이었다. 1945~1955년의 시기에 1위였던 라스키나 2위였던 매키버는 8위 안에 들지 못했음을 대비할 때,[102] 국내의 정치학계가 얼마나 빠르게 영국의 학풍에서 미국의 학풍으로 바뀌었는가를 쉽게 깨닫게 된다. 이와 관련해, 김계수 교수는 다음과 같이 부연했다.

> "이 시기[1956~1965]에 있어서 뚜렷한 사실은 라스키 시대의 종말인 것이다. 해방 이후 [한국의] 정치학계를 거의 석권하다시피 한 것은 라스키의 정치학이다. 라스키의 정치학 또는 이론이 완전히 후퇴한 주원인으로서는 무엇보다도 먼저 미국 정치학의 영향을 들 수 있을 것이다."[103]

이러한 변화는 곧바로 국내 정치학자의 공헌도(貢獻度) 순위에서의 변화로 이어졌다. 다시 김계수 교수의 조사에 따르면, 1945~1955년의 시기에 1위로 지목됐던 민병태는 1956~1965년의 시기에는 2위로 내려간 대신에 미국적 행태주의 정치학의 도입에 선구적 역할을 수행한 윤천주가 1위로 올라선 것이다.[104]

이러한 학풍의 전환점에서 인산은 자신의 유학지로 미국을 선택하게

102 김계수, 『한국정치학: 현황과 경향』(일조각, 1969), 68쪽.

103 앞의 책, 73쪽.

104 앞의 책, 52쪽.

됐다. 그것도 정치학의 중심지인 시카고대학교였다. 1857년에 정치인 스티븐 더글러스(Stephen Arnold Douglas, 1813~1861)가 기증한 토지를 기반으로 세워졌으나 경영난으로 1886년에 폐교된 이 학교는 당대의 정상급 기업인 존 록펠러(John Davison Rockefeller, 1839~1937)에 의해 1890년에 다시 세워졌고 1892년에 강의를 시작했다. 그 이후 계속해서 발전해 모든 분야에서 명문으로 자리를 잡았다. 특히 정치학 분야에서 이른바 시카고학파를 형성해 미국의 정치학계에, 그리고 세계의 정치학계에 상당한 영향을 끼치고 있었다. 따라서 발군의 신진기예(新進氣銳)가 시카고대학교를 자신의 유학지로 선택했다는 것은 당연했다.

제2절 수강한 과목들

제1항 1학기의 노트

인산의 시카고대학교 유학생활은 1959년 6월 30일까지 약 11개월로 끝났다. 그의 유학생활에 관한 자료는 영성하다. 강의를 필기한 노트가 두 권 남아 있을 뿐으로, 우리는 이것들을 「시카고 노트」 1 및 「시카고 노트」 2로 명명했었다. 이 노트들에, 그는 자신의 성명을 Kim, Young Kook으로 표기했고 주소는 Box33, 6107 S. Dorchester Avenue, Chicago 37, 전화번호는 PL29463으로 써놓았다.

첫 학기에는 커윈(Jerome Gregory Kerwin) 교수의 「고대희랍정치사상」, 오스굿(Charles Osgood) 교수의 「국제정치학」, 화이너(Herman Finer) 교수의 「비교정부론」 등 세 과목을 수강했다. 다음에서 「시카고 노트」 1에 따라 수강 내용을 설명하기로 한다.

「고대희랍정치사상」 (1): 플라톤

커윈 교수는 가톨릭 신도로서 특히 중세의 기독교철학에 매우 밝았다. 인산은 커윈의 「고대희랍정치사상」 강의를 통해 플라톤과 아리스토텔레스를 다시 배웠다. 교재는 우선 플라톤과 아리스토텔레스의 주요한 저작들로 영역된 것들이었다.

플라톤(기원전 427~기원전 347)은 아테네의 부유한 명문가에서 태어나 당시 귀족출신의 젊은이들이 그러했던 것처럼 정계에 투신할 계획으로 당대 최고의 철학자로 꼽히던 소크라테스에게 배웠다. 그러나 아테네와 스파르타 사이의 펠로폰네서스전쟁에서 아테네가 패하면서 스파르타가 세운 '30인 참주(僭主)'의 폭정이 계속되고 이들을 제거한 직후 집권한 민주주의자들에 의해 스승 소크라테스가 사형당하는 것을 보고 충격을 받았다. "철학자가 통치자가 되거나 통치자가 철학자가 되기 전에는 사회가 개선될 수 없다."는 취지에서, 저 유명한 'philosopher–king'이라는 말을 만들어낸 것이 바로 이때였다. 이 단어는 우리나라에서 흔히 '철인왕(哲人王)'이라고 번역된다.

훗날 인산은 강의시간에 플라톤이 이 단어를 만들어낸 데 대한 세계적 철학자 칼 포퍼(Karl Raimund Popper, 1902~1994)의 유머러스한 해석을 소개했다. 포퍼는 오스트리아 빈대학교에서 심리학을 전공해 박사학위를 받은 뒤 나치즘이 크게 일어나는 것을 바라보면서 위기를 느껴 뉴질랜드로 이주해 캔터베리대학교(University of Canterbury) 강사로 봉직하다가 전후에 런던경제정치대학교 교수로 임명되자 영국으로 귀화했다. 그는 『열린사회와 그 적들(*The Open Society and Its Enemies*)』(London: Routledge, 1945)에서, "플라톤은 자신이 왕이 되고 싶은 욕심을 가지고 있었으나 점잖은 체면에 내놓고 그 말을 할 수가 없어서 철학자가 왕이 돼야 한다고 에둘러 말한 것이다."라는 취지로 썼던 것이다.

포퍼는 이 책의 제1권 『플라톤의 마력(*The Spell of Plato*)』에서 플라톤의 철학이 서양철학자들에 의해 지나치게 위대한 것으로 묘사돼 그의 실상이 가려졌다고 주장하면서, 플라톤의 철학에는 전체주의적 발상이 포함됐다고 비판했다. 포퍼는 이 책의 제2권 『예언의 높은 물결: 헤겔, 마르크스, 그리고 그 여파(*The High Tide of Prophecy: Hegel, Marx, and the Aftermath*)』에서 헤겔과 마르크스를 플라톤과 함께 묶어서 '거짓 선지자'들이라고 비판했다.

다시 플라톤으로 돌아가기로 한다. 플라톤은 정계투신을 포기하고 철학을 통해 사회의 병폐를 극복하기로 결실하면서 아카데미아(Akademia)라는 이름의 학교를 세웠다. 그는 거기서 후학들을 가르치면서 많은 책들을 썼다. 그것들 가운데 정치학도들에게 가장 널리 읽힌 것은 희랍어로 쓰인 대화체(對話體)의 *Politeia*였다. 이 책이 라틴어로 *Respublica*로 번역되고 그 이후 영어로 *The Republic*으로 번역됐는데, 우리말로는 『국가』 또는 『국가론』으로 번역됐다.[105]

이 책에서 특히 플라톤이 말한 정체론(政體論)이 후대에 자주 인용된다. 이것에 대해, 인산은 다음과 같은 메모를 영어로 남겼다. 이것을 저자가 우리말로 요약·정리하면 다음과 같다.

---

105 희랍어에 밝은 천병희(千丙熙) 교수는 Politeia는 '정체(政體)'에 더 가깝다고 설명했다. 천병희, 『국가』(고양: 숲, 2013), 5쪽.

플라톤은 [···] 인간의 혼의 구조와 정체를 대응시켜 이성적 부분이 지배하는 군주정(君主政, Monarchy)과 귀족정(貴族政, Aristocracy)을 이상적 정체로 파악하고, 반면에 기개적(氣概的) 부분이나 욕망적 부분이 지배하는 과두정(寡頭政: Oligarchy)과 민주정(Democracy) 및 참주정(Tyranny)을 타락한 정체로 파악했다. 과두정은 부유한 소수자가 권력을 장악한 채 가난한 다수자를 억압하는 정체이고, 민주정은 가난한 다수자가 마음대로 지배하는 정체이며, 참주정은 타락한 참주(Tyrant)가 폭력적으로 지배하는 정체인데, 타락의 수준은 이 순서로 높아진다. 타락한 정체들 가운데 가장 타락한 정체가 악덕(惡德)이 덕(德)을 지배하는 참주정으로, 본질적으로 정의(正義)에 반하는 최악의 정체다.

「고대희랍정치사상」 (2): 아리스토텔레스

플라톤에 이어, 아리스토텔레스의 『니코마코스 윤리학(*Ēthika Nikomacheia*, 영역 *Nicomachean Ethics*)』과 『정치학(*Politika*, 영역 *Politics, a Treatise on Government*)』을 교재로 썼다. 널리 알려졌듯, 아리스토텔레스(기원전 384~기원전 322)는 플라톤의 아카데미아에서 공부했으며 훗날 알렉산드로스 대왕(Alexandros the Great, 기원전 352~기원전 323)이 마케도니아의 왕자였던 때 약 2년에 걸쳐 가르쳤다. 아리스토텔레스는 아테네 근교의 뤼케이온에 자신의 학교를 세우고 학생들을 가르쳤는데, 앞의 두 책은 모두 이 학교에서의 강의 초고로부터 나왔다. 『니코마코스 윤리학』의 경우, 그의 아들 니코마코스가 편집했기에, 그 이름이 붙었다.[106] 전10권으로 구성된 이 책은 '세계 최초의 체계적 윤리학서'로 평가된다.

아리스토텔레스에 따르면, 인간의 모든 행위는 선(善)을 목적으로 하고 있으며, 그가 폴리스(Polis)라고 명명한 '국가'의 모든 행위는 '최고선(最高善)'의 실현할 목적으로 하고 있다. 그러면 '최고선'이란 무엇인가? 아리스토텔레스는 그것을 행복이라고 보면서, 미덕·중용·자발성·정의·실천적 지혜·우애·쾌락 등의 주요 개념들을 통해 설명하고자 했다.[107]

앞의 두 책들 가운데, 상대적으로 말해, 정치학도들에게 널리 읽힌 책은 『정치학』이다.[108] 아리스토텔레스 스스로 희랍반도와 그 주변의 158개 도시국가들을 여행한 뒤 저술한 것으로 알려진, 또는 자신의 뤼케이온에 수집된 158개 도시국가들에 관한 자료들에 근거해 저술한 것으로 알려진 이 책은 모두 8권으로 구성됐다. 그것들 가운데 「실제 정체와 그 변형들」이라는 제목의 4권에서 자신이 관찰한 도시국가들의 헌법을 분류하고, 다양한 정체들을 분류했다. 인산은 이 분류를 영어로 써서 메모로 남겼다. 이것을 저자가 우리말로 요약·정리하면 다음과 같다.

> 정체에는 올바른 형태로서 왕정·귀족정·politeia의 세 가지가 있다. 왕정과 귀족정이 혼합된 'politeia'는 혼합정(mixed government)으로 부를 수 있다. 이것들의 변형이 참주정·과두정·민주정이다. 왕정이 왜곡된 것이 참주정이고, 귀족정이 왜곡된 것이 과두정이며, 혼합정이 왜곡된 것이 민주정이다. 이것들 가운데 참주정이 최악이고, 과

---

106 국내에서의 대표적 번역서들 가운데 하나는 천병희, 『니코마코스 윤리학』(고양: 숲, 2013)이다. 역자는 희랍어로부터 번역했다.

107 위와 같음, 9쪽.

108 국내에서의 대표적 번역서들 가운데 하나는 천병희, 『정치학』(숲, 2009)이다. 역자는 희랍어로부터 번역했다.

두정은 그 다음으로 나쁘며, 민주정이 가장 견딜 만하다.[109]

아리스토텔레스는 『정치학』 제5권에서 혁명과 정체변혁의 원인들에 대해 자세히 설명했다. 그 과정에서, 그는 "중간층이 다수가 되어 부유한 사람과 가난한 사람 사이에 균형을 잡은 국가가 안정적이다."라는 명제를 제시했는데, 이 명제가 오늘날에는 "나라를 안정시키려면 중산층을 키워야 한다."는 쉬운 말로 받아들여지고 있다. 그는 이어 제7권 제14장에서 시민교육의 중요성을 강조했다. 인산은 이 부분을 중시했으며, 우리가 앞으로 보듯, 시민교육에 관한 논문들을 발표한다.

아리스토텔레스는 이 책에서 그 유명한 말, "인간은 본성적으로 정치적 동물(zōon politikon)이다."라는 명제를 제시했다. 그는 동시에 "인간은 언어를 가진 유일한 동물이다."라는 명제를 제시했다. 이 두 명제는 서로 연결되어 해석됐다. 쉽게 말해, 인간은 결코 고립되어 살 수 없으며 하나의 공동체를 이루어 살 수 밖에 없는데, 그러한 까닭으로 "인간은 정치와 연결돼 살게 됐고 이성(理性)에 의해 행동해야 한다."는 뜻을 담았다.

"인간은 본성적으로 정치적 동물이다."라는 말에 대해, 인산은 훗날 강의에서 조크를 던졌다. "현실세계의 정치인들은 아리스토텔레스의 그 말의 뜻을 제대로 이해하지 못하고, '정치는 동물적으로 해야 한다.'라든가 '정치인은 동물적이므로 정치를 동물적으로 해야 한다.'라고 오해해서 저렇게 치고받고 하는 것 같다."라는 냉소적인 우스갯소리를 한 것이다.

전반적으로, 아리스토텔레스의 『정치학』은 훗날 홉스를 비롯해 마키

109 이 부분은 훗날 그의 공저에서 자세히 설명됐다. 민병태·김영국, 『정치학 요강』, 169–170쪽.

아벨리와 헤겔 및 마르크스 등에 큰 영향을 끼친다. 특히 "국가가 성립되기 이전의 자연상태에서 인간과 인간의 관계는 늑대와 늑대의 관계와 같다. 그래서 만인 대 만인의 투쟁이 벌어진다."의 명제를 제시한 홉스의 관점은 아리스토텔레스의 관점과 대조되기도 하고 때로는 부합되기도 하여 많은 학자들의 연구대상이 되기도 한다.[110]

「고대희랍정치사상」(3): 세바인

인산은 이어 조지 세바인(George Holland Sabine, 1880~1961)의 *A History of Political Theory*(New York: Holt, Rinehart and Winston, 1937)를 읽었다. 세바인은 코넬대학교를 졸업하고 코넬대학교 대학원 철학과에서 박사학위를 받은 데 이어 스탠퍼드대학교 교수를 거쳐 코넬대학교 대학원장 및 부총장을 역임했다. 그는 여러 책들을 썼지만 고대희랍으로부터 현대에 이르기까지 서양에서 제기됐던 다양한 정치이론들을 체계적으로 잘 정리한 이 책을 통해 정치철학자로서의 위상을 굳혔다. 이 책은 "정치에 관한 이론들 그것들 자체가 정치의 한 부분이다."라는 명제를 제시한 것으로 유명하다.

워낙 잘 쓴 책이어서 1937년의 초판 이후 여러 차례 쇄를 거듭했고, 1949년에 개정판을 출판한 이후에도 여러 차례 쇄를 거듭했으며, 1973년에는 토머스 랜든 솔슨(Thomas Landon Thorson)이 수정을 가한 새 판이 출판됐다. 오늘날까지 이탈리어와 한국어 및 일본어를 포함한 6개국 언

110 Charles E. Merriam, "Hobbe's Doctrine of the State of Nature," *Proceedings of the American Political Science Association*, Vol. 3(Third Annual Meeting, 1906), pp. 151–157.

어로 번역됐다. 우리가 제5장 제2절 제2항에서 보게 되듯 인산은, 귀국한 뒤 이 책의 번역을 주도해, 은사 민병태의 이름으로 1963년에『정치사상사』라는 제목 아래 출판한다.

여기서 잠시 우리는 Sabine을 어떻게 발음해야 할 것인가의 '시시콜콜한 문제'에 대해 토론하기로 한다. 1963년에 그의 *A History of Political Theory*가 민병태 교수의 이름으로 번역·출판됐을 때는 '세바인'으로 표기됐고, 그 발음이 오랫동안 통용됐다. 이 관행에 대한 이의가 10여 년 뒤 제기됐다. 1970년대 후반에 서울대 정치학과 교수로 부임한 길승흠(吉昇欽) 박사가 "내가 공부한 미시간대학교에서는 '세이빈'으로 발음했다."고 말해, 그 뒤 민병태와 김영국의 정치학과 제자로《동아일보》기자를 역임한 성유보(成裕普)가 그 책을 번역할 때는 '세이빈'으로 표기됐다.[111] 그런데 인산의 강의노트를 보면 이 책이 필독서들 가운데 하나로 포함되어 있을 뿐만 아니라 강의노트에 Sabine이라는 표기가 자주 나온다. 이때 그는 담당교수로부터 '세바인'으로 배웠을 것이며, 그래서 민 교수의 역서에 '세바인'으로 표기하도록 했을 것이다.

「고대희랍정치사상」(4): 맥일와인

인산은 이어 찰스 맥일와인(Charles Howard McIlwain, 1871~1968)의『서구에서의 정치사상의 성장: 그리스시대로부터 중세기 말까지(*The Growth of Political Thought in the West: From the Greeks to the End of the Middle Age*)』(New York: Macmillan, 1932)를 읽었다. 맥일와인은 프린스턴대학교를 졸업하고

111 성유보(成裕普)·차남희(車南姬) 공역,『서양정치사상사』(한길사, 1983). 이 역서는 1996년까지 16쇄를 기록했고 1997년에 2판 1쇄를 기록했다.

당시의 제도에 따라 변호사사무실에서 근무한 것을 기반으로 펜실베이니아주 변호사가 됐으나 정치학연구에 관심을 두어 프린스턴대학교 대학원에서 석사학위를 받은 데 이어 하버드대학교 대학원에서 석사학위를 받았다. 곧 교직에 뛰어들어 보우든칼리지(Bowdoin College) 교수를 거쳐 하버드대학교 교수가 됐다. 헌법에 관한 저술들을 출판해 명성을 쌓았던 그는 1924년에 『미국혁명: 헌법학적 해석(*The American Revolution: A Constitutional Interpretation*)』을 출판해 퓰리처상을 받았다. 이러한 업적들이 인정을 받아, 그는 시카고대학교와 예일대학교로부터 각각 명예박사 학위를 받았다.

이 책에 이어, 맥일와인은 앞의 책을 출판했던 것으로 페리클래스(Pericles)의 시대에서 시작해 소크라테스와 펠로폰네서스전쟁의 시기를 거친 뒤 플라톤과 아리스토텔레스의 시기까지 다뤘다. "맥일와인의 책은 쉽지 않으며 철저히 읽어야 한다."는 교수의 소개의 말이 필기되어 있다.

「국제정치학」

커윈 교수의 정치사상사 강의에 대해서는 이 정도로 살펴보기로 하고 오스굿 교수의 국제정치학 강좌에 대해 살펴본다. 이 강좌는 군사력 또는 전쟁론으로 시작됐다. 자연히 프로이센왕국의 장군이자 군사사상가인 클라우제비츠(Karl von Clausewitz, 1780~1831)의 『전쟁론(*Vom Kriege*: 영역 *On War*)』이 강의됐다. "전쟁은 다른 수단에 의한 정치의 계속이다("War is the continuation of politics by other means")"라는 명제를 제시한 이 저술은 미완성으로 끝났다.

이어 권력, 권력과 강제의 관계, 군사력의 심리적 효과, 민군관계 등이 강의됐다. 케난(George Kennan), 헌팅턴(Samuel Huntington), 니버(Reinhold

Niebur), 모겐소 등의 이론 등도 강의됐다. 마지막으로 미국과 소련의 군사전략이 비교된 데 이어 핵전쟁이 논의됐다.

「비교정부론」

마지막으로, 허만 화이너(1898~1969) 교수의 강좌에 대해 살피기로 한다. 그는 루마니아인으로 태어나 영국으로 귀화했고 런던경제정치대학교를 졸업하고 노동당 및 페이비언협회를 열렬히 지지했으며 런던경제정치대학교 교수가 됐다. 이러한 점에서, 그는 같은 학교에서 가깝게 지낸 라스키와 여러 공통점들을 지녔다.

화이너는 시카고대학교에 객원교수로 왔다가 정식 교수가 되면서 미국으로 귀화했으며, 영국의 중앙정부와 지방정부 및 의회 등에 관한 명저들을 남겼다. 특히 대표작으로 꼽히는 전2권의 『현대정부의 이론과 실제(*The Theory and Practice of Modern Government*)』(1932, 재판 1949)는 미국의 정치학계에 비교정부론을 도입시킨 책으로, 오늘날까지도 비교정부론의 고전으로 대접을 받는다.

화이너 교수는 유럽의 로크, 버그(Edmund Burke), 보당(Jean Bodin), 밀(J. S. Mill), 그로티우스(Hugo Grotius), 마르크스 등에 대해서는 물론이고, 세정러시아의 무정부주의자인 표트르 크로포트킨(Pyotr Kropotkin)에 대해서도 강의했다. 나는 한편으로, 제임스 매디슨(James Madison, 1751~1836)과 알렉산더 해밀턴(Alexander Hamilton, 1755~1804) 및 존 제이(John Jay, 1745~1829)를 비롯한 미국 연방주의자들의 이론, 그들이 1787년 10월부터 1788년 4월까지 연방주의를 둘러싸고 주고받았던 서한들(이 서한들은 1788년에 『연방주의자: 문집(*The Federalist: A Collection of Essays*)』이라는 제목 아래 출판되며, 이 책은 흔히 *Federalist Papers*로 불린다.) 그리고 조합주의국가론(corporate theory of state) 등도 강의했다. 동시대의 정치학자인 크레인 브린턴(Crane Brinton, 1898~1968)의 『혁명의 해부(*The Anatomy of Revolution*)』(1938)에 대해서도 강의한 사실이 특이하다. 브린턴은 하버드대학교를 졸업하고 로즈장학생으로 뽑혀 옥스퍼드대학교에서 정치학박사학위를 받고 하버드대학교 교수로 종신한다.

인산에 따르면, 허만 화이너의 저서들 가운데 학계에서 충분히 토론되지 않는 것은 『반동으로의 길(*The Road to Reaction*)』(1945)이다. 사회주의를 '노예에의 길'이라 공격한 오스트리아 출신의 영국 경제학자이면서 정치철학자로 런던경제정치대학교에서 교수로 봉직한 프리드리히 하이에크(Friedrich Hayek, 1899~1992)의 명저 『노예에의 길(*The Road to Serfdom*)』(1944)에 대한 반론으로 쓰였다. 하이에크는 고전적 자유주의를 옹호했으며 화폐이론에 있어서 큰 업적을 냈다. 이 공로로 그는 1974년에 스웨덴의 경제학자 군나르 뮈르달(Gunnar Myrdal, 1898~1987)과 함께 노벨경제학상을 받았다.

제2항 2학기의 노트

로크 및 버크에 대한 해설

두 번째 학기에 관해서는, 우리가 「시카고 노트」 2로 명명한 노트를 남겼다. 이 노트는 영국의 정치사상가 존 로크로부터 시작됐다. 로크에 대해 인산은 다음과 같이 영어로 쓴 메모를 남겼다. 이것을 저자가 우리말로 요약하면 다음과 같다.

로크는 자연법(natural law)을 중시했다. 인간은 자연상태에서도 자연법에 의해 지배를 받았으며, 현재에도 인간이 자연법에 의해 통치를 받아야 한다는 것은 당연하다. 누구도 자연법을 어길 권한은 갖지 않았다. 인간은 자연법의 범위 안에서 자신의 권력(power)을 입법자에게 넘겼다. 바꿔 말해, 입법자라도 자연법의 지배를 받아야 한다. 입법자의 권위(authority)는 자연법의 한계 안에서 성립되며, 군주(king)라고 해도 법에 복종해야 한다. 이렇게 볼 때, 인간은 자연권(natural right)을 가졌다고 볼 수 있다. 그것은 신(神)이 인간에게 준 것이다.[112]

로크의 저술들을 분석하면서, 인산은 로크의 저술들 사이에는 일관성의 결여가 나타난다고 지적했다. 그러나 자연법을 존중하는 자세, 그리고 "인간은 자연법의 지배를 받을 뿐이며 통치자는 그 원리 아래 통치해야 한다."는 자세를 일관되게 유지했다고 논평했다.

로크에 대한 논평을 마친 뒤, 인산은 영국의 민주주의발전사를 기록했다. 우선 1688년에 제임스 2세의 퇴위와 윌리엄 3세의 즉위로 나타난 '명예혁명'의 과정을 기술했으며, 이에 따른 1689년의 「관용-장전(Toleration Bill, 寬容章典)」을 적시했다. 「관용령(寬容令)」이라고도 불린 이 장전은 종교와 신앙에 있어서의 '관용'을 허용했다. 인산은 이어 프랑스의 정치사상가 에드먼드 버크(Edmund Burke, 1729~1797)가 영국의 명예혁명의 뜻을 긍정적으로 받아들인 전제 아래 『프랑스혁명에 관한 성찰(*Reflections*

112 「시카고 노트」 2, 1-2쪽, 및 12쪽.

on the French Revolution)』(1790)을 출판했다고 부연했다.[113]

모어를 비롯한 영국의 신학자들에 대한 논평

인산은 영국 헨리 8세의 고위자문관으로 헨리 8세가 앤 볼린(Anne Boleyn)과의 결혼을 위해 로마가톨릭교회로부터 이탈하고 영국의 국교로 성공회(聖公會)를 세우는 데 반대한 탓에 '반역죄'로 처형된 토머스 모어(Thomas More, 1478~1535)가 생시인 1516년에 저술한 『유토피아(*Utopia*)』에 대해서도 짧게 언급했다. 이 책을 통해, 모어는 당대 여러 왕정들이 보여주는 부패와 사유재산제의 폐해를 비판하면서 자신이 상상하는 '이상적인 국가' 곧 '유토피아'를 그렸다.[114] 훗날 강의시간에, 인산은 '유토피아'라는 단어는 '이 세상에 없는 곳'이라는 뜻이라고 설명하면서, 모어는 '이 세상에 없는 곳'으로서의 이상국가를 묘사함으로써 그 실현가능성이 사실상 없을 것임을 암시한 것으로 해석될 수 있다고 부연했다.

모어처럼 이상국가를 그린 신학자 제임스 해링턴(James Harrington, 1611~1677)은 1656년에 『오시아나공화국(*The Commonwealth of Oceana*)』을 썼다. 인산은 『오시아나공화국』의 내용을 요약해 「시카고 노트」 2에 남겼다. 이것에 따르면, 해링턴은 투표에 의해 공직자들을 선출하고 그 공직자들 가운데 일정한 부분을 교대시키는 방식을 제의한 다음에 공직자들 사이의 '견제와 균형'을 강조했다. 인산은 이어 모어의 『유토피아』와 해링턴의 『오시아나공화국』을 짧게 비교하면서, 대체로 이상국가의 실현가능

---

113 에드먼드 버크 저/이태숙 역, 『프랑스혁명에 관한 성찰』(한길사, 2008).

114 이 책의 국역본으로 대표적인 것들 가운데 하나는 주경철, 『유토피아』(을유문화사, 2007)이다.

성을 낮게 보는 경향을 나타냈다.

철학자들 또는 기독교사상가들 또는 종교개혁가들에 대한 인산의 관심은 『시카고 노트』 2에 계속해서 나타났다. 우선 중세기독교의 대표적 신학자로 스콜라철학을 정립했다는 높은 평가를 받는 토마스 아퀴나스(Thomas Aquinas, 1224~1274)에 대해 자세히 써놓았다. 종교개혁가들로는 독일의 마르틴 루터(Martin Luther, 1483~1546)와 프랑스의 장 칼뱅(Jean Calvin, 1509~1564; 영어 표기로는 존 칼빈[John Calvin]) 및 스코틀랜드의 존 녹스(John Knox, 1513~1572)에 대해 언급했다. 이어 스페인의 예수회 신부였던 후안 드 마리아나(Juan de Mariana, 1536~1624), 영국 국교회의 성직자였던 리처드 후커(Richard Hooker, 1554~1600), 영국의 청교도사상가로 『실락원(*Lost Paradise*)』을 쓴 공화주의자 존 밀턴(John Milton, 1608~1674) 등을 써놓았으며, 영국의 이상주의적 정치사상가로 꼽히는 옥스퍼드대학교 교수 토머스 힐 그린(Thomas Hill Green, 1836~1882)에 대해서는 높은 관심을 보였다.

이어 프랑스의 철학자로 '서양근대철학의 출발점' 또는 '근대철학의 아버지'라고 불리는 르네 데카르트(René Descartes, 1596~1650)를 써놓으면서, 그의 저 유명한 명제 "나는 생각한다. 그러므로 나는 존재한다.(Je pense, donc je suis : cogito ergo sum)"를 특기했다. 'cogito ergo sum'은 데카르트가 "나는 생각한다. 그러므로 나는 존재한다."라는 말을 라틴어로 쓴 것이다. 프랑스의 철학자 클로드 아드리앵 엘베시우스(Claude Adrien Helvétius, 1715~1771), 볼테르(Voltaire, 1694~1778)라는 필명을 사용한 프랑스의 계몽사상가 프랑수아 마리 아루에(François–Marie Arouet), 그리고 독일 출신의 프랑스 철학자 폴 앙리 디트리히 돌바크(Paul–Henri Dietrich, Baron d'Holbach, 1723~1789) 등에 대해서도 써놓았다.

인산은 프랑스의 농업경제학자들에 대해서도 관심을 보였다. 프랑수아 케네(François Quesnay, 1694~1774), 흔히 '튀르고'라고 불리웠으며 루이 16세 아래서 재정총감을 역임한 안 로베르 자크 튀르고 드 라운(Anne Robert Jacques Turgot, Baron de l'Aulne, 1727~1781), 튀르고의 친구였으며 프랑스혁명 직후 정치인으로 활동했으나 결국 자살했던 콩도르세(Marquis de Condorcet, 1743~1794) 등이 그들이다.

칸트·헤겔·마르크스 등에 대한 논평

「시카고 노트」 2는 인산이 독일의 철학자 임마누엘 칸트(Immanuel Kant, 1724~1804)의 『순수이성비판(*Kritik der reinen Vernunft*, 영역: *Critique of Pure Reason*)』(1781)·『실천이성비판(*Kritik der praktischen Vernunft*, 영역: *Critique of Practical Reason*)』(1788)·『판단력비판(*Kritik der Urteilskraft*, 영역: *Critique of Judgement*)』(1790) 등 그를 대표하는 '3대 비판'에 대한 관심 그리고 그의 『영구평화를 위하여(*Zum ewign Frieden*, 영역: *Eternal Peace*)』(1795)에 대한 관심을 보여주었다.

동시에 독일의 철학자로 '현대철학의 원천'이라고 불리는 헤겔(Georg Wilhelm Friedrich Hegel, 1770~1831)의 『정신현상학(*Phaenomenologie des Geistes*, 영역: *Phenomenology of Mind*)』(1807)에 대한 관심을 보여주었다. 이 노트에는 헤겔의 "역사는 이성(理性)의 표상(表象)이다."라는 명제가 쓰였다. 헤겔의 제자들은 '좌파'와 '우파'로 나뉘었으며, 그들은 '헤겔좌파' 및 '헤겔우파'로 불렸다. 인산은 '헤겔좌파'에 속했던 마르크스의 유물사관과 계급투쟁론에 대해서도 자세히 써놓았다.

라스웰 및 뢰벤슈타인 등에 대한 논평

2학기의 강의와 연관해,「시카고 노트」2 이외에, 인산의 회상을 상기할 필요가 있다. 그의 생시의 회상에 따르건대, 그는 우선 정치권력론 강의를 수강해 라스웰의 권력론과 엘리트론 등을 깊이 읽었다. 시카고대학교에서 정치학학사와 정치학박사를 받은 뒤 유럽의 몇몇 대학들에서 연구를 계속한 데 이어 시카고대학교에서 부교수로 봉직한 뒤 미연방정부에서 주로 연구직에 종사한 라스웰은 오스트리아 정신과의사인 지그문트 프로이트(Sigmund Freud, 1856~1939)의 정신분석학과 심층심리학을 기초로 인간의 행동을, 특히 정치인의 행동을 심리학적으로 분석함으로써 정치심리학 분야를 개척했다. 그는 제2차 세계대전이 끝나기 이전에『정신병리학과 정치(*Psychopathology and Politics*)』(1930)와『정치: 누가 무엇을 언제 어떻게 획득하는가(*Politics: Who Gets What, When, How*)』(1936)를 출판했고, 제2차 세계대전이 끝난 뒤에는『정치행태의 분석(*The Analysis of Political Behavior*)』(1948) 및『권력과 정치적 성격(*Power and Personality*)』(1948) 등을 출판했을 뿐만 아니라, 아브라함 캐플란(Abraham Kaplan, 1918~1993)과 함께『권력과 사회: 정치연구의 틀(*Power and Society: A Framework of Political Inquiry*)』(1950)을 출판함으로써, 미국 정치학계의 지도적 학자들 가운데 한 사람으로 자리를 잡았다. 그는 예일대학교 교수로 종신한다.

인산은 또 칼 뢰벤슈타인(Karl Loewenstein, 1891~1973)이 1957년에 시카고대학교 출판부에서 펴낸『정치권력과 통치과정(*Political Power and Governmental Process*)』을 읽었다. 뢰벤슈타인은 독일 뮌헨대학교에서 법학박사를 받은 뒤 나치의 박해를 피해 미국으로 귀화해 주로 애머스트칼리지에서 교수직을 맡았던 공법학자 및 정치학자로 많은 저서들을 남겼으며, 특히 이 저서로 명성을 확고히 했다. 인산은 귀국한 뒤 이 저서를 자신의 강의와 저서에 반영한다.

이스턴에 대해 무관심했다?

이 시기에, 정치체계론(theory of political system)을 정립해 미국 정치학계에서 주목받던 데이비드 이스턴이 시카고대학교에 교수로 봉직하고 있었다. 그러나 인산의 노트에는 그의 이름이 전혀 나오지 않는다. 인산은 이스턴 교수로부터 또 그의 과학적 연구방법으로부터는 영향을 받지 않았던 것 같다.

만일 인산이 이스턴으로부터 영향을 받지 않았다고 한다면, 한편으로는 수긍할만하고 다른 한편으로는 역설적인 일로 느끼게 된다. 정치 연구에 있어서 '과학적' 접근방법을 배척하고 '철학적' 접근방법을 옹호한 인산으로서는 '과학적' 접근방법의 주창자들 가운데 한 사람인 이스턴에 대해 호감을 갖지 않을 수 있었을 것이다. 그러나 '과학적' 접근방법의 본산인 시카고대학교 정치학과로까지 가서 이스턴에 대해 관심을 보이지 않았다면 자연스러워 보이지는 않았다는 논평을 받을 만하다.

제3절 "'정치과학'은 허구이며 '정치철학'이 정치학의 핵심이다."

제1항 박사후기과정까지의 스트라우스: 인산의 해설

2학기(1959년 봄학기)의 수강과 관련해 그것들보다 더욱 중요한 점은 그가 레오 스트라우스의 정치철학을 수강했다는 사실이다. 그리고 이것을 계기로 그를 민병태 교수에 이은 자신의 두 번째 스승으로 모시게 됐다.

그러면 스트라우스는 어떤 사람이었나? 이 물음에 대해 인산은 한 편의 논문을 남겼다.[115] 각주를 보면, 인산이 스트라우스의 저술들, 예컨대, 『토머스 홉스의 정치철학: 그것의 기초와 그것의 기원(*The Political Philosophy of Thomas Hobbes: Its Basis and Its Genesis*)』(Oxford: Oxford University Press, 1936) 및 『정치철학이란 무엇인가?(*What Is Political Philosophy?*)』(Glencoe, I.L.: The Free Press, 1959) 등을 기본으로 삼고, 스트라우스에 관한 논문들을 활용했음을 알 수 있다. 다음에서 인산의 이 글을 인용하면서 스트라우스를 소개하고자 한다.

스트라우스는 1899년에 독일 헤세(Hesse) 주의 한 마을 키르흐하인(Kirchhain)에서 농기구상에 종사하던 유대인 부모 밑에서 태어나 어려서부터 매우 엄격한 유대교도로서의 교육을 받았다. 1912년부터 마르부르크(Marburg)의 김나지움(Gymnasium)에서 고전교육을 받았는데, 그 당시 김나지움은 기억력이 아주 왕성한 10대 소년들에게 라틴어는 물론이고 여러 외국어들과 역사학·철학·논리학·수학·물리학 등을 철저히 가르치는 엘리트학교였다. 여기서 공부하는 가운데 독일의 철학자들인 쇼펜하우어(Soren Schopenhauer, 1788~1860)와 니체(Friedrich Willhelm Nietzsche, 1844~1900)를 읽었으며, 곧이어 플라톤을 공부했다. 열일곱 살이 된 1916년에, 유대인의 국가를 팔레스타인에 세울 것을 표방하는 '정치적 시온주

115 김영국, 「L. 스트라우스」, 한국사회과학연구소 편, 『현대의 사회사상가』(서울: 민음사, 1979), 11-30쪽. 스트라우스에 관한 대표적인 연구들 가운데 하나는 Kenneth L. Deutsch and John A. Murley, eds., *Leo Strauss, the Straussians, and the American Regime*(Lanham, M.D.: Rowman and Littlefield, 1999).

의'를 받아들여 일생 동안 유지했다.

스트라우스는 18세가 된 1917년에 김나지움을 졸업하고 17개월에 걸쳐 군에 복무한 뒤 마르부르크대학교와 프랑크푸르트 암 마인(Frankfurt am Main)대학교 및 베를린대학교 등에서 철학과 수학 및 자연과학을 공부했다. 그 과정에서, 신(新)칸트학파의 철학에 접하기도 했으며, 프라이부르크대학교(Albert-Ludwigs-Universität Freiburg) 교수 에드문트 후설(Edmund Husserl, 1859~1938)이 막 시작한 현상학(現象學)에 접하기도 했고, 제1차 세계대전의 종전과 함께 '신학(神學)의 소생' 속에 부각된 스위스의 신학자 칼 바르트(Karl Barth, 1886~1968)에 접하기도 했다.

스트라우스는 22세가 된 1921년에 함부르크대학교(Universität Hamburg)로 옮겨갔다. 거기서 에른스트 카시러(Ernst Cassirer, 1874~1945) 교수의 지도 아래 「야코비의 철학적 교의(教義)에서의 인식론에 관해("On Epistemology in the Philosophical Doctrine of F. H. Jacobi")」를 작성해 박사학위를 받았다. 야코비는 '허무주의'를 비판하고 사람들이 '글라우베(Glaube)' 곧 '신념' 또는 '믿음' 또는 '신앙'을 가질 것을 강력히 제의한 독일의 철학자이며 문예비평가였다.

스트라우스는 그 뒤 박사후기과정을 프라이부르크대학교에서 밟으며 후설의 강의를 직접 들었고, 이어 역시 박사후기과정을 기센대학교(Justus-Liebig-Universität Gießen)와 마르부르크대학교 및 베를린대학교에서 밟으며 주로 역사를 공부했다. 이어 그는 네덜란드의 철학자 바뤼흐 스피노자(Baruch Spinoza, 1632~1677)와 영국의 철학자 홉스에 대해 연구했으며, 영국으로 이주한 뒤에는 케임브리지대학교 등에서 연구를 계속하는 가운데 법철학에 대해서도 관심을 쏟았다. 여기서 그는 리처드 토니(Richard Henry Tawney, 1880~1962)와 마이클 오크쇼트(Michael Oakeshott,

1901~1990) 등 영국 인문사회과학계의 지도적 학자들과 사귀었다.

이 과정에서 1936년에 옥스퍼드대학교 출판부를 통해 『토머스 홉스의 정치철학』을 출판할 수 있었다. 이 책을 통해, 스트라우스는 홉스가 근대정치철학을 정립했다고 높이 평가하면서 그를 근대정치철학의 '원조(originator)'라고 불렀다. 그러나 그는 1952년에 시카고대학교 출판부를 통해 다시 출판한 이 책의 「서문("Preface")」 15쪽에서 자신의 입장을 바꿨다. 근대정치철학의 원조는 홉스가 아니라 마키아벨리라고 수정한 것이다. 인산은 이 수정에 주목하면서 각주에 특별히 써놓았다.[116]

제2항 교수로서의 스트라우스: 인산의 해설

이듬해인 1937년에 스트라우스는 미국 콜럼비아대학교 역사학과 연구원으로 임명됐고, 그 이듬해 라스키의 강력한 추천을 받아 「사회조사 연구를 위한 뉴 스쿨」, 이른바 뉴스쿨(New School)의 전임이 됐다. 제2차 세계대전이 일어난 때로부터 끝날 때까지 뉴스쿨의 교수로 봉직하면서 유니언신학교, 미들베리칼리지(Middlebury College), 애머스트칼리지 등에서도 강의했고, 1944년에 미국으로 귀화했다.

1948년은 스트라우스에게 더욱 뜻깊은 해였다. 『폭군정에 대해(*On Tyranny*)』를 출판한 데 이어 시카고대학교에 몇 해째 비어있던 찰스메리엄 교수직에 임명된 것이다. 영국에서는 오크쇼트, 바커, 토니 등이 강력히 추천한 것이 도움이 됐다. 그때로부터 1968년까지 시카고대학교에서 정

116 김영국, 「L. 스트라우스」, 28쪽, 각주 40.

치철학 교수로, 그 이후 별세한 해인 1973년까지 같은 대학교에서 명예교수로, 그리하여 모두 24년에 걸쳐 그곳에서 봉직하게 된다. 그리고 그 사이에 클레어몬트대학교와 캘리포니아대학교 버클리 캠퍼스 및 히브리대학교, 그리고 뉴욕의 세인트존스칼리지(St.John's College) 등에서도 강의하게 된다.

시카고대학교에 자리를 잡은 뒤 스트라우스의 저술활동은 더욱 활발해졌다. 1953년에는 『자연권과 역사(*Natural Right and History*)』를, 1958년에는 『마키아벨리에 관한 생각들(*Thoughts on Machiavelli*)』을, 1959년에는 『정치철학이란 무엇인가?』를, 1964년에는 『도시국가와 인간(*The City and Man*)』을 — 여기서 'the city'는 도시국가를 의미한다 —, 1968년에는 『고대와 현대의 자유주의(*Liberalism, Ancient and Modern*)』를 각각 출판했다.

제3항 스트라우스에 대한 인산의 개인적 인상

인산이 스트라우스를 사사하게 됐을 때는 바로 『마키아벨리에 관한 생각들』이 출간된 직후였으며, 그것은 인산의 마키아벨리에 대한 연구욕을 크게 자극했던 것으로 보인다. 인산은 귀국한 뒤 몇 해 지나 그 사이 민병태 교수가 담당했던 「근대정치사상사」 강의를 맡게 됐을 때 수강생들로 하여금 반드시 마키아벨리의 『군주론』을 읽게 했으며 스스로 토론을 이끌었고, 마침내 『마키아벨리와 군주론』을 출판했다.[117]

인산은 스트라우스에 대한 자신의 인상을 다음과 같이 짧게 회상

117 김영국, 『마키아벨리와 군주론』(서울대학교 출판부, 1995).

했다.

> "평상시 그는 서양사람으로서는 작은 키에 베레모를 쓰고 작은 담배물부리를 물고 학생들과 열띤 대화를 나누는 경우가 많았다. 그는 언제나 가장 중요하다고 생각되는 문제에 대한 생각을 깊이하고 있었기 때문에 그의 담화는 그의 사고활동의 결과나 연속이라는 감을 주었다고 한다."[118]

스트라우스는 그 뒤 몇 권의 책들을 더 출판했으며, 세인트존스칼리지를 비롯한 몇몇 대학들로부터 명예박사를 받았다. 그는 1973년에 매릴랜드주 애나폴리스의 세인트존스대학 명예교수로 애나폴리스에서 만 74세에 별세했다. 인산은 이렇게 덧붙였다.

> "그의 정신력이 강인했음은 그의 오랜 병고생활이 입증한다. 그는 병고로 신음하는 속에서도 플라톤의 『법률론』을 50번이나 독파하고 사후에 출반된 플라톤의 「플라톤의 법률론」의 집필을 마친 것이다. 그리고 사망하기 몇 주일 전까지도 건강만 허락한다면 하고 싶은 일이 아직도 많이 남았다고 그의 제자에게 말하였다고 한다."

118 김영국, 「L. 스트라우스」, 13쪽.

제4항 스트라우지언으로서의 인산

위에서 살펴보았듯, 정치철학계의 거장인 스트라우스는 '정치과학운동'에 비판적인 대표적 학자들 가운데 한 사람이었다. '정치과학운동'의 본거지인 시카고대학교 정치학과에, 그 운동에 대해 가장 비판적인 스트라우스가 교수로 재직했다는 사실 자체가 흥미로운 일이었다.

그러나 스트라우스가 '정치과학운동'에 비판적이라는 점에 대해 인산은 공감할 수 있었으며, 또 민 교수의 가르침이 옳았음을 다시 확인할 수 있었다. 그리하여 인산은 평생 동안 이 입장에 서서 정치를 분석하고 연구하게 되는데, 이 점에 대해서는 따로 설명하기로 한다.

어떻든 이홍구 교수의 표현으로 "김 교수가 시카고대학교 유학 당시 고전적 정치철학의 마지막 거인으로 불리던 레오 스트라우스에게 사사할 수 있었던 것은 크나큰 행운이었다."[119] 인산은 이제 이른바 스트라우지언(the Straussian)의 일원이 됐던 것이다.

여기서 잠시 인산이 그동안 사사했거나 심취 또는 공감했던 정치학자들의 이름들을 꼽아보면 하나의 공통점이 떠오른다. 그것은 그들이 모두 유럽의 정치학자들이거나 유럽 출신의 미국인 정치학자들이며, 연구방법론에 있어서 전통적 방법, 그 가운데서도 철학적 방법을 선택한 학자들이었다는 사실이다. 이 사실은 인산의 전공이 정치사상 및 정치철학이었음을 떠올린다면 전혀 이상하지 않다.

이 책의 끝 부분의 「나가는 말: 저자의 인산과의 인연을 중심으로」에

119 이홍구, 「하서(賀序)」, 김영국 외, 『레오 스트라우스의 정치철학』(서울대학교 출판부, 1955), VI.

서 자세히 말하겠지만 여기서 먼저 간략히 쓴다면, 인산은 자신을 '정치철학자'로 자리매김하면서 스스로 자부심을 가졌다. 정치학의 본질을 '정치철학'에서 찾으면서, '정치철학'에는 공부가 약하면서도 현실정치세계의 표면적인 현상들을 중심으로 정치를 논하는 것을 천박하게 여기곤 했다.

제5장

귀국 이후 연구와 출판이 활발했던 8년

(1959~1967)

제1절 4월혁명 전후의 서울대학교 문리대 정치학과 분위기

제1항 4월혁명 전후의 서울대학교 문리대 정치학과 분위기

인산은 시카고대학교에서 11개월의 유학생활을 마친 뒤 1959년 7월 초에 귀국했다. 구범모 교수의 회상에 따르면, 인산은 귀국 직후 "그 사이 내가 공부했다고 하는 것은 넓은 백사장의 모래 한 알 정도에 지나지 않음을 깨달았다. 시카고에서 공부하며 나는 그곳 교수들의 학문적 온축이 얼마나 두터운가를 확인하고 압도되고 말았다. 이제부터라도 더 열심히 공부하지 않으면 안 되겠다."라고 술회했다고 한다. 인산의 인간적 겸허함을 다시 느끼게 되는 대목이다.

그러나 시대상황은 인산이 공부만 하도록 허용하지 않았다. 이 무렵은 자유당정권이 '최악이면서 동시에 막바지에 들어선 시기'에 해당됐다. 초대 농림장관 및 2대 국회부의장을 역임한 뒤 '혁신정치'를 표방하면서

2대 및 3대 대통령선거에 입후보했던 진보당 위원장 조봉암(曺奉岩, 1899~1959)을 '간첩'이라는 이름을 뒤집어씌워 법의 이름 아래 처형했으며, 1960년에 실시될 「제4대 대통령·제5대 부통령선거」를 불법적으로 치르기 위한 조치들을 취하기 시작했다. 1960년에 들어서면서, 전국적인 부정선거를 향한 발걸음이 빨라졌다. 통상적으로 5월에 실시되던 이 선거의 날짜를 3월 15일로 끌어올린 것은 선거운동 그 자체를 추운 계절에, 그리고 각 급 학교들이 방학 중인 틈을 타서 해치우겠다는 뜻으로 읽혔다. 1962년 1월까지 전국 모든 각 급 학교의 학사행정은 '3월 졸업에 4월 입학'이었다. 1961년 5·16군사정변이 일어나면서 연기(年紀)가 단기에서 서기로 바뀌고 '2월 졸업에 3월 입학'으로 바뀐다.

정권교체의 열망 속에서, 국민적 기대를 한 몸에 받던 제1야당 민주당의 대통령 후보 조병옥(趙炳玉, 1894~1960)이 병사하자 국민의 좌절감은 커졌다. 그 좌절감은 곧 분노의 전국적 항의표시로 바뀔 잠재력을 안고 있었다. 그런데도 자유당정권은 조 후보의 급서에 희희낙락(喜喜樂樂)하면서, 유권자 셋이 한 조(組)를 이룬 채 서로 감시하는 가운데 여당 후보에게 투표하게 하는 '3인조 투표'를 공개적으로 강행한 뒤 여당 후보의 당선을 발표했다.

1960년 4월에 개학이 되면서 대학가는 부분적으로 불만을 표시하고 나섰다. 결국 4월 18일에 고려대학교 학생들이 주동이 되어 '3·15부정선거무효'를 외치며 반정부운동을 시작하고 4월 19일에 서울대학교 문리대 정치학과가 주동이 되어 서울대학교를 중심으로 한 반정부운동이 시작됐다.

이때 이른바 4·19선언문을 기초한 학생들이 정치학과 3학년 이수정(李秀正)과 유세희(柳世熙) 및 황선필(黃善必) 등으로,[120] 인산은 늘 그들을 높이 평가했다. 특히 유세희 군에 대해 각별한 애정과 신뢰를 표시했는데, 유 군은 군복무를 마친 뒤 서울대학교 대학원 정치학과에 진학해 석사학위를 받았으며 이어 콜럼비아대학교 대학원 정치학과로 진학해 박사학위를 받고 한양대학교 법정대학 정치외교학과 조교수로 출발해 한양대학교 부총장에 오르고 한국정치학회 회장으로 선출된다.[120]

서울에서의 '3·15부정선거무효' 운동 및 '이승만대통령하야' 운동은 금세 전국으로 확산됐고, 자유당정권은 계엄령과 발포로 대응했다. 수많은 학생들이 피를 흘리게 되자 4월 25일에 인산의 결혼주례를 맡았던 서울대학교 문리대 이희승 학장 등이 중심이 돼 국내 교수들의 집단항의시위가 일어났다. 이 대통령은 4월 26일에 하야했으며 이것은 자유당정권의 붕괴로 이어졌다.

제2항 통일논의의 무대가 된 문리대 정치학과

이승만 대통령이 하야하면서 곧바로 이승만정부의 수석국무위원이던 허정(許政) 외무부장관을 내각수반으로 하는 과도정부가 출범했다. 과도정부 아래 국회는 대통령제 권력구조의 헌법을 의원내각제 권력구조의 헌법으로 바꿨으며, 이 헌법에 따라 1960년 7월 29일에 제5대 민의원 및 초대 참의원 총선을 실시했다. 이 7·29총선의 결과는 민주당의 압승으로

120 이때의 상황에 대한 유세희의 회고는 다음에서 읽을 수 있다. 서울대학교정치학과60년사발간위원회 편, 『서울대학교 정치학과 60년사』(서울대학교 사회과학대학 정치학과, 2009), 412쪽.

귀결됐으며, 그리하여 1960년 8월에 독립운동가 출신으로 민주당 3선 의원인 윤보선(尹潽善)을 대통령으로 하고 부통령 출신으로 민주당 2선 의원인 장면(張勉)을 국무총리로 하는 제2공화정이 출범했다.

이렇게 민주당정권이 출범했으나 정국은 안정을 회복하지 못했다. 특히 사회대중당을 중심으로 하는 혁신세력이 '남북교류'와 '남북협상' 등을 표방하면서 평화통일론을 전개하고 그들 가운데 일부는 한반도의 중립화통일을 제의하면서 국내에서는 더욱 통일논의가 활발해졌다. 미국의 유력한 의회지도자 마이크 맨스필드(Mike Mansfield, 1903~2001) 상원 민주당 원내부총무가 '오스트리아 방식에 따른 한반도 중립화통일'을 제의하자 통일논의는 가열됐다.

통일열기는 곧바로 전국의 거의 모든 대학교들로 확산됐는데, 적어도 겉으로 보기에, 그 대학교들 가운데 가장 큰 영향을 받은 대학교는 서울대학교였다. 특히 문리대 정치학과가 그러했다. 서울대학교 《대학신문》은 그때의 분위기를 잘 보여주었다. 정치학과 학생회가 중심이 되어 1960년 6월 16일과 17일에 「정치대강연회」를 개최하고, 박종홍(朴鍾鴻)·최문환(崔文煥)·이용희(李用熙) 교수들뿐 아니라 혁신계의 전진한(錢鎭漢) 전 국회의원 및 박기출(朴己出) 전 진보당 부통령 후보 등을 초청해 그동안 금기(禁忌)로 여겨진 통일문제를 적극적으로 다룬 데 이어,[121] 11월 18일에 정치학과의 김성희 교수를 지도교수로 모시고 「서울대학교 민족통일연맹」을 결성하면서 통일문제에 대한 과감한 새로운 접근을 요구했다.[122] 이 단체는 곧바로 '남북협상'을 제의하면서 '평화통일' 운동을 전개했다.

---

121 《대학신문》, 1960년 6월 20일, 3쪽.

122 위와 같음, 1960년 11월 21일, 1쪽.

이 운동은 다른 대학교들에게 확산됐고 북한의 호응이 뒤따르면서, 1961년 5월에 이르러 마침내 "가자 북(北)으로, 오라 남(南)으로."라는 구호가 등장한 가운데 판문점에서의 남북학생회담이 성사되는 것 같았다. 1961년 5월 16일에 일어난 군사정변은 혁신계가 주도한 '평화통일' 운동에 결정적인 쐐기를 박았다. 쿠데타세력은 곧바로 군정을 실시했다. 이러한 시대적 전환점에서, 1961년의 제2학기를 앞둔 8월 29일에 인산은 조교수로 승진했다. 만 31세 때의 일이었다.

제3항 1960년에 발표한 서평과 번역문

버나드 크리크의 『미국의 정치학』에 대한 서평

그러면 이 시기에 있어서 인산의 연구 및 출판을 살펴보기로 한다. 그는 우선 1960년 9월호 『사상계』에 라스키의 제자로 마키아벨리에 대해서도 연구가 깊은 영국 셰필드대학교 정치학 교수인 버나드 크리크(Bernard Crick, 1929~2008)의 『미국의 정치과학: 그 기원과 조건(*The American Science of Politics: Its Origins and Conditions*)』(London: Routledge and Kegan Paul, Ltd., 1959)를 『미국의 정치학 그 기원과 조건』이란 가제를 붙여 서평을 발표했다. 크리크는 런던경제정치대학교를 졸업하고 그 학교에서 앞 제목의 논문으로 박사학위를 받았다. 이 책은 자신의 박사학위논문을 출판한 것으로, "Politics is ethics done in public."이라는 명제를 제시했다. 이 명제는 "정치는 공적으로 행해진 윤리이다."라고 번역될 수 있다. 윤리는 사적인 윤리와 공적인 윤리로 나눌 수 있는데, 크리크는 정치를 공적인 윤리와 같은 것으로 본 것이다.

인산은 크리크의 그 명제에 대해 공감하면서, "과학의 의미도 분명하지 않으면서도 정치학을 과학이라고 부르는 데" 대해, 그리고 행태주의 정치학 전반에 대해 비판적인 크리크 교수의 논리를 받아들였다. 이것은 전혀 이상한 일이 아니었다. 인산 스스로 정치를 윤리적인 시각에서 접근하는 전통주의적 입장에 충실했기 때문이다.

레너드 샤피로의 「러시아는 변했는가」 번역

인산은 이어 영국 런던경제정치대학교 교수이면서 소련정치의 정상급 학자로 꼽히던 레너드 샤피로(Leonard Schapiro, 1908~1983)가 미국의 『대외문제(*Foreign Affairs*)』(1960년 4월)에 출판한 논문 「러시아는 변했는가("Has Russia Changed?")」를 「쏘련은 변했는가」라는 제목 아래 번역해 『사상계』(1960년 12월, 123–130쪽)에 발표했다. 이 논문은 기본적으로 1953년 3월에 소련의 절대권력자 스탈린이 죽은 이후 일정한 기간을 거쳐 흐루쇼프(Nikita S. Khrushchev, 1894~1971)체제가 등장하면서 보여준 변화를 다뤘다.

소련공산당 제1서기 겸 소련내각 총리로 소비에트권력의 정상에 오른 흐루쇼프는 대내적으로는 공포통치의 이완 그리고 대외적으로는 미국을 비롯한 서방세계와의 긴장완화를 추구함으로써 소련이 변화하고 있다는 인상을 심어주었다. 그러나 사피로 교수는 흐루쇼프의 등장 이후 소련이 스탈린체제로부터 일정하게 벗어나고 있음은 사실이지만 자유사회로 들어가고 있는 것이 아니라 '온정(溫情)의 전제정치'로 들어가고 있다고 주장했다.

제2절 강의에 충실하면서 다양한 주제들에 대해 정론을 펴다

1963년 12월 17일에 제3공화정이 수립되면서 군사정부는 폐지되고 사실상 군사정부의 연장(延長)으로도 볼 수 있는 박정희 대통령 주도의 민간정부로 넘어갔다. 군사정부 때 추진됐던 일본과의 '국교정상화' 시도는 민간정부에서도 계속됐다. 이에 따라 1964년 3월 24일에 문리대와 법대를 중심으로 서울대학교에서 한일회담반대운동이 시작됐으며 이 운동은 곧 전국적으로 확대됐다. 자연히 정국은 대치상태를 유지하는 가운데 심각한 불안정에 빠져들었다.

'학원사태'가, 특히 서울대학교에서의 지속적인 항의운동이 태풍의 눈으로 떠오르면서, 서울대학교의 총장도 1964~1966년의 짧은 기간에 세 차례 바뀌었다. 권중휘(權重輝) 총장이 해임되고 신태환(申泰煥) 총장이 들어섰으나 곧 유기천(劉基天) 총장으로 바뀌었고 다시 최문환(崔文煥) 총장으로 바뀐 것이다. 이 소용돌이 속에서 문리대 학생과장(오늘날의 학생담당 부학장)을 맡았던 인산은 학생과장 때도 그러했지만 그 자리를 떠난 뒤인 1967~1968년에 학내문제와 관련해 박정희정권으로부터 핍박을 받게 됐다.

제1항 1961~1965년의 강의

인산이 1961년 1학기로부터 1964년 2학기까지 문리대 정치학과에서 행한 강의들을 이 시기에 그의 강의를 직접 들었던 저자의 기억을 중심으로 살피기로 한다.

「헌법」(1): 주로 연방정부론을 중심으로

인산의 학문활동은 귀국으로부터 정권의 핍박을 받기 직전까지의 약 여덟 해에 걸친 시기에 가장 활발했다. 우선 강의에 관해 살펴보자. 1961년 4월에 입학해 1965년 2월에 졸업한 저자의 기억에 따르면, 1961년 1학기와 2학기에 걸쳐 인산은 우선 1학년생을 상대로 「헌법」을 강의했다. 그가 이 과목을 강의하게 된 배경은 간단하다. 그 사이 서울대학교 법과대학의 한태연(韓泰淵) 교수가 문리대에서도 이 과목을 맡았었는데, 한 학기에 두세 번 출강하는 것으로 끝낼 정도로 부실하게 강의했을 뿐만 아니라, 그렇게 하고도 성적은 C가 최고점이고 D나 E 그리고 F를 많이 주어 수강생들 사이에 불만이 컸다고 한다. 그래서 정치학과 교수들이 그를 더 이상 초빙하지 않기로 하고 차라리 정부론과 권력론 및 민주헌정론에 밝은 인산에게 맡기기로 결정했다는 것이다. 따라서 인산의 「헌법」 강의는 사실상 정부론 또는 헌정론 강의나 다름이 없었다.

인산은 1학기 첫 시간에 칠판에 라틴말로 "Quis custodiet ipsos custodes?"라고 썼다. "누가 보호자를 보호하는가?"라는 뜻이라고 설명하면서, 이 명제로부터 국가에 대한 개념을 풀어가기 시작했다. 평생에 처음 들어보는 라틴말이 무척 신기했고 정치학도가 된 기분도 들었다. 우리 61학번 동기생들은 지금도 모이는 자리에서 인산을 회상할 때 으레 이 라틴말을 떠올린다. 인산에 따르면, 이 말은 고대로마의 시인 주브날(Juvenal)이 자신의 시 「풍자(Satires)」에서 썼다. 이 시인은 고대로마의 발음으로는 데키무스 유니우스 유베날리스(Decimus Iunius Iuvenalis, 55~140)이며, 주브날은 영어권의 표기이다. 이 구절은 "Who watches the watchers?" 또는 "Who will guard the guards themselves?" 또는 "Who'll watch the watchmen?" 등으로 번역되어왔다.

인산은 이어 교재를 소개했다. 우선 영국의 휘어(Kenneth Clinton Wheare, 1907~1979) 교수가 1947년 옥스퍼드대학교 출판부에서 펴낸 『연방정부(*Federal Government*)』 제2판을 소개했다. 휘어는 호주 태생으로 호주의 멜버른대학교에서 공부하다가 옥스퍼드대학교의 「철학·경제학·정치학(PEP) 프로그램」에서 공부를 계속해 최우등으로 졸업했으며 곧 옥스퍼드대학교 교수가 됐고 거기서 종신했다. 그는 특히 영연방헌법에 매우 밝아 이 방면의 최고권위자로 꼽혔다. 이 책은 헌법을 기준으로 삼아 각국의 정치제도를 비교·설명했기에 비교헌법론 또는 비교정부론 분야에서 필수불가결의 교과서로 여겨졌다.

현대국가에서 국가조직의 원칙으로 두 가지를 채택한다.[123] 첫째, 권력의 기능적 배분이라는 시각에서, 입법부·행정부·사법부를 설정하고 그들 사이의 '견제와 균형(check and balance)'을 유지하게 하는 삼권분립의 원칙을 채택한다. 둘째, 권력의 지역적 배분이라는 시각에서, 단방제(單邦制)와 연방제(聯邦制)를 채택한다. 대한민국과 '조선민주주의인민공화국'은 모두 단방제를 채택하고 있다. 서방권의 국가들 가운데 유럽에서는

123 Ivo D. Duckacek, *Power Maps: Comparative Politics of Constitutions*(Santa Barbara, C.A.: American Bibliographical Center–Clio Press, 1973), ch. 4–7.

영국·프랑스·스웨덴·스페인·노르웨이 등이, 아시아에서는 일본·인도네시아 등이 단방제를 채택하고 있다. 중화인민공화국 역시 단방제를 채택하고 있다. 그러나 유럽에서는 독일·러시아·스위스·오스트리아·벨기에 등이, 북미주에서는 미국·캐나다 등이, 중남미주에서는 멕시코·브라질·아르헨티나·베네수엘라 등이, 아시아에서는 인도·파키스탄·네팔·말레이시아 등이, 아프리카에서는 나이지리아·소말리아 등이, 그리고 오세아니아에서는 호주 등이 연방제를 채택하고 있다. 인산은 "연방제에서는 연방정부의 권한과 지방정부(支邦政府)의 권한을 어떻게 설정하며 그들 사이의 관계를 헌법적으로 어떻게 설정하느냐가 중요한 관심사가 된다."고 역설했다.

휘어의 『연방정부』 다음으로, 화이너의 『현대정부의 이론과 실제(*The Theory and Practice of Modern Government*)』 제2판을 교재로 썼다. 이 책은 인산이 시카고대학교에서 화이너 교수의 지도 아래 직접 읽었던 책으로, 서구의 각국 헌법과 정치제도를 자세히 설명했기에 이 분야에서 또 하나의 필수교과서로 여겨졌다.

「헌법」 (2): 독재정치론을 중심으로

이어 칼 요아킴 프리드리히(Carl Joachim Friedrich, 1901~1984) 교수가 1951년에 펴낸 『입헌적 정부와 민주주의(*Constitutional Government and Democracy*)』를 교재로 썼다. 독일인으로 김나지움에서 엘리트교육을 받았으며 하이델베르크대학교에서 독일헌법을 전공해 박사학위를 받은 그는 나치의 흥기를 바라보며 미국으로 이주해 하버드대학교 정치학과 교수가 되고 미국시민권을 얻었다. 독일헌법에 대해 아주 밝았던 그는 제2차 세계대전이 끝나면서 미국이 자신이 점령한 독일의 일부 지역에 군정을 폈을 때 거기서 자문위원 역할을 수행했다.

프리드리히는 또 전체주의(totalitarianism) 연구를 이끌어나갔으며, 즈비그뉴 브레진스키(Zbigniew Brzezinski, 1928~2017) 교수와 함께 『전체주의적 독재와 전제체제(*Totalitarian Dictatorship and Autocracy*)』(1956)를 출판했다. 이 책은 한 차례 수정을 거치면서 오늘날까지도 이 방면의 고전으로 꼽힌다. 그는 학자로서의 일생을 하버드에서 보내며 헌법 그리고 입헌정부에 관한 많은 저술들을 출판했다.

인산이 독재체제에 대해 강의한 내용 가운데 우리 수강생들이 흥미있게 들었던 대목들 가운데 하나는 당시로는 생소하던 포르투갈의 독재자 안토니오 살라자르(António de Oliveira Salazar, 1889~1970)의 집권과정이었다. 살라자르는 포르투갈의 한 지방대학교인 코임브라대학교 법과대학을 졸업했으나 그 대학교에서 주로 경제학과 재정학을 전공하고 이 분야에서 박사학위를 받았으며 교수가 됐다. 대체로 이 무렵이던 1910년에 포르투갈에서는 왕정이 무너지고 공화정이 수립됐는데, 포르투갈에서 '제1공화국'이라고 기억되는 이 시기에 국내는 대혼란에 빠졌다. 1926년 5월에 군부쿠데타가 일어나 제1공화국을 붕괴시킬 때까지의 약 16년 동안 대통령만 8명이 나왔으며 내각은 44회에 걸쳐 교체됐고 한 내각의 수명은 10주 정도였다. 불법·무질서·약탈·물가폭등·혼란 등은 일상적인 일이었다. 그러했기에 군부쿠데타가 일어났을 때 국민 대다수는 열광적으로 환영했다.

그러나 군부세력도 별다른 방법이 없었다. 여기서 군부세력은 경제학자로 명성이 높던 살라자르를 재무장관으로 입각시켜 우선 물가폭등을 잡으려고 했다. 살라자르의 강경한 대응은 효과적이었다. 그는 1932년에 총리가 됐으며, 민주주의·공산주의·사회주의·무정부주의·자유주의에 대한 반감을 강하게 표시하면서 '신(神) 조국 가족'을 지키는 일에 자신의 모든 힘을 기울일 것임을 다짐했다. 이러한 배경에서, 그는 1968년까지 독재자로 권력을 유지했다. 이 모든 기간에, 그는 '새로운 국가(Estado Novo)'라는 이름의 조합주의적·권위주의적 정권을 창출하고 이끌었던 것이다. 미국·영국·프랑스·독일·러시아 등 큰 나라들의 정치지도자들, 그리고 제3세계의 정치지도자들에 대해서만 들었던 우리로서는 신기하기만 했다.

「헌법」 (3): '신(新)대통령제'

이상에서 인산이 사용한 교재들을 중심으로 볼 때, 하나의 그름이 떠오른다. 그것은 인산의 헌법강의는 주로 미국과 유럽의 정부와 정치제도에 대한 설명으로 일관됐다는 사실이다. 2학기 때는 제4장 제2절 제2항에서 잠시 거론했던 뢰벤슈타인의 『정치권력과 통치과정』을 주로 읽었다.

여기서 인산은 특히 권위주의체제와 전체주의체제에 대해 자세히 강의했다. 뢰벤슈타인의 이론들 가운데 그 책이 출판됐던 때의 국내 정치상황과 관련해 주목됐던 부분은 '신(新)대통령제(neo—presidentialism)'론이었다. 미국의 대통령제와 외형으로는 비슷하나 실제에 있어서는 권위주의체제 또는 독재주의체제와 같은 제도를 그는 '신대통령제'라고 부르면서 중화민국이라는 이름 아래서의 대만의 장개석정권, 남베트남의 고딘디엠정권, 그리고 남한의 이승만정권을 예시했기 때문이다. 이 이론은 그 뒤에서도 한국의 정치상황과 관련해 뜻이 있었다. 왜냐하면 그 뒤의 대통령제는 제6공화정의 출범 이전에는 역시 신대통령제였거나 신대통령제에 아주 가까웠기 때문이다.

뒤베르제의 『정당』 및 『정치제제』

1962년 1학기와 2학기에는 대통령제정부론과 의원내각제정부론을 각각 강의했다. 이때 영국과 미국의 정치학자들의 이론들을 살펴보면서, 프랑스의 대표적 정치학자이던 모리스 뒤베르제(Maurice Duverger, 1917~2014)의 이론들도 살폈다. 저자의 기억으로는, 인산은 뒤베르제를 무척 좋아하고 높이 평가했다. 그래서 자신이 1963년 2학기 때 담당한 「프랑스어 원서강독」에서는 뒤베르제의 『정당(*Les partis politiques*)』(1958)과 『정치체제(*Les regimes politiques*)』 제5판(1960) 가운데 주요한 부분들을 발췌해 등사판으로 만든 교재를 사용했다.

뒤베르제는 보르도대학교 법과대학을 졸업하고 보르도대학교 법과대학 교수로 교직을 시작했다. 초기에 그는 헌법을 전공으로 삼았으나 차차 정치학에 깊은 관심을 갖게 됐고 그리하여 이 대학교에 처음으로 「정치학연구소」를 세웠으며 프랑스의 정치에 대해 여러 저술들을 출판했다. 정당제 및 선거제와 관련해, 그는 '뒤베르제의 법칙'으로 불리는 이론을 제시했다. 이 이론에 따르면, 한 선거구에서 1인의 대표를 선출하는 소선거구제는 양당제와 친화적이고, 중·대선거구제는 다당제와 친화적이다. 그는 또 정당을 '간부정당'과 '대중정당'으로 분류했다.

1958년 10월 4일에 프랑스는 의원내각제를 바탕으로 하되 의원내각제 안에서의 대통령을 의회가 아니라 국민이 직선하게 하는 새로운 헌법을 채택하고 이 헌법에 따라 12월 21일에 대통령선거를 실시했다. 당선자 드골(Charles André Joseph Marie de Gaulle, 1890~1970)은 1949년 1월 8일에 대통령으로 취임했으며, 이로써 제5공화정이 출범했다.

이 계제에 프랑스의 유력일간지 《르 몽드(*Le Monde*)》는 1949년 1월 8일자에 위베르 뵈브메리(Hubert Beuve-Méry, 1902~1989)의 논설을 게재했다. 이 논설에서, 《르 몽드》의 설립자인 뵈브메리는 '준대통령제(régime semi-présidentiel 準大統領制)'라는 용어를 만들어냈다. 프랑스는 기본적으로 의원내각제이지만 대통령은 국민이 직선하는 제도를 채택했기 때문에 대통령의 권한이 통상적인 의원내각제에서의 대통령의 권한보다 훨씬 더 크다는 뜻에서 그렇게 명명한 것이다. 같은 맥락에서, 그는 프랑스에서는 이제 의원내각제가 '준의원내각제(régime semi-parlementaire)'로 그 성격이 바뀌었다고 지적했다. 이 논설에 대해 뒤베르제는 긍정적으로 반응하면서 자신의 저서에 포함시켰다. 이로써 '준대통령제'와 '준의원내각제'는 정치학용어로 확정됐다. 인산은 '뒤베르제의 법칙'과 '준대통령제' 및 '준의원내각제'에 대해 자세히 해설해주었다.

망명정부시절 드골의 일화 소개

드골에 대해 자세히 설명하면서, 인산은 드골이 제2차 세계대전이 일어나자 런던으로 망명해 '자유프랑스'라는 깃발 아래 망명정부를 이끌던 당시의 한 일화를 소개해주었다. 그 얘기는 다음과 같이 요약될 수 있다.

> "드골은 보좌관 한 사람만 데리고 영국총리 처칠을 자주 찾아다니며 도움을 요청하곤 했다. 보좌관이 보기에 거지신세나 다름이 없는 드골이 너무 거만하게 굴면서 당연히 내놓을 것을 내놓으라는 식으로 언행했다. 그 보좌관은 드골에게 '얻어먹는 처지에 좀 겸손하게 처신하는 것이 좋겠습니다.'라고 건의했다. 그러자 드골은 '우리가 없는 처지니까 거만하게 굴어야 그래도 얻을 수 있지 처음부터 겸손하게 굴면 저 사람들은 우리를 아주 거지로 취급할 거야. 없을 때는 당당하게 굴어야 돼.'라고 대답했다."

이 대목에서, 인산은 연암(燕巖) 박지원(朴趾源)의 『허생전(許生傳)』을 떠올렸다. 글공부만 하던 허생이 당대의 최고 부자라는 변승업(卞承業)을 찾아가 돈 1만 냥을 빌려줄 것을 당당히 요청하자 변승업은 아무런 조건도 내세우지 않고 주저 없이 1만 냥을 내주었다. 주변사람들이 변승업에게 "당신은 무엇을 보고 저 거렁뱅이 같은 사람에게 그렇게 큰돈을 내주었느냐?"라고 묻자, 변승업은 "저 사람의 꾸밈이 없고 당당한 언행을 믿었을 뿐이다."라고 답변했다. 인산은 "드골이 허생으로부터 배운 것 같다."라는 조크를 던지며, "여러분도 궁지에 빠졌을 때 당당하게 처신하라."라는 가르침을 주었다.

인산의 그 얘기는 너무 인상적이어서, 우리 동기생들은 "얻어먹을 때일수록 당당하게 굴어라. 얻어먹는다고 싼 것을 시키지 말고 비싼 것을 시켜라."라고 우스갯소리를 하곤 했다. 그 시절은 우리나라 전체가 가난한 시절이었고 대학생들의 주머니는 늘 비어있기 마련이어서 점심은 물론이고 저녁조차 거르는 친구들도 적지 않았다. 이러한 분위기 속에서, 어떤 친구는 "야, 오늘 나는 드골이다."라고 말을 던지면서 얻어먹을 준비가 되어있음을 주변에 알렸고, 어떤 다른 친구는 "야, 오늘 나는 처칠이다."라고 말하면서 점심을 살 준비가 되어있음을 주변에 알렸다. 이제는 모두 70대 후반에 들어선 우리 동기생들은 오늘날까지도 인산이 소개해준 드골의 그 일화를 화제로 떠올리고 있다.

「정치권력론: 라스웰의 정치심리학을 중심으로」

1963년에는 1학기 (또는 2학기에?) 「정치권력론」을 라스웰을 중심으로 강의했다. 라스웰에 대해서는 우리가 제4장 제2절 제2항에서 이미 살폈었다. 될 수 있는 한 중복을 피하면서 라스웰에 대해 다시 설명하기로 한다.

라스웰은 정치연구의 초점을 '정치인(Political man)'에 맞췄다. 권력에 대한 강한 욕망을 갖고 심지어는 편집광적으로 매달리면서 정치에 뛰어들고 정치에 관여하며 정치적 공직을 추구하는 사람에게는 독특한 성격이 있다고 보면서, 그 성격을 'Political personality'라고 불렀다.[124] 대조적으로, 인간은 누구나 다 크건 작건 간에 정치에 관심을 갖고 살며 또 많건 적던 간에 정치의 영향을 받으며 산다. 그래서 아리스토텔레스는 "인간은 정치적 동물이다."라고 말했던 것이다. 이러한 맥락에서의 인간은, 콜럼비아대학교의 세이무어 마틴 립세트(Seymour Martin Lipset, 1922~2006) 교수의 표현으로, 또는 예일대학교의 로버트 레인(Robert Lane, 1917~2017) 교수의 표현으로, 그저 'Political man'이다.[125]

이 강의에서, 인산은 라스웰이 프로이트의 정신분석학 및 심리학 이론들을 활용해 정치심리학(Political psychology)을 정립한 공로를 인정했다. 프로이트가 자신의 이론을 정립하면서 제시한 이론들 가운데 하나가 인간이 자신의 욕구를, 특히 성적 욕구를 충족시키기 어려울 때 예술이나 학문 등 다른 분야에 대한 관심과 업적으로 '승화'시킬 수 있다는 '전위이론(轉位理論)'이었다.

---

124 Harold Dwight Lasswell, *Power and Personality*(New York: Norton, 1948). 이 책의 국역본으로 다음이 있다. 이선주(李善主), 『권력과 인간』(동국문화사, 1958). 이성근(李聖根), 『권력과 퍼스낼리티』(휘문출판사, 1981), 39-216쪽.

125 Seymour Martin Lipset, *Political Man: The Social Bases of Politics*(New York: Doubleday & Company, 1960). 이 책은 20개국의 언어로 번역·출판됐으며 그 과정에서 몇 차례 수정·증보를 거쳤다. 가장 최근의 판본은 Johns Hopkins University Press에서 1981년에 출판됐다. Robert E. Lane, *Political Man*(New York: Free Press, 1972).

라스웰은 이 이론을 활용하면서, 1930년에 시카고대학교 출판부를 통해 출판한『정신병리학과 정치(*Psychopathology and Politics*)』에서,[126] 자기 나름의 '전위이론'을 제시했다. 한 인간이 '가치박탈(Value deprivation)'을 당했을 때 그것을 보상받기 위해 자신의 사적인 동기를 공적인 이해관계로 합리화하고 공적인 목표로 전위시키는 데 성공하는 경우 그 인간은 '정치인'으로 성공할 수 있다고 본 것이다. 그는 이것을 'p } d } r = P'라는 공식으로 제시했다. 앞의 'p'는 'private motive' 곧 '개인적 동기'이며, 'd'는 'displacement onto public object' 곧 '공공목표로의 전위'이고, 'r'은 'rationalization in terms of public interest' 곧 '공적인 이해관계로의 합리화'이며, '}'는 'is transformed into' 곧 '무엇 무엇으로의 변환'이고, 대문자 'P'는 '정치인'을 의미한다. 라스웰의 이 이론을 설명하면서, 인산은 정치학 연구에서의 심리학이 얼마나 중요한가를 거듭 강조하고 앞으로 정치학자가 되고 싶은 학생들은 학부에서 심리학 과목을 많이 수강하라고까지 가르쳤다.

폭력전문가·강압전문가의 정치지도층 진출에 대한 경고

라스웰에 대한 인산의 강의 가운데 인상적이었던 대목은 정치지도자들의 기능직 분류 그리고 그것이 한 나라의 정치체제적 성격에 갖는 의미였다. 라스웰은 군(軍)에서나 정부에서의 비밀경찰기구를 비롯해 국가의 억압기구 및 폭력기구, 예컨대 감시·체포·구속·고문(拷問) 그리고 정치공작 분야의 기구들에서 성장한 '특수기능적 정치지도자'를 '폭력전문

---

126 이 책의 국역으로 다음이 있다. 이성근(李聖根),『정신분석과 인간사회』(휘문출판사, 1981), 19-38쪽.

가(specialist on violence)' 또는 '강압전문가(specialist on coercion)'로 정의하고, 이들이 한 국가의 정치지도부에 진출해 상층부를 차지하는 경우 그 국가의 정치체제는 반(反)국민적·폭압적 성격을 가지며 현실적으로 폭압적 정치와 사회를 조성해낸다고 설명한 것이다. 인산은 이 대목을 강조하면서, 우리나라에서 '폭력전문가'들 또는 '강압전문가'들이 정치지도부의 상층부에 진출하는 경향에 대해 경고했다.

돌이켜 생각해보면, 인산의 이러한 경고는 하나의 예언이나 다름이 없었다. 1960년대 후반 이후, 특히 1970년대 유신체제의 등장 이후, 국내정치와 대외정책에 대한 '폭력기구' 또는 '강압기구'의 영향력행사는 과도해지며, '폭력전문가' 또는 '강압전문가'의 정치지도부 상층에 대한 진출은 빈번해진다. 오죽하면 프레토리안(praetorian)들의 우두머리에 지나지 않은 대통령경호실장이 내각·군부·검찰·경찰에 대해 사실상의 감독권을 행사하고 그래서 '부통령' 소리를 듣기에 이르렀던가. 대통령 그리고 육군참모총장·중앙정보부장을 역임한 대통령비서실장 앞에서 폭압기구의 수장(首長)인 중앙정보부장이 대통령경호실장과 대통령을 사살한 '박대통령시해사건' 자체가 유신체제의 본질을 말해주었던 것이다.

「정치학연구방법론」

1964년 1학기에는 「정치학연구방법론」을 강의했다. 이 과목에서는 주로 전통적 방법론을 옹호하는 정치철학파, 그리고 과학적 방법론을 옹호하는 정치과학파 사이의 논쟁을 깊이 다뤘다. 행태주의적 연구방법에 대해서도 소개했음은 물론이다.

인산은 물론 정치철학파를 옹호했으며, 그 과정에서 정치철학적 방법론을 강조한 레오 스트라우스에 대해 자세히 설명했다. 저자가 학부학생으로 스트라우스의 이름에 처음 접했던 것도 이때였다.

제2항 5·16군사정부 시기의 출판물들

1961년 5월 16일에 박정희(朴正熙) 육군소장을 정점으로 하는 일부 군부세력이 일으킨 군사정변을 통해 제2공화정은 붕괴되고 군사정부가 수립됐다. 이 군사정부 아래, 국민의 기본권은 크게 제약됐으며 특히 학문의 자유 그리고 언론의 자유 역시 크게 제약됐다. 그러면 이 '지성(知性)'의 등화관제(燈火管制)' 시대에 인산의 연구 및 출판을 어떠했는가?

『정치학 요강』 출판

인산은 1962년 4월에 삼중당(三中堂)에서 민병태 교수와의 공저로 『정치학 요강(要綱)』을 출판했다. 1961년 5월 16일에 쿠데타를 통해 집권한 군사정부는 지난 시대의 고등고시 제도에 약간의 수정을 가했다. '고등고시'라는 용어가 일제시대에 만들어진 '권위주의적' 성격을 지녔다고 전제하면서, 고등고시 사법과는 '사법시험'으로 그리고 고등고시 행정과는 '3급공무원공개채용시험'으로 바꾼 것이다. 이 새로운 제도에 따라 군사정부가 공무원채용시험을 실시하고 동시에 공무원에 대한 교육을 강화하자, 출판사는 이러한 흐름에 맞춰 「공무원교육총서」 출판을 기획하면서, '사법시험'과 '3급공무원공개채용시험'의 필수과목 또는 선택과목으로 포함된 '정치학'을 염두에 두고 이 책의 집필을 의뢰했던 것이다.

이 책은 민 교수와의 공저로 표기됐으나 사실은 인산의 단독저서였다. 민 교수를 스승으로 극진히 모셨던 인산은 이 책을 자신의 단독저서로 출판하지 않고 스승과의 공저로 출판한 것이다. 이 책은 시카고대학교에서의 유학생활을 끝내고 귀국한 때로부터 2년 반 지나서의 첫 저서인 만큼 시카고대학교에서의 공부가 모두 여기에 반영된 것으로 보아도 좋을 것이다.

그러면 이 책은 어떻게 구성됐는가? 우선 제1장 「정치학의 기초」는 제1절 「정치학의 성격」, 제2절 「정치학의 역사적 발전」, 제3절 「정치학과 타(他) 학문과의 관계」, 제4절 「정치학의 대상」, 제5절 「정치학의 방법」으로 구성됐으며, 제2장 「권력론」은 제1절 「권력의 개념」, 제2절 「권력과 강제」, 제3절 「권력과 신앙」, 제4절 「권력과 법」, 제5절 「국가와 권력」, 제6절 「국가의 주권」으로 구성됐다. 이어 제3장 「정치형태론」은 제1절 「통치형태의 분류」, 제2절 「민주정치의 기초이론」, 제3절 「민주정치와 제한정부」로 구성됐으며, 제4장 「민주정부론」은 제1절 「영국식 의원내각제정부」, 제2절 「미국식 대통령제정부」, 제3절 「프랑스의 제5공화정」, 제4절 「스위스의 의회제정부」로 구성됐고, 제5장 「독재정치론」은 제1절 「공산독재정치」, 제2절 「파시즘독재정치」로 구성됐다. 마지막으로, 부록에서는 「근대 민주정치발달사」를 다뤘다.

정치과정론과 정치행태론 등이 빠진 것이 아쉽다. 그러나 이 책은 지금 읽어도 "꼼꼼하게 잘 쓴, 내용이 매우 충실한 전형적인 정치학개론 교과서이다."라는 느낌을 갖게 만든다. 영어·프랑스어·독일어·이탈리아어·일본어 등 여러 외국어들로 쓰인 원전들을 충실하게 검토한 뒤 쉽게 서술하면서, 그 사이 한국정치학계에서는 주목하지 못했던 여러 제도들과 이론들을 광범위하게 소개한 것이다. 예컨대, 의원내각제정부를 설명하는 부분에서는 영국과 영연방국가들의 의원내각제는 물론 스칸디나비아국가들의 의원내각제들 그리고 벨기에의 의원내각제에 대해서도 자세하게 설명했으며, 스위스의 의회제정부를 닮은 우루과이(인산은 이 나라의 이름을 '우루가이'로 표기했다.)의 의회제정부에 대해서도 자세히 설명했다. 프랑스의 제5공화정에 대한 설명은 국내의 어느 교과서에서도 찾기 어려울 정도로 풍부한 내용을 담았다.

이탈리아의 정치학자 기예르모 페레로(Guillermo Ferrero)의 정부분류방법도 소개했는데, 페레로는 전통적인 정부분류방법을 배척하고 모든 정부를 '합법적 형태의 정부' 및 '비합법적 정부'로의 양분론(兩分論)을 채택했다. 자유롭고 공정한 절차를 거쳐 구성된 정부가 '합법적 형태의 정부'이며 쿠데타는 말할 것도 없고 대의명분이 뚜렷한 혁명에 의해 구성된 정부를 모두 '비합법적 형태의 정부'로 나눈 것이다. 페레로는 "비합법적 형태의 정부일지라도 일정한 기간이 경과하면 합법성을 인정받을 수 있다."는 논리를 덧붙였다. 이러한 분류는 국내의 어느 교과서에서도 등장한 일이 없다.

프랑스에 대한 깊은 관심은 이 책의 또 하나의 특징이다. 프랑스어에 능통했던 인산은 프랑스에서 정치학이 발전한 과정, 특히 제2차 세계대전 이후 유럽의 어느 나라들보다도 앞서간 과정을 상세히 설명했으며, 프랑스의 정치사상가이며 법률가였던 알렉시스 드 토크빌(Alexis Charles Henri Clérel, viscomte de Tocqueville, 1805~1859)의 명저들인 『미국의 민주주의』 및 『구체제와 프랑스혁명』에 대해 자세히 설명했다. 특히 토크빌이 『미국의 민주주의』를 쓰기 위해 미국으로 떠나기에 앞서 미국에서 만날 사람들과의 면담을 위해 설문지를 기획한 사실에 대해서도 설명했다.

인산은 그 뒤, 서울대학교 사회과학대학 정치학과의 이름으로 출판된 『정치학개론』(1975) 그리고 그 개정판으로서의 『신(新)정치학개론』(1979) 등의 공저에 참여한다. 이 책들에 그가 집필한 부분은 사실 이 책에서 나온 것이다.

『미국사상의 기원』 번역

인산은 곧이어 같은 해 12월에는 미국 와이오밍대학교 영미문학 교수인 클로우(William Ober Clough)가 편집한 *Intellectual Origins of American National Thought* 제2판(1961)을 사상계사 출판부를 통해 『미국 사상의 기원』 상·하로 나눠 사상문고로 번역·출판했다. 이 책은 우선 플라톤과 아리스토텔레스 등을 비롯한 고대희랍의 정치사상가들을 살피고 그 다음으로 키케로와 세네카 등을 비롯한 고대로마의 정치사상가들을 살폈으며, 이어 토머스 모어와 토머스 홉스 및 존 로크 등을 비롯한 영국의 정치사상가들과 몽테스키외와 루소 및 버크 등을 비롯한 프랑스의 정치사상가들을 다뤘다.

마지막으로, 미국의 영국으로부터의 독립운동을 지지한 영국의 성직자들이 조지프 프리스틀리(Joseph Priestley, 1733~1804) 및 리처드 프라이스(Richard Price, 1723~1791)에 대해 설명했다. 그들 가운데 프리스틀리는 1768년에 『통치의 제1원리들에 관한 소론(*Essay on the First Principles of Government*)』을 출판하고 이 책을 통해 미국인들은 식민지정부인 영국정부에 대해 저항할 권한이 있음을 역설했다. 프라이스는 훗날 '미국 건국의 아버지들'이라고 불리는 사람들과 교신하면서 그들을 격려·고무했다. 이러한 서술을 통해, 민주주의사상의 싹이 튼 시기로부터 '미국 건국의 아버지들'에 이르기까지, 민주주의사상이 발생하고 발전해 마침내 미국 사상의 주류로 자리 잡을 때까지의 과정을 문헌적으로 분석했다.

이 책에 등장하는 사상가들은 거의 모두 인산의 「시카고 노트」 1과 2에 등장하는 사상가들과 일치한다. 인산은 그들에 대해 이미 익숙해있었기에 이 책의 번역을 쉽게 결심할 수 있었을 것이다. 역자후기에서, 인산은 "이 책은 미국의 민주사상의 발생만이 아니라 세계에 공통된 민주사상의 발생과정을 나타낸다."고 쓴 데 이어, 서양정치사상사 교과서로서도 손색이 없는 저서라고 칭찬했다.

제3장 제2절 제4항에서 저자는 인산이 루소의 『인간불평등기원론』을 번역할 때 Vaughan판을 사용했다고 지적했다. 그런데 뒷날 인산은 역자 머리말에서 Vaughan을 '보간'으로 오기(誤記)했다면서 이 오기를 여러 차례 아쉬워했다. "미국에 빌리 본(Billy Vaughan) 악단이라고 있었잖아? 그 본과 같은데 그걸 보간이라고 했으니"라고 말하며 혀를 끌끌 차곤 했다. 그런데 Clough의 경우에는 클로우라고 발음했다. 그러나 클러프로 발음하는 것이 정확하다는 반문이 있었음을 덧붙인다. 앞에서 지적했듯이, 인산은 Vaughan을 '본'이라고 표기하지 않고 '보간'이라고 오기했던 사실을 두고 아쉬워했다. Vaughan의 gh가 묵음(默音)이란 사실을 몰랐다는 뜻이었다. 그래서 Clough의 gh를 묵음으로 처리했던 것 같은데, 이 경우에는 반대로 묵음이 아니었던 것 같다.

「새 헌법과 정치활동의 윤리」

5·16군사정부는 1962년 봄에 들어서면서 이 해 안에 새 헌법을 마련해 그 헌법에 따라 '민간정부'를 출범시킬 것임을 다짐했다. 실제로 군사정부는 1962년 7월 11일에 헌법개정특별위원회를 발족시키고 헌법에 관한 논의를 활성화시켰으며 1962년 12월 17일에 새 헌법안을 국민투표에 부치겠다는 뜻을 밝혔다. 자연히 신문과 잡지들은 헌법에 관한 논설들을 게재하게 됐다.

이러한 배경에서, 인산은 우선 서울대학교 《대학신문》(1962년 8월 13일,

4쪽)에 「새 헌법과 정치활동의 윤리」를 발표했다. 이 글에서 인산은 민간인들의 정치활동을 최대한으로 보장해야 한다고 제의했다. 군사정부는 쿠데타 직후부터 민간인들의 정치활동을 금지시켰던 것인데, 인산은 민주주의 아래서는 누구나 다 정치활동을 자유롭게 할 수 있어야 한다고 말하면서, 그러한 조건 아래서의 선거가 이루어지고 그 선거를 통해 국민의 대표들이 선출될 때 사회가 안정될 수 있고 정의가 구현되는 길이 열린다고 주장한 것이다.

「대통령제 헌법의 기본요건」

인산은 이어 월간 『신사조(新思潮)』(1962년 7월, 57-65쪽)에 「대통령제 헌법의 기본요건: 의원내각제의 장점을 취하는 혼합형을 중심으로」를 발표했다. 인산은 우선 영국에서 의원내각제가 성립되고 운용된 역사적 과정을 자세히 설명하면서 그것의 장점으로 책임정치의 구현을 꼽았다. 인산은 이어 미국에서 대통령제가 성립되고 운용된 역사적 과정을 자세히 설명하고 이어 의원내각제를 운용하던 프랑스가 제5공화정을 계기로 기존의 의원내각제에 대통령제를 혼합한 사실을 상기시키면서 국가적 안정을 유지하기 위해서는 대통령제가 적절하다고 보았다. 결론적으로, 인산은 대통령제를 채택하되 의원내각제의 장점을 살리는 방향으로, 쉽게 말해, 두 제도의 '혼합형'을 채택하도록 건의했다.

정부체제에 있어서 '혼합형'을 제시했던 대표적 정치사상가는 아리스토텔레스였고, 민병태 교수도 강의와 저술을 통해 이 사실을 상기시키곤 했다. 인산은 이 가르침에 충실했던 것이다.

「정당·선거·대중」

인산은 이어 월간 『신사조』(1962년 11월, 124–130쪽)에 「정당·선거·대중: 민주주의사회에 있어서 그들의 연계관계」를 발표했다. 앞의 글보다 훨씬 긴 이 글을 통해, 인산은 우선 1789년의 프랑스대혁명을 계기로 선거제도가 성립된 사실을 지적하고, 이어 보통선거제가 확립된 과정 그리고 선거제도와 동전의 양면을 이루는 선거제가 발전해온 과정을 자세히 설명했다. 이 무렵 국내에서는 앞으로 비례대표제가 도입될 것이라는 전망이 제시되고 있었다.

인산은 이 글에서 국민 대다수에게 생소한 비례대표제에 대해 자세히 설명하고 이 제도를 긍정적으로 평가했다. 이처럼 여러 제도들을 설명한 뒤, 인산은 다음과 같은 결론을 제시했다.

> 한 마디로 해서, 참정의 모든 기회가 있었으나 대중이 과연 그 권리에 상응하는 자격을 갖추었는가, 정치에 대하는 정당한 태세를 갖추었는가에 관해서는 지극히 비관적인 결론밖에는 나오지가 않는 것 같다. 이 근본이 의심스럽거늘 구체적인 제도가 기내하는바 기능을 다 못한 것도 당연한 이치라 하겠다. 생활고(生活苦)를 벗어나고 시민사회가 가졌던 품위와 밝은 이성을 갖추고 대의(大義)를 분명히 하고 사욕에 앞서 공익을 내세우는 판단력을 갖는 대중이 존재할 때 비로소 선거와 정당, 더 나아가서는 민주정치의 운영의 묘(妙)도 그 진가를 발휘하게 될 것이다.

「전향한 동독철학자 블로호」

1963년에 들어서서 인산의 출판은 더욱 왕성해졌다. 1월에는 『사상계』

에 「전향한 동독철학자 블로호: '희망의 철학'을 찾아 자유를 선택했다」를 발표했다. 당시로서는 동독에 속했던 라이프치히의 칼마르크스대학교 명예교수 블로호(Ernst Bloch, 1885~1977)는 동독의 대표적인 마르크시스트 철학자로 마르크시즘을 해석함에 있어서 마르크스의 '휴머니즘'을 앞세우는 이른바 네오마르크시즘(Neo Marxism)을 이끌며 '희망의 원리'를 부르짖다가 1961년 여름에 서독의 튀빙겐을 방문했을 때 서독으로 망명했다.

블로호는 독일 뮌헨대학교를 졸업하고 뷔르츠부르크대학교(Julius-Maximilians-Universität Würzburg)에서 철학박사를 받았는데, 이 과정에서 헤겔과 마르크스로부터 많은 영향을 받았다. 그 이후 나치의 흥기를 보고 처음에는 오스트리아 이어 체코슬로바키아로 망명했다가 그곳들도 안전하지 않게 되자 미국으로 망명했다. 이때 미국에서 구상한 책이 그 유명한 『희망의 원리(*The Principle of Hope*)』 전3권이다. 그는 헝가리의 마르크시스트 철학자였던 죄르지 루카치(György Lukács, 1885~1971) 및 발터 벤야민(Walter Bendix Schönflies Benjamin, 1892~1940) 그리고 테오도어 아도르노(Theodor W. Adorno, 1903~1969) 등과 교우를 유지했으며, 마르크시즘에 대한 자신의 신뢰를 포기하지 않았다. 그러했기에 1948년에 라이프치히대학교가 철학교수직을 제의했을 때 기꺼이 귀국했던 것이다. 그러나 그는 특히 1956년의 헝가리의거를 보면서 마르크시즘에 대한 깊은 회의를 품게 됐으며, 동독정권이 그에게 철학적 입장을 분명히 할 것을 강요하자 마침내 망명을 단행한 것이다. 그는 튀빙겐대학교 명예교수로 종신한다.

인산은 마르크시스트 철학자가 어떤 이념적 갈등에서 동독을 버리고 서독을 선택했는가에 대해 정치철학의 입장에 서서 설명했다. 인산에 따르면, 불로호는 "마르크시즘에는 난류(暖流)와 한류(寒流)가 있다. 마르크스가 제시한 희망이 난류라면 공산체제 아래서의 현실은 한류이다." 라고 말하면서, 결국 '마르크시즘의 한류'를 버린 것이다.

「민족주체성 확립에의 길: 정치·경제·정신문화 면에서 본」

《대학신문》(1963년 4월 29일, 2쪽)은 위의 주제를 놓고 상대 경제학과의 최문환(崔文煥) 교수, 법대 법학과의 김기두(金箕斗) 교수, 그리고 인산 세 분 사이의 대담을 마련했다. 사회는 사범대 불어교육과의 정명환(鄭明煥) 교수가 맡았다.

이 대담에서 인산은 국민의 삶이 향상되고 안정될 때 민족주체성이 확립될 수 있다는 취지의 의견을 제시했다. 그는 특히 국민의 '경제적 자유'가 확립되는 것이 매우 중요한데, 다른 후진국들에서와 마찬가지로 한국에서도 국민의 '경제적 자유'가 억압되고 있다고 진단하면서 그 억압이 해제되기를 소망했다. 인산은 동시에 민족주체성을 확립하겠다는 국민의 투철한 이념이 없이는 그 목표를 달성하기가 결코 쉽지 않을 것이라고 경고했다.

「특집: 여름방학에 권하는 책」

《대학신문》(1963년 7월 22일, 4쪽)은 여름방학이 시작되는 계제에 학생들이 여름방학 때 읽을 책들의 권독을 위한 특집을 마련했다. 여기서 인산은 서울대학교 법과대학 김철수(金哲洙) 교수가 출판한 『헌법질서론』(수학사, 1963) 및 에리히 프롬(Erich Fromm, 1900~1980)의 『자유로부터의 도피(*Escape from Freedom*)』를 권했다. 전자는 독일 뮌헨대학교에서 헌법학을 전공한 뒤 귀국해 모교에서 전임강사로 교직을 시작한 청년 법학자의 저서로, 당시 한국헌법학계의 주류를 형성했던 유진오(兪鎭午)·한태연(韓泰淵)·문홍주(文鴻柱)·박일경(朴一慶) 등 일제 때 헌법을 공부한 법학자들과 대조되게 법학의 전통이 강한 독일에서 공부한 신진법학자의 저서라는 점에서 주목을 받았다.

후자는 하이델베르크대학교에서 심리학·정신분석학·정신치료학 등을 연구해 박사학위를 받은 독일의 철학자로, 나치의 흥기를 보면서 제네바로 망명했다가 미국으로 망명해 주로 콜럼비아대학교 교수로 봉직했고, 마지막으로 멕시코로 이주해 수도 멕시코시티에 위치한 멕시코국립자치대학교(National Autonomous University of Mexico) 교수로 종신했다. 그는 콜럼비아대학교에 봉직하던 때인 1941년에『자유로부터의 도피』를 출판했는데, 이 책은 어떠한 배경에서 나치즘과 같은 전체주의가 등장하는가라는 문제의식에서 출발했다. 그에 따르면, 평범한 일상적인 사람들은 원자화된 사회에서 자기소외를 느끼고 고독과 불안에 휩싸이기 쉬우며 자유를 오히려 기피하게 되고 이러한 사회심리적 분위기가 확산되면 대부분의 사람들은 강력한 지도자 또는 독재자의 출현을 기대할 뿐만 아니라 그들의 통치 아래 안정을 느끼며 산다는 것이다. 바로 이러한 개개인의 심리가 축적되면서 나치즘을 초래했다고 그는 진단했다.

인산이 이 책을 권독하던 때는 우리나라가 여전히 군사정부 아래 놓여있을 때였다. 그뿐 아니라, '선의(善意)의 독재'론이 일정하게 지지를 받던 때였다. '선의'를 가진 '강력한' 독재자가 일정한 기간에 걸쳐 국가를 이끌어나가는 것이 '자유민주주의'의 이름 아래 '구정치인'들 손에서 혼란과 부패가 만연되는 것보다 낫다는 담론이 그것이었다. 인산은 이 점에 유의하면서 프롬의 경고를 학생들에게 전달하고자 한 것이다.

『국방』에 발표한 논문들

인산은 1963~1964년에, 국방부 정훈국이 발행하는 『국방』에 네 편의 논문을 발표했다. 「민족과 국가사회」(1963년 130호?, 쪽수 미상), 「민주주의의 현대적 개념」(1963년 137호, 21-27쪽), 「영국의 정치풍토」(1963년 139호, 114-120쪽), 「정치학의 이론과 실제」(1964년 4월, 121-129쪽) 등이 그것들이다. 학문적인 성격의 글들은 아니며 장병들의 교양을 높이기 위한 수준에서의 글들이다.

『정치사상사』 번역 주도

1963년 8월에 세바인의 *A History of Political Theory*(New York: Henry Holt and Co. 1959)가 민병태 교수의 이름 아래 을유문화사에서 『정치사상사』 전(前)과 후(後) 두 권으로 번역·출판됐다. 이 책의 초판이 아니라 1949년에 출판된 개정판의 제2쇄를 번역한 것이다. 원저의 제목에는 'political theory'라는 표현이 들어갔으나 번역판에서는 해당되는 부분을 '정치이론'으로 번역하지 않고 '정치사상'으로 번역한 것이 주목된다.

이 책은 양으로만 따져도 방대하다. 물론 깊이에 있어서도 탁월하다. 서양의 유구한 정치사상의 역사를 이렇게 충실하면서도 균형이 잡힌 채 일목요연(一目瞭然)하게 해설한 책이 없다시피 했다는 배경에서 국내의 정치학도들에게 매우 귀중했다. 그러했던 만큼 이 책은 그 뒤 원전의 개정에 따른 새 역서의 출간에 영향을 받아 1982년에 7쇄로 절판될 때까지 국내 정치학도들의 필독서로 쇄(刷)를 거듭하게 된다.

역자는 이 책을 전·후로 나누어 번역·출판했다. 전편은 「제1부 도시국가의 이론」으로 시작해 「제2부 보편적인 공동체의 이론」으로 이어졌고 「제3부 민족국가의 이론」으로 끝을 맺었다. 후편은 제3부의 계속으로 토머스 홉스로부터 시작해 존 로크와 장 자크 루소 및 헤겔 그리고 마르크스를 거쳐 공산주의 및 파시즘과 나치즘으로 끝을 맺었다. 후편의 마지막 부분에 한정시켜 해설한다면, 원저자는 국가사회주의 곧 나치즘을 헤겔과 연결시켜서는 안 된다는 입장을 밝히면서 나치즘은 '철저한 비합리주의'와 '인종주의적 신비주의와 사이비과학'에서 출발했다고 강조했으며, 공산주의에 대한 반감을 분명하게 표시하고, 자유주의와 입헌주의에 대한 신념을 확실하게 드러냈다.

이 책을 민병태 교수가 직접 처음부터 끝까지 번역했을까? 감히 이렇게 물으면서, 저자는 이 책의 번역은 인산이 주도했다고 추정한다. 그 근거로 적어도 다음의 두 가지를 지적하고자 한다. 첫째, 우리가 제4장 제2절에서 검토한 「시카고 노트」 1과 「시카고 노트」 2에는 세바인의 원전 그 자체 그리고 세바인의 원전에 등장하는 수많은 정치사상가들 가운데 대부분이 논의되어 있다. 인산은 시카고에서의 유학시절에 세바인의 원전을 읽고 그들에 대해 공부하면서 이 책을 국역하기로 결심했을 것이다.

둘째, 국역의 문장흐름이 순조롭다는 사실이다. 민 교수가 번역한 라스키의 『정치학 강요』 그리고 역시 라스키의 『국가론』에 나타난 문장의 흐름은 이 책에서처럼 순조롭지가 않다. 확실히 이 국역에서의 문장흐름은 인산의 문장흐름과 일치한다.

그러나 여기서 덧붙일 것이 있다. 민병태 교수의 지도를 받고 훗날 교수가 된 정치학자들 가운데 몇몇 분들은 자신들의 이름이 밝혀지지 않는다는 조건 아래 다음과 같이 회상했다.

> "민병태 교수는 학생들의 외국어능력을 아주 중시했다. 대학원에 받아들일 때에도 외국어능력을 우선적으로 보았다. 이 분이 경우에

따라 자신의 판단으로 외국어능력이 믿을 만 하다고 생각되면 번역을 맡기기도 했다. 그러나 번역을 해가지고 오면 반드시 스스로 전부 읽어보고 고칠 곳은 고치게 한 뒤 자신의 이름으로 출판하게 했다."

「민정을 앞둔 대학의 발언: 선거에 대한 제언」

군사정부는 1963년 5월 11일에 민정이양에 관한 계획을 발표했었다. 이어 1963년 9월에 들어서면서 1963년 10월 15일에 제5대 대통령선거를 실시하고 1963년 11월 26일에 제6대 국회의원선거를 실시한다는 구체적 계획을 발표했다. 이 계제에 인산은 《대학신문》(1963년 9월 9일, 2쪽)에 위의 논설을 발표했다.

이 논설에서, 인산은 우선 "선거가 민정의 충족조건만은 아니다."라고 날카롭게 지적하고 진정한 민정의 실현을 위해서는 정당과 정치인 그리고 어느 누구보다 행정부가 '국리민복(國利民福)'을 위해 일을 해야 한다고 역설했다. 그는 이어 "각 정당이 내놓은 비례대표 후보자들이 국민의 대표로 손색이 없는가?"라고 물었다.

제3항 박정희 '민간정부' 첫 시기의 출판물들

위에서 설명된 과정을 거쳐, 1963년 12월 17일에 '민간인' 박정희를 대통령으로 하는 제3공화정이 출범했다. 이때로부터 약 4년의 시기에 발표한 논문들은 다음과 같다.

「과학주의에 대결하는 전통」 (1): 인산이 은사의 이름으로 썼을 것이다

이 논문은 민병태 교수의 이름으로 『신동아』(1965년 1월, 205–213쪽)에 발표됐다. 2백자 원고지 80매 정도의 본문에 32개의 참고문헌을 첨부한 장문의 이 논문은 비록 월간지에 발표됐다고 해도 수준이 높은 학술논문으로 인정되기에 충분하다. 당시는 학술지의 출판이 매우 부진했던 때였음을 상기하는 것이 좋겠다.

이 논문은, 다시 감히 말하건대, 인산이 은사의 이름으로 쓴 것으로 추정된다. 그 근거로 다음 두 가지를 지적할 수 있다. 첫째, 이 논문에 등장하는 사상가들 또는 학자들 가운데 상당히 많은 사람들은, 특히 제2차 세계대전 이후에 정치학 또는 정치철학을 이끌었던 사람들은, 평소에 민 교수가 다룬 일이 거의 없었다. 간단한 예로, 미국에서 행태주의 정치학을 이끌어나간 사람들에 속하는 칼 도이치(Karl Wolfgang Deutsch, 1912~1992), 하인즈 율로(Heinz Eulau, 1915~2004), 개브리얼 알몬드(Gabriel A. Almond, 1911~2002) 및 루시안 파이(Lucian W. Pye, 1921~2008) 등을 지적할 수 있다. 반면에 그들 전부는 인산이 평소에 다뤘다.

둘째, 어느 무엇보다도, 문장의 흐름이 민 교수의 것에 부합되지 않고 오히려 인산의 것에 일치한다는 사실이다. 민 교수의 글은 난삽해 정치학 전공자라도 읽기가 어려운데, 이 글은 어느 일정한 수준에서 사상사 또는 철학자 또는 정치학사의 교육을 받은 사람이라면, 누구나 큰 어려움 없이 읽을 수 있다.

「과학주의에 대결하는 전통」 (2): 내용

그러면 이 논문은 어떠한 내용을 담았나? 이 논문은 제2차 세계대전이 끝난 때로부터 1965년까지 20년에 걸쳐 세계정치학계에서 전개된 정치학연구의 흐름을 종합적으로 설명하고 평가한 것이다. 이 논문은 이 주제와 관련해 그 시기에 발표된 논문들 가운데 가장 뛰어나며 정밀한 학술논문이라고 감히 말하고자 한다. 우선 처음부터 논문이 다루고자 하는 대상을 명백히 설정하고 주지를 일관되게 유지했으며 그것을 뒷받침하는 문헌을 정확하면서도 자세하게 지적했다.

이러한 뜻에서, 이 논문이 발표된 시점으로부터 반세기가 지난 오늘날의 시점에서도, 제2차 세계대전 종전 이후의 정치학발달사와 관련해, 정치학과 학부의 고급학년 학생들이나 대학원의 석사과정 학생들에게 읽힐 가치가 충분하다고 말하고 싶다. 거기서 한 걸음 더 나아가 이 논문을 기둥으로 삼고 그 이후에 전개된 이론들을 학자들과 문헌들을 덧붙인 채 포함시킨 새 논문이 발표된다면, 정치학도들에게 하나의 훌륭한 필독서 지침이 될 것이다.

그러면 이제 이 논문을 살피기로 한다. 논문의 성격으로 말미암아, 참으로 많은 학자들과 사상가들이 등장했다. 고대희랍의 플라톤과 아리스토텔레스 그리고 근대의 칸트를 제외하고는, 대체로 1900년대 이후 그리고 특히 제2차 세계대전이 끝난 이후 유럽과 미국에서 활동한 약 60명의 학자들과 사상가들이 등장했다. 우선 유네스코가 1950년에 세계 각국에서의 정치학 현황을 설명한 저서 『현대의 정치학』—이 책은 인산이 강의나 저술에서 자주 인용한 책이나—을 소개하면서 이 책에 등장한 학자들에 대해 설명했다.

이어 (1) 미국의 아더 벤틀리, 데이비드 트루먼, 찰스 메리엄, 해럴드 라스웰, 로버트 레인, 칼 도이치, 하인즈 율로, 데이비드 이스턴, 월터 리프맨, (2) 영국의 어니스트 바커, 해럴드 라스키, 마이클 오크쇼트, (3) 프랑스의 베르트랑 드 주브넬, 레이몽 아롱, 모리스 뒤베르제, 장 폴

사르트르, (4) 독일의 에릭 푀겔린(Eric Voegelin, 1901~1985), (5) 오스트리아 출신의 영국시민권자 칼 포퍼, (6) 스웨덴의 군나르 헥셔(Gunnar Heckscher, 1909~1987) 및 군나르 뮈르달(Gunnar Myrdal, 1898~1987) 등이 등장했다. 정치학 연구에 있어서 사회학의 중요성을 강조한 정치다원론자답게, '대중사회론'의 정립에 일정하게 기여한 캘리포니아대학교 버클리 캠퍼스 사회학과 교수 윌리엄 콘하우저(William Kornhauser, 1925~2004)도 거명했다.

제2차 세계대전이 끝난 이후 정치학계에는 아시아나 아프리카 등지에서 출현한 신생국가들에 대한 연구가 '비교정치' 또는 '개발도상국가들의 정치'라는 이름 아래 활발해졌다. 이 방면을 개척한 미국의 세이무어 마틴 립세트, 개브리얼 알몬드, 시드니 버바, 제임스 콜먼, 데이비드 앱터, 루시안 파이, 로버트 워드(Robert E. Ward), 로이 매크리디스(Roy Macridis), 허버트 화이너 등이 등장했으며, 개발도상국가들에서 등장한 '신(新)대통령제'와 관련해 칼 뢰벤슈타인이 등장했다.

제2차 세계대전이 끝난 이후 전쟁과 평화 그리고 국제정치에 대한 연구가 활발해졌음이 지적되는 가운데, 한스 모겐소(Hans Joachim Morgenthau, 1904~1980)와 모튼 캐플런(Morton A. Kaplan, 1921~2017) 및 리처드 스나이더(Richard C. Snyder, 1916~1997) 등이 등장했고, 행정학의 발전이 지적되는 가운데 허버트 사이몬(Herbert Alexander Simon, 1916~2001)과 드와이트 왈도(Dwight Waldo, 1913~2000) 및 마셜 디목(Marshall E. Dimock, 1903~1991), 그리고 프레드 리그스(Fred W. Riggs, 1917~2008) 등이 거명됐다. 행정학자들 가운데 생태론적 접근방법을 개척한 존 고스(John Merriman Gaus, 1894~1969)도 거명됐다.

이 논문은 이처럼 주로 제2차 세계대전이 끝난 이후 서방세계에서 발전한 정치학의 큰 흐름들을 살피면서, '철학적인 고전방법(古典方法)'을 옹호했다. 이와 관련해 이 논문은 우선 아놀드 브레히트(Arnold Brecht) 교수가 1959년에 프린스턴대학교 출판부를 통해 출판한 『정치이론(*Political Theory*)』을 중심으로 설명했다. 브레히트는 정치에 대한 분석에서 철학적 판단을 배제할 수 없음을 역설했는데, 이 논문 역시 그 점을 강조한 것이다. 이 논문은 동시에 어니스트 바커 및 레오 스트라우스가 "각각 과거의 '위대한 가치관의 전통'에 호소하고 있다."고 상기시키고, 동시에 『인간과 국가』의 저자인 프랑스의 자크 마리탱(Jacques Maritain, 1882~1973)을 비롯한 정치철학자들은 "모두가 과학적 이론을 비판하는 철학적 방법에서 가치문제를 다루고 있다."고 썼다. 이 점을 이 논문은 다음과 같이 부연했다.

> 이렇게 볼 때, "정치철학은 이미 사거(死去)했다."라기 보다는 철학의 재조정에서 또는 '철학에 있어서의 혁명'을 통해서 민주주의를 다시 정의하고 있는 것이며, 이 과제는 정의·정당(正當)·재산·책임·자유 및 권리의 정당성과 관련되는 지언법으로 환원하게 된다. "과학에 의하여 양당제도가 옳다."고 실증될 수 없는 이상 적어도 정치학에 있어서의 고전적 방법은 그대로 유효한 것이며, 이것은 결국 새로운 사회적 기반에다 인간성을 재건할 임무가 부대됨을 말한다.[127]

이러한 인식에서, 이 논문은 "사회적 존재로서 또는 역사적 구조적 인

127 민병태, 「과학주의에 대결하는 전통」, 『신동아』(1965년 1월), 209쪽.

간으로서 이성을 재건하려는 사르트르의 '실천적 총체의 이론'을 [비롯한 여러 철학자들의 노력은] 모두가 사상사의 기초이론을 현대화한 것으로 볼 수 있다."고 해설했다.

「새로운 정치학에 대한 고찰」

앞의 논문을 발표한 때로부터 4개월 뒤에 인산은 정치이론에 관한 논문을 출판했다. 우선 1965년 5월에 일조각(一潮閣)에서 출판된 『현대의 정치학』에 포함된 인산의 글들을 검토해 보자.

『현대의 정치학』은 민병태 교수가 한국정치학회장으로, 인산이 한국정치학회 연구담당상임이사로 활동하던 때 한국정치학회 연구위원회가 계획하고 편집했다. 제1부가 「정치이론」이고, 제2부가 「정치체계와 그 주요개념」이며, 제3부가 「행정 분야」, 제4부가 「비교정치」, 제5부가 「국제관계론」이다. 이 구성에서 보듯, 국내에 미국정치학의 주류인 행태주의적 정치학이 도입된 때로부터 약 10년이 지난 시점에서 한국정치학계에서도 정치학을 어떻게 분과화(分科化)해야 하며, 각 분과 사이의 관계를 어떻게 설정해야 하고 각 분과의 내용을 어떻게 구성해야 할 것인가를 여러 학자들이 점검해서 그 결과를 갖고 한 권의 책으로 묶은 것이다.

인산은 제1부 「정치이론」에서 「서언」과 제3장 「새로운 정치학에 대한 고찰」을 썼다. 「서언」에서 인산은 우선 정치학을 포함한 사회과학 전반에서 프랑스의 콩트 이후 '과학'이라는 단어가 수용되고 확산된 과정을 살폈다. 이어 특히 정치학에서 '정치과학'의 정립을 위해 노력한 정치학자들의 시도들과 이론들을 살폈다. 그러한 바탕 위에서, 인산은 결국 스트라우스로 돌아갔다. 스트라우스의 이론에도 문제점들이 있기는 하다고 인정하면서도, 인산은 스트라우스의 이론에 입각해 "새로운 정치학이 자

처하는 과학성의 근거는 매우 박약하다."는 결론을 내린 것이다.[128]

제3장「새로운 정치학에 대한 고찰」은 스트라우스가 스토링(Herbert J. Storing, 1928~1977)이 편집한『정치에 대한 과학적 연구에 관한 논문들(*Essays on the Scientific Study of Politics*)』(New York: Holt, Rinehart and Winstion, 1962)에 기고한 발문("Epilogue")을 번역한 것이다. 스토링은 시카고대학교에서 스트라우스의 지도 아래 미국 '건국의 아버지들'이 지녔던 정치사상과 정치이론을 연구해 박사학위를 받았으며, 시카고대학교 교수로 봉직했다.

이 글에서 스트라우스는 현대의 '과학적 정치학'이 투표행태, 집단이론, 과학적 행정학, 선전 등의 연구를 통해 정치를 이해하려고 하는 것은 잘못된 것이라고 비판했다. 구체적으로 사이몬과 벤틀리 등 그때 과학주의적 정치 연구에서 대가로 알려진 정치학자들의 논문 네 편을 아리스토텔레스의 정치분석론에 비춰 평가한 뒤, 물리학에서도 보편타당한 하나의 물리학이 있을 수 없을 터에 정치학에서 어떻게 보편타당한 정치학이 있을 수 있겠냐고 반문했다.[129]

인산은 자신이 유지해온 논지를 1966년 6월 4일부터 6일까지 서울대학교 문리대에서 열린 한국정치학회 연구발표회에서 발표한「정치이론의 발전」에서 되풀이했다. 그러나 그 모임에서 발표된 다른 회원들의 논문들은 모두 출판된 데 반해 인산의 논문은 출판되지 않았음에 비춰 구두

128 김영국,「제1부 정치이론」가운데「서언」, 한국정치학회연구위원회 편,『현대의 정치학』(일조각, 1965), 3-7쪽.

129 김영국,「제1부 정치이론」가운데「제3장 새로운 정치학에 대한 고찰」, 한국정치학회연구위원회 편,『현대의 정치학』(일조각, 1965), 52-76쪽.

로만 발표했던 것 같다.[130]

「신화는 없는가: 신식민주의에 대한 민족주의의 신화모색, 민족주의의 재평가」

인산은 이 논문을 『정경연구』(1966년 5월, 65-72쪽)에 발표했다. 이 논문은 굳이 분류한다면 국제정치 또는 국제관계에 속하는 논문이다. 인산이 정치사상 또는 정치철학을 전공했지만, 국제정치 또는 국제관계에 대해서도 지식과 이해가 매우 깊었으며 국제관계의 미래를 내다보는 통찰력이 컸음을 보여준다.

월간지에 게재된 논문으로서는 제법 긴 이 논문에서, 인산은 우선 20세기 현대세계의 기본적인 성격을 구명했다. 인산에 따르면, 서구의 우월적 지위가 쇠퇴하고 그 지위를 미국과 소련이 차지한 현실과 '식민지의 종언' 및 원자력시대의 도래 등이 그 특징들로 나타났다. 그 특징들 가운데 인산은 아시아와 아프리카에서, 특히 아프리카에서, 지난날 서방세계의 식민지였던 나라들이 거의 모두 독립을 획득하면서 민족주의를 지향하는 현상에 주목했다.

인산에 따르면, 이 현상을 바라보는 미국과 소련의 시각에는 차이가 있다. 소련에 따르면, 구시대적 식민주의는 사라졌지만 새로운 형태의 식민주의, 곧 서방세계가 다른 형태로 아시아와 아프리카를 착취하는 '신식민주의'가 등장했다. 반면에, 미국에 따르면, 소련은 이미 동유럽을 사실상 자신의 세력권 안에 포함시켜 '착취'하고 있는데 이제는 아시아와 아프리카를 자신의 영향권이나 지배권에 포함시키기 위해 '신식민주의'를

130 『한국정치학회보』 제2집(1967), 230쪽.

펼치고 있는 것이 현실이다. 인산은 양자의 논리를 자세히 소개했다.

인산은 아시아와 아프리카의 나라들 가운데 '신식민주의'를 배척하면서 자신의 국가위신과 국가이익에 맞게 '민족주의노선'을 걷고 있음을 상기시켰다. 이집트 나세르의 민족주의, 인도네시아 수카르노의 민족주의, 서방세계의 식민지였으나 독립을 획득한 이후 서방권과 긴밀한 유대를 유지하려는 온건세력 몬로비아그룹의 민족주의, 반식민주의적 급진세력의 카사블랑카그룹 및 브라자빌그룹 등의 민족주의를 비교했다. 새삼스러운 설명이 필요 없지만 덧붙인다면, 몬로비아는 라이베리아의 수도이며 카사블랑카는 모로코의 제2도시이고, 브라자빌은 오늘날 브라자빌콩고의 수도다.

이 논문에서, 인산은 미·소의 양극체제에 중공이 도전할 것이며 언젠가는 세계정세가 미·중 사이의 대결을 기본 축으로 삼게 될 것으로 내다보았다. 이러한 진단을 내림에 있어서, 인산은 영국의 세계적 석학 어널드 토인비(Arnold Joseph Toynbee, 1889~1975)의 예견을 원용하기도 했다.

「특집 정치와 인간: 정치인, 정당, 정치권력」

인산은 이 논문을 『정경연구』(1966년 7월, 148-154쪽)에 발표했다. 이 논문에서, 인산은 우선 아리스토텔레스의 『니코마코스 윤리학』으로부터 이 글을 시작했다. 아리스토텔레스는 인간의 모든 활동들 가운데 정치활동을 가장 귀중히 여겼고 그래서 이 귀중한 인간의 활동이 행여나 잘못 이루어지지나 않나 하는 걱정에서 이 책을 통해 정치의 본질을 밝혔음을 상기시킨 인산은, 아리스토텔레스가 걱정했듯, 오늘날 많은 나라들에서의, 특히 제2차 세계대전 이후 발족한 신생국들에서의 정치는 전제정치 또는 독재정치로 타락했다고 개탄했다. 비록 전제정치 또는 독재정치로 타락하지 않았다고 해도 정치세계가 부패와 패거리싸움 등으로 얼룩지다보니 국민들은 정치를 '더러운 것, 모순된 것, 비생산적인 것, 또 단순한 타협, 추잡스러운 음모'로 보는 경향이 커졌다고 개탄했다.

그러면 신생국들에서의 정치를 어떻게 본래의 영역으로 올려놓을 수 있겠는가? 이 물음에 대한 답을 앞의 논문에서 그리고 특히 뒤의 논문에서 찾고자 했다. 앞의 논문에서, 인산은 정치의 세계가 아무리 추잡하다고 해도 "이 세상에서 정치가 없어질 수는 없다. 인류는 유구한 옛날부터 아마도 영겁에 이르기까지 이 세상에 발을 붙이고 사는 한에 있어서 숙명적으로 정치생활을 하게 마련이다."라고 전제한 다음에, "정치를 비방하는 나머지 정치에 무관심하거나 정치를 부정한 것으로만 돌리게 될 경우 이로 인한 피해는 적지 않을 것이다. 왜냐하면 자기가 싫어하고 미워하는 정치는 일방으로 작용해와서 정치를 면하려고 발버둥 치면 칠수록 정치적 영향을 더욱 더 받게 되기 때문이다."라고 보았다. 여기서 인산은 중요한 논점을 제시했다.

> "정치는 보수주의니 자유주의니 민주주의니 사회주의니 민족주의니 하는 정치적 이념이나 사상과 관계가 있기는 하지만 그중의 어느 하나도 아니며 또한 그러한 이론의 시녀도 아니다. 정치는 어디까지나 고립적인 존재이며 그 자체로서 평가되어야 할 것이다."

인산의 이 논점에 대해, 이정복 교수는 다음과 같이 논평했다.

> "인산 선생의 주장은 한 마디로 하면 정치는 정치 자체의 독자성이 있다는 것이다. 민주정치든 독재정치든 간에 공통되는 정치 자체의

독자성이 있다는 것이다."[131]

인산은 민주적 경험이 부족하고 사회경제적 난제가 산적해있는 한국과 같은 신생국에서는 민주적인 엘리트, 민주적인 엘리트로 구성되는 정당, 그리고 민주적 지도자에 의한 합리적인 정치권력의 운영이 필요하며, 이러한 이례는 정치인의 자각뿐만 아니라 국민의 자각과 역량배양이 요청된다고 결론을 내렸다.

「이념분규 하(下)의 민족의식」

《대학신문》이 마련한 「한국민족론」 시리즈의 다섯 번째 글로 인산은 1966년 10월 3일자 1쪽에 이 글을 발표했다. 여기서 그는 한민족의 '민족의식'이 일제강점기에 억압됐으며 해방과 더불어 되살아날 수 있었으나 분단과 외국군점령으로 제대로 되살아나지 못했음을 상기시킨 뒤, 1960년대에 들어서서 '민족주의'가 제3세계를 중심으로 새로운 조류로 등장했음을 긍정적으로 평가했다.

인산은 이어 우리나라에서도 그러한 흐름이 나타났음을 지적한 뒤 그러나 그것이 '자유민주주의'와 결합돼야 한다는 취지로 논지를 폈다. 특히 '민족의식'의 고양과 확산을 위해서는 그러한 주제에 관해 문제의식을 지닌 정치인들의 '영도력'에 기대한다는 뜻을 덧붙였다.

131 이정복, 「인산 김영국 선생의 연구업적 내용」, 인산김영국선생10주기기념학술대회추진위원회 편, 『인산 김영국 선생의 정치학』(고양: 인간사랑, 2010), 121쪽.

「신생국정당의 병리분석, 과도사회에 있어서의 정당의 고민: 한국정당정치의 좌표」

인산은 이 논문을 『정경연구』(1967년 2월, 97-103쪽)에 발표했다. 1967년은 대한민국 헌정사에 있어서 또 하나의 분기점이 될 수 있는 해였다. 5·16군사정부가 1963년의 대통령선거와 국회의원선거를 거쳐 적어도 외형상으로는 민간정부로 다시 출발한 때로부터 처음으로 국민의 심판을 받게 됐기 때문이다. 1963년의 선거에서 패배했던 야당으로서도 정권에 다시 도전할 수 있는 기회를 맞이한 것이다. 이러한 계제에 국민과 언론은 한국정치에서 정당은 과연 어떠한 존재이어야 하며 어떠한 역할을 수행해야 하는가의 문제를 놓고 생각하지 않을 수 없었다.

인산은 이 문제에 대한 대답을 한국의 상황에 국한하지 않고 '과도사회' 전반에 대한 분석으로부터 시도했다. 그는 우선 한국을 비롯한 '과도사회'는 정당정치를 제대로 운영할 수 있는 여건을 충분히 갖추지 못했다고 시인했다. 농업적 경제구조, 낮은 국민소득, 아직도 부족한 지리적·사회적 유동성, 충분한 수준에서의 분화가 미흡한 산업화 등을 그 요인들로 꼽았다. 이러한 여건 속에서 국민대중은 통치구조에서 소외되고 '도시중심정치'가 성행하기 쉽다는 점도 아울러 지적했다. 그러나 국민통합을 위해서는 정당의 역할이 가장 중요한 만큼 정당정치의 활성화를 위한 노력은 계속돼야 한다고 인산은 주장했다.

정당정치의 활성화라는 과제와 관련해, 인산은 무엇보다 '민주적으로 무장된 지도자에 의한 합리적인 정치권력의 운영'이 절실하게 요청된다고 보았다. 이어 국민들이 비상한 정치적 관심을 갖고 정치참여에 적극적이어야 한다고 역설했다. 마지막으로, 관료제가 많은 영향력을 행사하는 '관료정치'의 위험성이 커지지 않도록 정당이 관료제를 견제해야 하고, 그렇다고 해서 정당이 관료제를 대신함으로써 관료제가 '정치화' 하지 않도록 조심해야 한다고 부연했다. 그렇게 되기 위해서는 정당구성원의 질이 향상되도록 노력해야 한다고 덧붙였다.

「사회정화운동의 문제점」

1967년 5월 3일에 실시된 제6대 대통령선거에서 여당인 민주공화당의 박정희 후보는 제1야당 신민당의 윤보선 후보를 누르고 대통령에 재선됐다. 이어 1967년 6월 8일에 실시된 제7대 국회의원 총선에서 여당은 대다수의 선거구에서 여러 형태의 불법과 부정을 저질렀다. 그 원인은 개헌선 확보라는 박 대통령과 그 측근세력의 욕심에 있었다. 쉽게 말해, 7대 국회에서 민주공화당이 의석의 3분의 2를 확보하면 대통령의 중임을 2회에 한정시키고 있는 헌법조항을 개정해 3선을 허용하도록 만들 수 있다는 발상에서 집권세력은 유권자를 상대로 막대한 금전을 뿌리면서 부정·부패를 조장하는 등, 혼탁한 선거를 치르게 했던 것이다. 그리하여 총선결과는 민주공화당이 전체 의석의 77.9%에 해당되는 129석을 얻는 것으로 집계됐다.

그렇지만 부정부패와 타락으로 얼룩진 6·8선거의 진상을 체험한 많은 국민들은 선거결과에 승복하지 않았으며, 제1야당 신민당은 등원을 거부했고 대학생들은 부정선거규탄데모를 거듭했다. 당황한 정부는 공무원기강확립운동을 개시하고 민주공화당은 사회정화운동을 벌여 '부패'를 뿌리 뽑겠다고 다짐했다. 이 계제에 인산은 위의 논설들을 《대학신문》(1967년 9월 4일, 1쪽)에 발표한 것이다.

앞의 논설에서, 인산은 우선 "이 선거에서 나타난 '부정·부패'는 우리 사회의 구조적 여건에서 파생한 것인 만큼 근절시킨다는 것은 결코 쉬운 일이 아니다."라고 전제하면서도, 부정·부패를 근절시키자는 사회적 분위기가 "과거 어느 때보다도 성숙되어 있는 만큼 이번 기회에 부정·부패를 근절시키지 못한다면 앞으로는 또다시 기회를 얻을 수 없을 것이다."라고 경고했다.

인산은 부정·부패의 원인들로, '경제적 빈곤', '정치적 불안정', '행정능력의 결여' 그리고 '국민적 통일체성(統一體性)을 저해하는 혈연·지연의 강인성(强靭性)', '실현성 있는 윤리규범의 미정립(未定立)' 등을 꼽았다. 인산은 이러한 '과도사회에서의 전통적 요인들'을 제거하기란 어렵다고 보면서도, '지배적인 엘리트'가 문제의 심각성을 깨닫고 사회정화운동에 앞장을 서야 한다고 역설했다.

「합리적 의회 운영론: 타협과 관용, 균형과 견제의 조화를 위한 현실적 방안」 및 「국회기능의 정상화」

인산은 앞의 논문을 『정경연구』(1967년 9월, 175–181쪽)에 발표했고, 뒤의 논문을 《대학신문》(1967년 11월 6일, 1쪽)에 발표했다. 앞에서 보았듯, 6·8부정선거에 항의하는 야당은 국회등원 자체를 거부하면서 6·8부정선거 규탄대회를 계속적으로 벌였다. 위의 논문들은 이러한 상황 속에서 국회를 어떻게 정상화시킬 수 있겠는가의 문제를 다룬 것이다.

앞의 논문에서 인산은 정치를 연구하는 방법으로 제도의 운영에 관심을 기울어야 한다고 강조하고, 구체적으로 의회제도의 운영방법에 대해 논의했다. 풀어 말해, "제도와 제도의 합리적 운영의 문제는 같은 비중으로 다루어져야 한다."는 것으로, 인산은 "대중민주정치 시대에 들어서면서부터 민주정치는 제도적인 문제에 대한 최종적인 해결을 보았고, 이제 운영의 문제와 대결하게 되었으며 […] 민주정치의 운영문제는 날이 갈수록 더욱 더 큰 비중을 차지하게 되었다."고 주장했다.

이 논문에서, 인산은 정치학도로서 반드시 다시 생각해보아야 할 몇 개의 논점들을 제시했다. 첫째, "국회의원은 자기 선거구의 대표가 아니라 국민 전체의 대표이다."라는 에드먼드 버크의 고전적 명제가 오늘날의 의회정치에서는 통용되기 어렵다는 논점이다. 둘째, 의회에 최고성을 부연한 로크의 주장이나 삼권분립을 역설한 몽테스키외의 주장은 현대에 이르러서는 적합하지 않다는 논점이다.

여야는 결국 약 5개월에 걸쳐 '국회정상화'를 위한 협상을 벌였다. 그 결과 야당은 11월 29일에 등원했다. 이 무렵에 발표한 뒤의 논설에서, 인산은 '권위주의적 정치문화의 청산'을 제의했다. 국민의 대표자들인 의원들이 지도부의 명령과 지시에만 따를 것이 아니라 국민의 목소리를 대변해야 '국회기능의 정상화'를 기대할 수 있다고 본 것이다.

제4항 인산에게 심리적으로 부담을 준 '김영국 천재'론

이상에서 살펴보았듯, 인산의 강의와 출판은 1967년까지도 정치사상과 정치제도 및 정치이론을 중심으로 하는 전통적방법론에 서서 매우 활발했음을 알게 된다. 필자의 학부시절에 퍼져 있던 '김영국 전설'의 하나는 "김 교수는 천재여서 시카고대학에서도 더 배울 것이 없어 1년 만에 귀국했다."는 것이었다. 이 '전설'은 물론 지나치게 과장된 것이었다. 무엇보다 사실에 어긋났다. 그가 미국 국무부로부터 받은 '비지팅 스칼라십'은 시카고대학교에서의 1년에 한정된 것이었다. 인산 스스로 자신이 '천재'인 것처럼 언행한 일이 없었으며 늘 겸허했다. 그런데 실제로 인산의 연구와 저술이 이처럼 활발하게 나타나자 "한국의 정치학은 장차 천재 김영국에 의해 한 차원 높게 발전할 것이다."라는 기대가 확산됐음이 사실이었다.

이러한 '김영국 천재'론 그리고 그것에도 일정하게 근거한 과도한 기대는 인산에게 심리적으로 부담을 주었다. 돌이켜 생각해보면, 다른 분야들에서도 그러하지만 특히 정치사상 또는 정치철학 분야에서는 뛰어난 연구가 나오기 쉽지 않다. 세계의 워낙 많은 학자들이, 특히 정치사상과 정치철학에 대한 연구의 뿌리가 아주 깊은 유럽과 미국의 학자들이, 어떤 특정한 주제에 오랜 기간에 걸쳐 매달려 연구하기 때문에 새로운 연구가 나온다는 것은 결코 쉬운 일이 아니다. 예를 들어, 플라톤이나 아리스토텔레스에 대해 그리고 키케로에 대해 누가 쉽게 용훼할 수 있겠는가? 로크에 대해, 마키아벨리에 대해, 홉스에 대해, 루소에 대해, 칸트에 대해, 헤겔에 대해, 마르크스에 대해, 그리고 막스 베버에 대해, 누가 쉽게 한 마디라도 새로운 말을 덧붙일 수 있겠는가?

형편이 이러한데도, 인산의 어떤 선배들은 그들이 누구인지 알고 있지만 여기서는 밝히지 않겠다— "천재라는 사람이 그 이름에 걸맞게 내놓는 것이 별로 없어."라고 냉소적인 발언으로 핀잔을 주곤 했다. 심지어 인산에 대해 "그는 단거리 선수일 뿐 마라톤 선수는 아니다. 청소년 때는 천재였는지 몰라도 장년에 들어와서는 범인(凡人)이었음이 드러났다."라고 혹평하곤 했다.

이러한 빈정거림은 인산에게 심리적으로 부담을 주었다. 인산은 자신이 어린 시절부터 '천재'라는 칭찬을 받게 된 것에 대해조차 후회하는 것처럼 느껴지는 말을 하면서, 일찍부터 '천재' 또는 '대가(大家)'로 회자되는 것을 경계하는 것이 바람직하다고 말하곤 했다. 그 한 예가, 저자가

1973년 9월에 문리대 전임강사로 발령을 받았을 때 인산이 주신 말씀이다.

"우리나라에서는 학자들이 실질과는 달리 너무 빨리 대가로 인식되는 흠이 있네. 그 보기가 한국경제학계의 큰 학자이던 아무개이네. 그 사람이 이렇다 할 저술도 없는데 일찍부터 '한국의 케인즈'로 선전되어 장관에 총장에 요직을 두루 거쳤지. 그런데 '한국의 케인즈'란 사람이 오늘날까지도 이렇다 할 저술이 없네. 그 원인은 너무 일찍 대가로 알려진 바람에 그것이 부담이 되어 뭘 쓸 수가 없었던 데 있네. 뭘 써보아야 그건 도저히 명성에 걸맞은 작품이 될 수 없으니 겁이 나서 못 쓰게 됐던 것이지. 그래서 그분 제자들이 방학 때 합숙하며 그분 이름으로 책을 썼지만 그 명성에 따라가는 수준이 아니라 하여 결국 출판을 그만 두었다네. 자네는 전임강사로 발령을 받았으니 이때 많이 써서 매를 미리 맞게. 그러면 그 뒤엔 뭣을 써도 '발전하고 있다'는 평을 듣게 될 걸세."

이처럼 심리적으로 부담을 느끼고 있는 상태에서, 우리가 다음 장에서 보게 되듯, 중앙정보부로부터 압력을 받고 심지어 악명 높은 남산의 대공수사실에서 구타까지 당하게 되자 연구에 대한 의욕을 일시적으로 잃게 된다.

제6장

일시적 침잠기를 거쳐 레오 스트라우스를 주제로 박사학위논문을 완결하고 그 연장선 위에서 마키아벨리의 『군주론』을 번역하다

제1절 중앙정보부에서 구타당하다

제1항 괴로웠던 학생과장직 수행

왕성한 학문활동 속에서 큰 기대를 받던 인산에게, 그리고 더욱 깊은 연구를 계속해야 할 시점에서, 시대적 상황이 빚어낸 시련이 찾아왔다. 1964년의 새 학년도가 시작되면서, 당시 권중휘(權重輝) 총장·이인기(李寅基) 문리대 학장 지도부 아래 문리대 학생과장 — 뒷날 학생담당 학장보, 또 학생담당 부학장으로 불리게 된다 — 에 임명된 것이다. 만 34세 때의 일이다. 서울대 학생운동의 원천이자 중심이 정치학과이니 정치학과 교수가 학생과장을 맡아 해결해야 한다는 대학당국의 일방적 결정 때문에 억지춘향으로 맡게 됐다.

실제로 대학은 소용돌이치기 시작했다. 3월 24일에 문리대와 법대가 주동이 되어 "굴욕적인 대일외교 중단하라."는 구호 아래 전개한 한일회담반대운동은 차차 서울대학교의 모든 단과대학들로 그리고 국내의 거의 모든 다른 대학교들로 확대되는 가운데 '박정권 타도운동'으로까지 그 성격이 바뀌었고, 반정부운동이 야당과 반정부적인 지식인들의 호응을 받으면서 전국적으로 확산되자 정부는 6월 3일에 마침내 비상계엄령을 선포하기에 이르렀다. 서울대학교를 비롯한 전국의 주요 대학교들에는 군대가 주둔했다.

곧이어 김중태(金重泰)·현승일(玄勝一)·김도현(金道鉉)·김문원(金文元)·김정남(金正男)·성유보(成裕普)·송철원(宋哲元) 군 등을 비롯한 정치학과 학생들을 필두로 일부 문리대생들이 「집회와 시위에 관한 법률」 위반 또는 「계엄포고령」 위반 등으로 구속되자 학교사정은 더욱 어려워졌다. 특히 정치학과 김정강(金正剛) 군 등이 조직했다는 「불꽃회」 사건에, 또 다른 정치학과 학생들이 가담했다는 「인민혁명당」 사건까지 겹쳐지면서, 중앙정보부는 물론 청와대까지 정치학과의 이념적 성향마저 문제로 삼자 심각성은 더욱 깊어졌다. 2학기에 들어가면서 계엄령은 해제됐지만 정학 또는 퇴학 등의 조처가 뒤따르면서 후유증은 매우 컸다.

그 소용돌이 속에서 학생과장의 직책을 수행해야 했던 인산의 마음은 찢어지는 것 같았다. 그는 기본적으로 마음이 고왔을 뿐만 아니라 학생들의 한일회담반대운동에 공감하고 있었다. "일본제국주의가 우리에게 얼마나 많은 피해를 주었는데, 사과다운 사과를 듣지못하고 회담을 서두르는 이유가 뭐야?"—이렇게 말하곤 했다. 대학이 결코 권력이 눌려서는 안 된다는 신조를 지닌 '진정한 대학인'으로서 정부의 조처들에 분노하던 터에, 아래로는 동대문경찰서로부터 위로는 중앙정보부에 이르기까지 여러 공안기관들에 시달리다 보니 자존심이 이만저만 상하는 것이 아니었다.

깊은 고뇌와 자괴가 계속됐다. 한 해 뒤 학생과장직을 그만둔 뒤에도 상황은 비슷했다. 왜냐하면 민병태 교수가 1966년 11월에 문리대 학장으로 기용되어 1970년 3월까지 그 자리에 있었는데, 이 시기 역시 1967년의 '6·8 부정선거 규탄운동'과 1969년의 '3선개헌 반대투쟁' 등으로 대표되는 반정부학생운동의 계속으로 서울대학교가 정치적 소용돌이의 중심에 섰던 까닭에 인산은 숙명적으로 민 학장의 '공식직함 없는 학생과장'으로 일할 수밖에 없었던 것이다. 거듭 말하자면 지식인으로서의, 그리고 제자의 앞날에 무관심할 수 없는 스승으로서의 고뇌와 자책으로 말미암아 책에 손을 대기 어려웠던 시절이었다.

제2항 민족주의비교연구회사건과 인산

그뿐만 아니었다. 1967~1968년에는 서울대학교 민족주의연구회(약칭 민비연) 사건에 참고인으로 소환되어 고초마저 겪었다. 그 과정은 이러했다. 원래 이 연구회는 문리대 정치학과 학생들과 사회학과 학생들이 중심이 되어 1963년 가을에 창립됐는데, 발기인들은 처음엔 인산을 지도교수로 모시고자 했으나 인산이 사양함에 그 다음으로 사회학과 부교수이던 황싱모(黃性模) 박사를 모셨다. 그때도 지도교수의 취임승락서가 첨부돼야 학교로부터 등록이 허가됐다.

그때로부터 4년이 지나서였다. 중앙정보부장 김형욱(金炯旭, 1925~1979)은 1967년 6~7월에 '동베를린을 거점으로 한 북괴대남적화공작단' 사건이라는 큰 제목 아래 일곱 차례에 걸쳐 발표하는 가운데 제2차 발표에서 민비연이 이 공작단의 일환으로 발족됐다고 주장했다. 김형욱의 발표에 따르면, 서독 뮌스터대학교에서 사회학박사를 받은 황성모가 서독

유학시절에 동베를린을 방문해 그 곳에 상주하는 '북괴대사관'으로부터 공산주의교양을 받았으며, 김일성노선에 따라 남조선에서 인민해방투쟁을 전개하기로 결심하고 귀국해 서울대학교 교수가 되자 북괴의 지령을 실천하기 위해 서울대학교 학생들을 포섭해 그들과 함께 남조선혁명을 이끌어갈 핵심조직으로 민비연을 창립했다는 것이다. 따라서 민비연은 국가보안법과 반공법에서 말하는 반국가단체이고, 황 교수와 민비연 발기인들은 모두 반국가단체를 조직한 '수괴'에 해당된다는 것이다. 그리고 3·24데모 이후 서울대학교에서 일어난 일련의 학생시위들은 모두 이 반국가단체로서의 민비연이 김일성의 남조선해방전략에 따라 일으킨, 말하자면 적화시도의 일환이었다는 것이다. 참으로 어마어마한 혐의였다.

물론 그 혐의는 전적으로 조작된 것이었다. 중앙정보부는 1967년 6월 8일에 실시된 제7대 국회의원선거 때 정부와 여당에 의해 저질러진 부정에 대한 야당과 학생 및 지식인의 반대와 저항이 확산되자 그것을 막기 위한 방법을 찾기에 고심했다. 마침 동베를린사건의 단서를 포착했음을 기화로 민비연 지도교수인 황성모 교수가 서독유학생이었음에 착안해 황 교수를 우선 동베를린에 주재하는 북한대사관에 포섭된 '간첩'으로 몰아붙인 뒤 민비연을 '간첩'이 주도해 만든 반국가단체로까지 몰아가고자 했다. 그렇게 함으로써 "학원시위의 배후에는 북괴가 있다."는 인상을 국민에게 주고, 또 그렇게 함으로써 학생시위를 위축시킬 수 있다고 계산했을 것이다. 황 교수는 동베를린에 가본 일조차 없음이 뒷날 법원에서 입증된다. 훗날 미국으로 망명한 김형욱은 자신의 회고록에서 민비연사건이 모두 조작된 것이었음을 시인하고 관련됐던 사람들 모두에게 용서를 구한다.[132]

제3항 재판정에서 용기있게 증언하다

그렇지만 관련자들이 겪은 고통은 이만저만이 아니었다. 이 엄청난 조작 앞에서 '반국가단체 조직의 수괴들'로 몰려 구속된 민비연 간부들은 혐의를 부인하면서 그 혐의에 대한 반증으로 인산을 거명했다. 황 교수가 주도적으로 조직한 것이 아니라 학생들이 주도적으로 조직했으며, 황 교수는 인산이 사양하기에 할 수 없이 지도교수직을 수락했을 뿐이라고 사실 그대로 진술한 것이다. 따라서 이 사건의 성격규정에서 인산의 진술이 매우 중요해졌다. 인산은 물론 참고인으로 소환된 상태에서 사실 그대로 진술했다. 여기서 황 교수와 민비연 간부들에 대한 중앙정보부의 고문이 시작됐다.

처음에 인산을 지도교수로 모시려 했다는 진술은 '위장진술'임을 '자백'하라는 것이었다. 처음부터 황 교수가 주도적으로 조직한 사실을 은폐하기 위해 있지도 않았던 '김영국 교수 추대설'과 '김영국 교수 사양설'을 만들어냈다는 것이었다. 이 과정에서 참고인으로 조사를 받던 인산 역시 곤욕을 치러야 했다. 그래도 인산은 구속된 학생들의 요청을 받아들여 서울지방법원에서 진행된 재판에 증인으로 나와 사실 그대로 증언했다. 그뿐 아니라 민비연이 결코 북괴의 대남공작의 일환으로 발족한 것이 아니라 순수한 학술단체로 발족한 것이라는 자신의 견해를 덧붙였다. 이에 앞서 중앙정보부는 인산에게 증인으로 출석하지 말라고 강한 압력을 가했다. 그러나 그는 진실을 말해야 한다는 신념에서, 그리고 동료교수인

132 김형욱 구술/박사월(朴思越: 본명 김경재[金景梓]) 집필, 『혁명과 우상: 김형욱 회고록』 전3권(전예원, 1991), 제2권(『한국중앙정보부』), 194-200쪽.

황성모 박사와 자신의 제자들을 보호해야 한다는 신념에서, 중앙정보부의 압력을 뿌리치고 용기를 발휘해 출석했던 것이다.

1심법원은 1967년 12월에 민비연이 순수한 학술단체로 출발했으며 반국가단체가 아니라고 판결했다. 그런데도 중앙정보부는 승복하지 않고 이듬해 열린 2심법원 심리과정에서 민비연 관련자들 또는 참고인들을 다시 남산의 대공수사실로 소환해 진술을 뒤엎으라며 각목(角木)으로 폭행을 가했다. 인산에게는 새로운 내용의 협박이 가해졌다. "당신이 민비연의 지도교수직을 받아들이지 않았을 때는 그 학생들에게 사상적으로 문제점들이 있다고 느꼈기 때문이 아니었겠느냐? 그 문제점들을 불어라."라며 협박하기 시작한 것이다. 물론 인산은 그 협박에 굴복하지 않았지만, 그 대가로 심하게 구타를 당했다.

게다가 인산은 서울대학교 교수직을 사임하도록 강요를 당했다. 뒷날 인산은 "그때 문리대학장이던 민 선생이 '내가 영국이 사표를 받게 되는 경우가 생기면 내가 먼저 교수직과 학장직 사표를 내겠다.'라고 당국에 강하게 말씀하자 당국이 후퇴했다."고 회상하면서, "민 선생은 내게는 아버지 같은 분이었다."고 덧붙였다.

제2절 침잠의 시기에 쓴 글들

순수하기만 한 30대의 한 청년학자가 이렇게 거친 세파를 겪는 사이 불의에 대한 반발이 컸고 자존심의 손상도 겪었지만 그것보다 심각하게 연구의욕이 떨어졌다. 그래서 사실상 침잠 또는 침체의 기간이 계속됐다.

정치학을 연구해야 뭘 하나, 교수라는 게 무었을 하는 직업인가 등 자기 비하의 마음이 커졌기 때문이다. 1966년 3월부터 1969년 2월까지 석사 과정을 밟았던 필자의 기억을 되돌이켜보면, 인산은 지쳐 있었고, 어느 일에나 열성이 약했다. 특히 이 시기는, 다시 김계수 교수의 연구에 따르면, 행태주의 정치학이 한국의 정치학계에서도 '중심적인 위치'를 차지하던 시기였다.[133] 그러한 학풍은 정치철학을 중시하던 그에게 맞지 않았다. 이러한 요인들이 겹쳤기에 대체로 이 시점 이후 서울대학교 대학원에 제출할 정치학박사학위 논문을 본격적으로 집필하기 시작한 1971년 봄까지의 3년에 걸친 시기에 그의 연구실적은 저조했다. 다음에서 그 시기를 간단히 살펴보기로 한다.

「특집 사회과학방법론의 쟁점」 가운데 「정치학: 가장 많은 방법의 가장 적은 성과; 전통적 방법과 과학적 방법의 비교적 검토」

『정경연구』(1968년 3월, 109－115쪽)에 발표된 이 논문은 그 수준에 있어서 기존의 논문들에 비해 훨씬 덜 학술적이다. 좋게 말해, 그저 편집자의 요청에 따라 쉽게 쓴 것으로 보인다. 그러나 논시에 있어서는 변함이 없었다. 이 논문에서 인산은 과학적 방법은 '가치판단'을 배제하는 데 문제가 있다고 거듭 역설하면서, "가치판단이 없이 정치학자가 모든 중요한 정치현상을 연구할 수 있는가의 문제가 있다."고 부연했다. 인산은 다음과 같이 덧붙였다.

"[칼 만하임(Karl Mannheim)을 비롯한 독일의 사회학자들에 의해

133 김계수, 『한국정치학: 현황과 경향』(일조각, 1969), 11쪽.

개발된] 지식사회학에 의하면, 인간의 지식 자체는 존재구속성(存在拘束性)을 갖는다고 한다. 과학적 입장에서 본다면 부당하게도, 그러나 인간이나 시민의 입장에서 본다면 정당하게도 과학을 지향하는 정치학자들은 미국의 경우 민주적 질서가 권위주의적 질서를 우월한다는 검증되지 않은 가정에서 출발하고 있는 것이다. 과학적 방법에는 이러한 제한성(制限性)이 있는 것이다."

「쿠테타」

인산은『월간중앙』(1968년 5월, 84－92쪽)에 이 논설을 발표했다. 인산은 우선 '쿠테타'의 어원을 자세히 설명했다. '국가에 대한 일격(一擊)'이라는 뜻의 이 단어는 1789년의 프랑스대혁명 직후 나폴레옹과 그의 조카 나폴레옹 3세가 각각 저지른 '변칙적 정권찬탈사건'에서 연유했다고 설명하면서, 그 이후 세계 곳곳에서 일어난 유사한 사건들을 쿠테타로 부르게 됐다고 부연했다.

인산은 쿠테타는 혁명과 엄연히 구별된다고 강조했다. 양자가 모두 기존의 법질서를 위배함으로써 거행된다는 점에서는 비슷하지만, 혁명이 국민적 여론을 기반으로 함에 반해 쿠테타는 특정세력의 음모에 의한 무력행사라는 점에서 본질적인 차이를 갖는다고 부연했다. 인산은 쿠테타라고 해서 모두 같은 것이 아님을 상기시키고, '권력의 사유화' 및 '권력의 찬탈'로 나누어 살필 것을 제의했다.

여기서 인산은 중요한 논점을 제시했다. 쿠테타세력은 일단 권력을 장악하고나면 자신이 이미 저지른 불법행위를 합법화하기 위해 '신임투표'와 같은 방식을 활용한다는 것이다. 쿠테타를 예방하기 위해서는 '민주적 인격형의 육성'이 절실히 요청된다고 덧붙였다.

「특집 사회과학의 한국적 과제」 가운데 「정치학: 방법론 및 대상의 문제점」

인산은 《대학신문》(1968년 6월 9일, 4-5쪽)이 위의 제목 아래 마련한 특집에서 정치학부분에 대해 대답했다. 그는 한국에서의 정치학이 대부분 구미에서 개발된 이론들에 바탕을 두고 있으며 따라서 그러한 이론들에 기초한 한국의 현실문제 연구에 적실성이 있는지를 물었다. 그는 이제는 한국현실에 기초한 정치이론들을 개발해야 한다고 제의하면서, '한국학'의 정립과 발전이 절실히 요청된다고 주장했다.

「특집 68년이 던진 과제: 정치안정 속의 불안요인」

인산은 이 논설을 『정경연구』(1968년 12월, 93-98쪽)에 발표했다. 인산은 우선 "원래 민주주의란 토론에 의한 정치인 까닭에 민주주의적 정치안정은 발랄한 것이어야 하는데" 오늘날의 한국에서는 그렇지 못하다고 지적했다. 그는 이어 "원래 좀 떠들썩해야 할 것이 그렇지 못할 때 그것은 분명히 생기를 잃었거나 아니면 '이상적막(異狀寂寞)'일 것이다."라고 꼬집으면서, "[우리가 바라는 것은] 억압에 의한 안정 즉 전체주의적 안정이 아니라 불안요인들의 해소에 의한 안정이어야 한다."고 정확히 지적했다.

그렇다면 불안요인들은 무엇인가? 인산은 우선 우리 사회에 만연한 '빈곤'이 그 하나라고 지적하면서, 정부는 '빈곤'의 완화를 위해 더 많은 노력을 기울여야 하며 비록 어렵다고 해도 중산층의 육성에 힘을 쏟아야 한다고 권고했다. 인산은 이어 '행정능력의 결여'를 또 하나의 요인으로 보면서, '식민주의 유산인 관료주의'가 여전히 현재의 행정체제 속에 온전히 유전되고 있는 현상을 우려했다. 인산은 이어 '행정독주와 관료부패'를 또 하나의 요인으로 지적했다. 이와 관련해, 인산은 집권세력의 필요에 따라 관료가 중립적 위치에서 벗어나 정치과정에 적극적으로 개입하고 있으며, "그리하여 행정은 독주하고 있고 거의 독재화돼가고 있다."고 경고했다. 같은 맥락에서, 그는 "이러한 행정독재화 현상 속에 관료부패가 만연하고 있다."고 개탄했다.

「사회과학의 개념과 역사」 및 「사회과학의 종류」

이어 1969년 2월에 서울대학교 출판부가 펴낸 『사회과학개론』에 위의 글들을 기고했다. 『사회과학개론』은 서울대학교 안에 설치된 교양교재편찬위원회의 사회과학분과위원회가 편집한 책으로, 제1편 「사회과학의 기초이론」, 제2편 「한국 사회」로 구성됐다. 제1편에서 제1장 「사회란 무엇인가」를 서울대학교 문리대 사회학과 김채윤(金彩潤) 교수가 쓴 데 이어, 인산이 제2장 「사회과학의 개념과 역사」(41－80쪽) 및 제3장 「사회과학의 종류」(81－116쪽)를 쓴 것이다.

이 두 개의 장은, 말하자면 '사회과학론'을 집필한 것으로, 대학 1학년생들에게 사회과학이란 무엇인가를 비교적 쉽게 설명했다. 플라톤과 아리스토텔레스 등 고대 그리스 철학자들의 학문관(學問觀)으로부터 시작해 근대의 콩트와 베버 및 뒤르켐의 이론을 거쳐 현대의 구조기능주의 또는 행태주의에 이르기까지의 다양한 사회과학이론들은 대체로 역사적 방법에 의존해 서술했다. 사회를 보는 마르크스와 만하임의 서로 대조되는 학설, 그리고 인류의 장래에 관한 독일의 역사학자 슈펭글러(Oswald Spengler, 1880~1936) 및 영국의 역사학자 토인비(Arnold Toynbee, 1889~1975)의 학설에 대해서도 썼다.

「국민과 군대의 관계」

인산은 이 논설을 『국방학보』(한국국방학회) 제2집(1969년 12월, 71－86쪽)에 발표했다. 범속한 이 논문에서, 인산은 군이 국민의 지지 속에서 성장해야 한다고 주장했다.

「자유에로의 전진」

인산은 이 논설을 『세대』(1970년 1월, 53－60쪽)에 발표했다. 8·15해방 이후 남한에서 그리고 대한민국정부수립 이후 전개된 정치사를 일별하는 가운데, 인산은 한국에서 민주주의가 북한의 공산독재로부터 자신을 방어하기 위한 이념적 수단으로 출발했음을 지적하면서 그것이 민주주의의 성장에 하나의 한계로 작용했다고 보았다. 그러나 그러한 한계 속에서도 1950년대는 야당세력에 의해 민주주의의 영역을 또는 자유의 영역을 넓혀가려는 시도가 계속됐던 '자유의 개척기'였다고 평가했다.

경제성장과 근대화를 중시하는 군사정변세력이 정권을 장악한 이후의 1960년대는 자유가 근대화라는 틀 안에 종속되는 모습을 보였고, 따라서 "60년대의 자유는 꽃과 잎이 떨어진 겨울의 나무와 같은 자유이기도 했다."고 비판했다. 인산은 이어 70년대에는 '자유민주주의를 기본으로 국토통일을 할 수 있는 역량을 길러가야 할 것'이라고 주장했다. 이 글 전체를 통해, 자유 또는 자유민주주의에 관한 그의 기존의 글들과 마찬가지로, 나치즘·파시즘·공산주의 등 전체주의적 독재이념에 대해 철저한 부정적 시각을 나타냈다.

『민주주의론』 편집에 참여

1970년에는 한국정치학회가 『민주주의론』을 편집할 때 다른 25명의 정치학자들과 함께 참여했다. 이 책 역시 대학 초급학년생들을 위한 범속한 교과서일 뿐, 깊이 있는 전문적 연구서로 보기는 어렵다. 이듬해 3월에 법문사에서 출판된 이 책에 인산이 쓴 장(章)이나 절(節)이 명시되어 있지 않은 것으로 미루어 보아 주도적 역할을 수행했던 것 같지는 않다.

한말 의병운동에 관한 논문들

그 사이에 인산은 우선 「의병활동을 통해서 본 최근세 한국정치의식의 분석: 병오(1906)유림의병운동과 그 척사사상의 배경을 중심으로」를 『문교부연구보고서』 26(사회과학계 7, 1968)로 제출했다. 1905년에 을사늑약을 통해 일제가 대한제국을 자신의 '보호국'으로 만들자 그 다음 해인 병오년(丙午年) 1906년에 유림(儒林)을 중심으로 의병운동이 일어났다. 이 보고서는 이 의병운동을 분석한 것이다. 이 논문은 인산의 이름 아래 『한국사회과학논집』 10(1969)에 「한말 의병의 사상적 고찰: 병오(1906)유림의병운동과 그 척사사상의 배경을 중심으로」(17–64쪽)로 출판됐다. 이 논문에 이어, 인산의 이름으로 「한국민족의식의 발전형태: 근대사에 비친 한국민족주의사상의 연원을 찾아」가 『아세아』 제1권 제5호(1969년 6월, 34–41쪽)에 게재됐으며, 「한말 민족운동의 계보적 연구」가 『한국정치학회보』(1969년 12월, 87–106쪽)에 게재됐다. 그리고 마지막 논문은 김영국 편, 『한국정치사상』(박영사, 1991)에 『제7장 한말 민족운동의 계보』(221–245쪽)로 다시 게재됐다.

결론부터 말해, 서로 연결되는 이 논문들은 구한말의 위정척사운동(衛正斥邪運動) 그리고 위정척사운동의 주도세력인 유림이 전개한 의병운동을 다룬 것이다. 이 주제는 인산의 관심대상일 수는 있어도 전공분야에 속한 것은 아니었다. 그렇다면 어떤 배경에서 이러한 논문이 그의 이름으로 출판된 것일까?

이 논문들은 그 무렵 서울대학교 문리대 정치학과 조교로 있으면서 의병운동을 포함한 구한말의 민족운동과 그 운동의 정치사상을 전공하던 최창규(崔昌圭)가 은사를 연구책임자로 삼아 공동연구의 형식으로 연구비를 신청하면서 집필한 것이다. 훗날 서울대학교 사회과학대학 정치학과 교수로 임용되는 최창규는 1972년에 일조각에서 『근대한국정치사상사』를 출판했는데, 이 책에는 인산의 논지와 용어 및 출전에 일치하는 논지와 용어 및 출전으로 한말의 의병운동이 잘 분석되어 있다.

이상에서 살펴보았듯, 인산의 30대 후반기에 해당되는 이 침잠의 시기에 인산은 학술적인 저술들을 거의 남기지 못했다. 그 반면에 민주주의, 정당, 정부형태, 권력 등을 주제로 삼은 몇 편의 시론들을 『국방』·『정경연구』·『세대』·『월간중앙』·『아세아』 등에 기고하는 것으로 그쳤다. 어떻든 1968년 6월 1일자로 약 7년 만에 부교수로 승진했다.

제3절 침체에서 벗어나기 시작하다

인산이 원기를 되찾기 시작한 때는 대체로 1970년 여름과 1971년 봄 사이였던 것으로 보인다. 이 무렵 이후의 글들에서는 다시 활기가 감지되기 때문이며 또 학술적인 논문들이 나타나기 때문이다. 바로 그 시기에 그에게 결정적 영향을 준 민병태 교수가 중풍으로 쓰러졌고, 1971년 2월에 서울대학교 대학원장직을 사임했다. 자연히 이제 사실상 정치학과의 최고 선임교수가 된 그로서는 "내가 이제 더 큰 책임을 수행하지 않으면

안 된다."는 사명감을 갖게 됐을 것이다.

제1항 세계정치학계의 동향을 조감하다

인산은 우선 1970년 8월 31일부터 9월 5일까지 서독 뮌헨에서 열린 세계정치학회(International Political Science Association: IPSA) 제8차 세계대회에 한국대표단의 일원으로 참가했다. 그는 이 대회의 참가기를 「세계정치학회 참석 메모」라는 제목 아래 서울대학교 《대학신문》 1970년 11월 16일자와 11월 23일자에 연재했다. 이 글은 단순한 메모가 아니다. 인산은 세계의 정치학계가 어떤 흐름 아래 연구를 진행하고 있는가를 꼼꼼하게 설명했는데, 이 글은 인산의 변화의 한 모습을 보여준다.

이 글에서 인산은 정치학 연구방법론 분야에서의 토론이 어느 분야보다 활발했다고 지적하고, 미국정치학계의 주요한 토론의 대상이었던 '계량적 및 수학적 방법'의 중요성이 이 세계대회에서 더 크게 부각됐다고 보고했다. 이와 관련해 그는 11월 16일자에서 "이번 대회를 통해 새삼 느낀 것은 계량적 및 수학적 방법의 구체적 훈련과 교육이 우리 정치학계에 부족했다는 사실이다. 이른바 과학적 방법에 대한 논의와 평가는 그동안 우리 학계에서도 활발히 이루어지고 있었다. 그러나 계량적 및 수학적 방법의 훈련을 갖추지 못한 채 그 방법의 평가를 말한다는 것이 얼마나 무리한 일인가를 각성하게 되었다."고 썼다. 결론적으로 그는 같은 날짜에서 다음과 같이 썼다.

"이미 1950년대에 새로운 방법으로 개척되었고 허다한 학자의 노력에도 불구하고 비교정치의 연구가 아직도 방법론상의 허다한 난점을 해결하지 못하고 있다는 사실을 알게 되었을 때 필자로서는 학문의 길이 얼마나 어렵고 까다로운 것인가를 새삼 한탄하지 않을 수 없었다."

평소에 별로 중시하지 않던 과학주의 방법론에 대해 이 정도로라도 큰 관심을 보이고 높은 점수를 준 것은 뜻밖이라는 느낌조차 든다. 그것뿐만이 아니다. 「청년과 정치」 분과에 대해, "청년의 정치참여의식 및 태도에 대한 연구가 활발하다."라고 지적하면서 이 주제에 대한 깊은 관심을 보였다. 이어 「생물학과 정치학」 분과에서의 토론, 곧 '정치의 생물학적 방법에 의한 분석'에 대해서도, 그리고 정치발전론자들이 강조해 온 '국가건설론'을 둘러싼 토론에 대해서도 깊은 관심을 쏟았다. 정치사상 또는 정치철학이 아니면 정치학으로 여기지 않는 듯한 느낌을 주는 발언을 했던 인산의 지난날 자세에 비춰 변화가 아닐 수 없었다.

인산은 '공산권에서의 정치학'에 대한 자신의 관찰도 보고했다. 그는 당의 해석을 추종해야 하는 공산국가들에서 정치학이 제대로 빌전될 수 없음을 다시 확인했다는 취지로 썼다.

제2항 다시 활발해진 출판

「북괴의 사상 및 제(諸) 제도: 민주적 개혁을 위한 서설」

인산은 이 논문을 『국토통일』(국토통일원) 제1권 제2호(1970년 10월, 63–75쪽)에 발표했다. 이 논문에서 인산은 북한의 정치이념과 정치제도에 대해 깊은 불신을 표시했다. 조선로동당이 만들어낸 '김일성유일사상원칙'에 따라 비민주적으로 북한의 주민을 철저히 통제하고 있다고 평가한 것이다.

「신세계의 전개와 음영(陰影)」

인산은 이 논설을 『월간중앙』(1970년 12월, 68-72쪽)에 발표했다. 이 논설에서, 인산은 우선 1969년 1월에 미국에서 닉슨행정부가 출범하면서 세계의 국제관계 그리고 동아시아의 국제관계가 크게 바뀌고 있음을 지적했다. 동서진영 사이의 데탕트, 곧 긴장완화를 지향하는 미국이 우선 소련과의 관계개선을 추구하고 이어 중공과의 '친교회복(親交回復)을 시도하는 배경 그리고 일본의 군사력을 강화시키는 움직임 등을 분석했다. 결론적으로, 인산은 변화하는 국제정세 속에서 한국은 '중대한 시련기'에 들어섰다고 진단하고, "70년대의 한국은 북괴와의 실력대결에서 승리함으로써 우리의 문제를 해결하는 길만이 남게 된다."고 지적했다. 인산은 이어 다음과 같이 썼다.

> "여기서 실력은 반드시 군사적인 실력만을 의미하는 것은 아니다. 외교면에 있어서의 고지점령(高地占領), 북괴를 능가하는 경제성장, 사회적 연대의식의 강화, 민주사상의 내면화(內面化) 등이 우리가 갖추어야 할 필수조건이 된다."

『정치학보』 속간 결정과 「격려사」

인산은 서울대학교 문리대 정치학과가 발행하는 『정치학보』 제6호(1970년 12월, 4쪽)에 「격려사」를 게재했다. 이 글은 짧다. 그런데도 여기에서 굳이 다루고자 하는 까닭은 『정치학보』의 속간 그 자체가 갖는 의미에 있다. 그 사이 몇 해 동안 학원 밖에서 가하는 압력으로 말미암아 학생들의 이 학보가 출판되지 못했었는데, 정치학과 과장을 맡은 인산의 노력에 학생들의 열정이 겹쳐져 마침내 속간을 보게 된 것이다. 편집위원장은 1968년 입학의 3학년생 백운선(白雲善) 군이 맡았고, 편집위원으로는 1969년 입학의 2학년생들인 이서항(李瑞恒) 군과 조환익(趙煥益) 군이 맡았다.

「격려사」에서, 인산은 우선 정치학과 학생들이 '민주주의 기수가 될 것'을 당부했다. 동시에 "우리의 정치학은 오늘날 국제적 성격을 벗어나 토착성을 모색해야 한다."고 덧붙이면서, "이러한 정치학의 새로운 과제를 앞두고 학생들이 스스로 학풍을 일으키고자 하는 데" 대해 축하한다는 뜻을 전했다.

브레히트의 『정치이론』

인산은 『신동아』 1971년 신년호 특별부록 『현대인의 사상 77인』에 아놀드 브레히트(Arnold Brecht)를 소개하는 글을 기고했다. 브레히트는 독일인으로 라이프치히대학교에서 법학박사를 받은 뒤 바이마르공화국의 고위관직을 포함해 독일에서 23년에 걸쳐 공식생활을 하다가 나치를 피해 미국으로 망명한 뒤 정치학자로 활동했다. 「사회조사를 위한 새로운 대학」 이른바 뉴스쿨에서 교수직을 시작했는데 이때 레오 스트라우스와 함께 봉직했다. 브레이트는 곧 하버드대학교와 예일대학교를 거치며 정치이론 분야의 거장으로 자리를 잡았다. 특히 1959년에 프린스턴대학교 출판부를 통해 출판한 『정치이론: 20세기 정치사상의 기초(*Political Theory: The Foundation of Twentieth-Century Political Thought*)』는 그에게 미국 정치학회의 1960년도 우드로윌슨상(Woodrow Wilson Prize) 수상의 영예를 안겨 주었을 뿐만 아니라, 정치이론가 또는 정치사상가로서의 지도적 지위를 확립시켜주었다.

그러면 이 책의 기본적 내용은 무엇이었나? 그것은 정치연구에 있어서 '존재(存在: Sein)'와 '당위(當爲: Sollen)'를 연결하려는 노력, 또는 정치철학과 정치과학 사이의 간격을 가교하려는 노력이었다. 쉽게 말해, 정치학에서의 전통적 연구방법과 과학적 연구방법을 조화시키려고 시도한 것이다. 인산은 브레히트의 그러한 노력이 "성공은 못했을망정 통합을 위한 새로운 계기를 마련했다."고 평가했다.[134]

앞에서 설명했듯, 브레히트는 20년 넘게 관직에 종사했었기에 이른바 순수한 학자들과는 달리 현실을 충분히 이해하고 있었다. 그러한 배경에서, 그는 '당위'를 인정하면서도 '존재'를 무시해서는 안 된다는 믿음을 지녔으며 여기서부터 '과학적 가치상대주의(scientific value relativism)'라는 새로운 개념을 도입했던 것이다. 이 점에서 그는 다른 정치학자들과 확연히 구분됐다.

전반적으로, 인산은 브레히트를 높이 평가해 강의 때도 브레히트의 정치이론을 소개했다. 브레히트를 한국정치학계에 최초로 소개한 정치학자는 인산이라고 생각한다. 실제로 서울대학교 대학원 정치학과의 김성수(金成洙)는 「정치이론정립에 대한 인식론적 고찰: Arnold Brecht의 '과학적 가치상대주의론'을 중심으로」(1967년 2월)라는 논문으로 정치학석사 학위를 받았다.

134 김영국, 「아놀드 브레히트」, 신동아 편집실 편, 『현대의 사상가 77인』(동아일보사, 1978), 113쪽. 1971년 신년호의 별책부록이 단행본으로 나온 것이다.

「대(對)중립국 적극외교에의 방향」

인산은 이 논문을 『국토통일』 제2권 제8호(1971년 1월, 57-63쪽)에 발표했다. 이 논문에서 인산은 미국이 깊이 개입한 월남전쟁이 결국 미국의 철수로 귀결될 개연성이 높아지고 있으며 또한 중공을 공식적으로 인정해 국교를 수립할 개연성이 높아지고 있다고 전망하면서, 이러한 경우 그사이 미국의 강력한 권고에 따라 월남전쟁에 파병했고 중공을 적대시한 한국의 외교는 특히 반미적인 성향이 큰 중립국에서 시련을 겪을 수 있다고 내다보았다. 이러한 상황에서 한국정부는 새로운 전환을 시도해야 한다고 권고하면서 특히 통상과 무역을 심화시킬 필요가 있다고 덧붙였다. 동시에 중립국을 상대로 한 민간외교의 활성화를 제의했다.

「국민발안의 현대정치적 의의」

인산은 위의 논설을 《대학신문》(1971년 3월 29일, 1쪽)에 발표했다. 인산은 이 글을 뒤베르제의 『정당론』으로부터 시작했다. 뒤베르제는 프랑스의 정치를 '국민 없는 민주정치'라고 비평했는데, '국민 없는 민주정치'는 프랑스에 대해서만 해당되는 것이 아니라 '현대의 모든 민주정치'에 해당되는 것이라고 말함으로써 한국도 예외가 아님을 에둘러 지적한 것이다.

이러한 전제 아래, 인산은 '국민발안'의 뜻을 정치학적으로 해설했다. '국민발안'에는 '국민소환' '국민거부' '국민투표' 등의 세 종류가 있다고 지적한 데 이어 그것들 가운데 특히 영어로 'Referendum'으로 표기되는 '국민투표'는 국민의 정치에 대한 '직접적 참정'의 길을 열어주는 기능을 수행한다고 평가했다 그러나 그는 독재정치가 '국민'의 이름을 빌리는 제도가 '국민발안', '국민투표', '국민소환'일 수 있다고 경고했다.

「당선지상주의에의 경고」 및 「의회정치가 사는 길」

인산은 앞의 논설을 『월간중앙』(1971년 3월, 66–81쪽)에 발표했다. 1971년 5월 25일에 실시될 제8대 국회의원 선거를 앞두고 쓴 이 논설에서 인산은 "우선 당선되고 보자."라는 '당선지상주의'를 경고했다. 이것은 사실 집권세력이 다수의 의석을 확보하기 위해 관권을 동원하거나 금전을 살포하는 등 불법적인 일들을 저질러서는 절대로 안 된다는 경고를 담은 것이었다.

제8대 국회의원 선거가 예정대로 실시됐고 그 결과는 야당의 예상 밖의 큰 진출로 나타났다. 특히 도시에서 야당은 강세를 보였다. 이 결과를 보고 인산은 뒤의 논설을 『신동아』(1971년 8월, 90–103쪽)에 발표했다. 제8대 국회의 전망을 중심으로 집필한 이 글은 그의 예리한 비판의식을 잘 드러냈다. 그는 우선 국회가 스스로 자신의 권위와 위신을 실추시킨 현실을 비판했다. "항간에는 그동안 국회가 정부의 시녀화했다는 혹평이 나돌았다. 여기서 문제는 국회가 사실상 정부의 시녀였던가 아닌가에 있다기보다는 국회가 정부의 시녀로 전락했다는 국민적 의식이다."라고 지적한 뒤, "국회가 민권의 입장에서 관권을 견제함을 목적으로 출발했다는 사실을 상기해 볼 때 정부의 시녀로 변질된 국회는 도저히 국회라고 할 수 없다."고 단언했다. 그래도 마지막에서 덕담을 덧붙였다. 그는 "의회정치가 없는 민주정치는 이미 죽은 정치이기 때문에 [···] 사양의 길을 걸어온 우리나라의 의회정치가 8대 국회를 통해 되살아나기 바란다."는 기대를 표시한 것이다.

「우리나라 선거제도에 대한 관견(管見): 선거구문제를 중심으로」

위의 두 논문과 흐름을 같이 하는 이 논문을 인산은 『국회보』(1971년 6

월, 29–33쪽)에 발표했다. 이 논문은 우리나라 선거제도에 관해 참으로 많은 제안들을 담았는데, 그것들 가운데 하나로 우선 '직능대표제'의 확대를 지적할 수 있다. '직능대표제'를 염두에 둔 '전국구제도'가 특히 야당의 경우 정치자금 또는 선거자금을 끌어들이는 제도로 악용되고 있음은 사실이지만 이 폐해를 제거한다는 전제 아래 '직능대표제'의 확대로써 사회적 갈등을 국회 안에서 해결해야 한다고 제안한 것이다. 인산은 이어 다음과 같이 제안했다.

> "우리나라의 양대정당체제가 앞으로 계속해서 유지되려면 자체 안의 변질이 있어야 하겠고 그것은 당내 세력의 균형화(均衡化)로 나타나야할 것이다. 양대정당은 앞으로 분출되는 사회집단의 이해관계를 자체 안에 흡수하지 않는다면 다른 제3의 정당이 진출할 가능성이 매우 크다. 이러한 제3당의 진출을 견제하기 위해서는 양대정당 안에 그러한 세력이 용해되어야 한다.그러기 위해서는 당 내의 중간보스체제가 반드시 생기게 된다. 생각하기에 따라서는 중간보스체제가 당의 일원화를 해치고 전국의 혼란도 가져올 우려도 있다. 그러나 다원화된 사회에서 양대정당제가 유지되는 길은 그것 밖에 없다. 이러한 현상은 영국과 미국의 정당이나 특히 일본의 정당에 현저히 나타나고 있다. 우리라고 해서 예외가 될 수는 없다."

해리먼, 『변화하는 세계 속에서의 미국과 러시아』

인산은 곧이어 제2차 세계대전을 앞뒤한 시기에 미국 정계와 외교계의 거물들 가운데 한 사람이었던 애버럴 해리먼(W. Averell Harriman)의 회고록 *America and Russia in A Changing World: A Half Century of Personal*

Observation(Garden City, N.Y.: Doubleday and Company, 1971)을 『현대사의 내막: 변천하는 세계 속의 미국과 러시아』라는 제목 아래 『월간중앙』 1971년 5월호 부록으로 번역·출판했다. 제2차 세계대전 때 미국의 소련 주재대사였으며 제2차 세계대전 직후 미국의 영국주재대사였던 해리먼은 1960년대의 케네디(John F. Kennedy) 행정부 때는 대통령특사로 베트남 전쟁의 평화적 해결을 위해 활약하기도 했다.

이 회고록은 그러한 경험들을 바탕으로 제2차 세계대전 이후의 세계 정세를 미국의 시각에서 돌이켜 본 뒤 미래의 세계를 내다본 것이다. 미국 펜실베이니아주 동부 베슬레헴(Bethlehem)에 위치한 리하이대학교(Lehigh University)에서 행한 일련의 강연들을 바탕으로 만들어진 이 회고록은 해리먼의 공산주의에 대한 강한 반감, 소련에 대한 깊은 경계심, 그리고 미국의 안전과 평화에 대한 신념을 나타내고 있다. "볼셰비키혁명은 사실상 반동적 혁명이었으며, 그것은 '미래의 물결'을 의미하는 것은 아니었다."는 해리먼의 말이 이 책을 기본입장을 요약했다고 하겠다.

「통일과정의 민심수습 문제」·「동서평화무드의 가면과 진면: 세계는 날로 새롭다」·「남북대화의 전위적 제의: 71년을 움직인 사람들; 최두선 [대한적십자사] 총재」

1971년에 들어서면서 세계정치에 있어서의 '데탕트' 분위기는 적어도 표면적으로 두드러지게 나타났다. 특히 닉슨 대통령이 중공과의 관계개선을 위해 앞으로 북경을 방문할 것이며 이를 위해 닉슨 대통령의 국가안보보좌관 헨리 키신저(Henry Alfred Kissinger) 박사가 북경에서 중공의 주은래(周恩來) 총리와 비공개리에 회담을 마치고 돌아왔다는 백악관의 1971년 7월 15일자 발표는 세계를 놀라게 했다. 이러한 흐름 속에서, 북한의 김일성은 1971년 8월 6일에 남한당국과 회담할 용의가 있음을 천명했으며, 대한적십자사 최두선(崔斗善) 총재는 남북적십자회담의 개최를 제의했다.

한반도상황의 급격한 변화를 보면서, 인산은 우선 앞의 글을 『통일논총』(국토통일원, 1971년 7월, 5-18쪽)에 발표했다. 이 글에서, 인산은 통일이 성사되는 여러 형태를 논한 뒤 평화통일에 경우에 초점을 맞춰 "지금부터라도 통일문화형성을 위해 국민적인 노력을 기울여야 한다."고 제의했다. 이 글에 이어 인산은 두 번째 논문을 『월간중앙』(1971년 8월, 268-273쪽)에 발표했다. 이 글에서 인산은 우선 동서냉전이 풀려가는 추세에 대해 환영의 뜻을 표시했다. 특히 남북관계가 개선될 수 있는 대외적 환경이 개선되고 있는 흐름에 대해 긍정적으로 평가했다. 동시에 지나친 낙관은 아직 이르다는 생각도 덧붙였다. 인산은 역시 『월간중앙』(1971년 12월, 93-95쪽)에 발표한 마지막 글에서 최두선 총재에 대한 기대를 표시했다.

「책임정치론: 정치적 귀책의 비교」

인산은 이 논설을 『정경연구』(1971년 11월, 60-70쪽)에 발표했다. 인산은 흔히 말하는 '책임정치'란 구체적으로 무엇을 의미하는가에 대해 유럽과 미국의 정치사를 비교하는 가운데 그 답을 찾고자 했다. 「맺는말」에서 인산은 다음과 같이 주장했다.

> "민주정치에 있어서는 책임정치가 대의정치에 앞서는 것이다. 제아무리 대의정치제도가 확립되었다손 치더라도 책임정치가 따르지 않는다면 그것은 죽은 민주정치이거나 사이비민주정치입니다. 공산독재정치 아래에도 대의체제는 있습니다. 그러나 대의체제의 본질을

이루는 책임정치는 없습니다.

이렇게 볼 때 책임정치는 민주적 정치과정을 요구합니다. 민주적 정치과정은 민주정치 전반에 걸친 문제이나 특히 책임정치와 관련해서 문제가 되는 것은 정당정치의 합리화입니다. 정당이 정상적 기능을 하지 못하는 의회정치는 현대 정치에서 책임정치를 해나갈 수 없습니다. 더구나 우리나라에서는 무소속 출마를 허용하지 않는 엄격한 정당정치를 규제하고 있습니다. 그러므로 정당은 정치적 책임이 당사자로 부각되고 있으며 많은 정치적 특권을 향효하고 있습니다. 정당에 문제는 여기서 자세히 토론할 일이 아니나 정당이 현대적 책임정치에서 차지하는 비중을 우리는 간과할 수 없을 것입니다."

「신입생을 위한 특집 배움의 길」 가운데 「사회과학도에게」

인산은 이 글을 《대학신문》(1972년 3월 6일, 2쪽)에 기고했다. 이 글에서, 인산은 "창조적·개척적 인간이 되는 훈련을 받는 곳이 대학이다."라고 전제한 데 이어, "대학상(大學像)은 현실사회 속에서 구상하는 것이 바람직하다."라고 역설했다.

「외국이론 수용의 반성: 사회과학」

인산은 이 글을 《대학신문》(1972년 9월 25일, 4쪽)에 기고했다. 이 글에서, 인산은 우리가 특히 사회과학 분야에서 이제까지 외국의 이론을 받아들이고 소개하는 데 치중해온 사실을 성찰할 필요가 있다고 지적하고, "우리 역사와 현실에 대해서도 '이성의 가능성'을 탐구하는 눈으로 보아야 한다."고 강조했다. 결론적으로, 그는 "이제는 깊은 철학의 토대 위에 사회연구의 활로를 개척할 때이며 과학과 형이상학을 연결하는 노력을 기울여야 할 때이다."라고 말했다.

「프랑스 제5공화국의 경험으로부터의 교훈: 정치권력의 인격화의 문제」 및 「10월유신과 대학의 자세: 10월유신의 의의와 대학의 자세를 더듬는 대담」

1972년으로 해가 바뀌면서 국제관계에는 충격적인 일들이 계속해서 일어났다. 2월에, 닉슨 미국대통령이 중공을 방문하고 중국공산당 주석 모택동 및 중화인민공화국 국무원 총리 주은래와 회담한 사실 자체는 국제관계의 큰 변화를 상징하는 것이었다. 곧 이어 9월에, 일본 총리대신 다나카 가쿠에이(田中角榮)가 북경을 방문하고 주은래와 회담한 뒤 두 나라가 복교를 향해 함께 움직일 것임을 다짐했다. 이러한 긴장완화의 분위기 속에서, 남과 북은 7월 4일에 역사적인 남북공동성명을 발표했다. 확실히 한반도에도 봄이 오는 것처럼 보였다. 이 주제와 관련해, 인산은 아무런 글도 발언도 남기지 않았다.

남북공동성명에 대한 기대가 높아졌던 때로부터 100일 정도 지난 10월에 계엄령이 선포되면서 유신정권이 등장했고 시국은 더욱 엄혹해졌다. 인산은 1972년 11월 20일에는 《서울신문》에 「프랑스 제5공화국의 경험으로부터의 교훈: 정치권력의 인격화의 문제」를 기고한 데 이어 1972년 12월 1일자 서울대 《대학신문》이 마련한 「10월유신과 대학의 자세: 10월유신의 의의와 대학의 자세를 더듬는 대담」(4-5쪽)에 참여했다. 대담의 상대는 대통령특별보좌관 장위돈(張偉敦, 1928~1987) 박사였다. 이 대담에서 인산은 10월유신의 당위성을 제한된 일정한 범위 안에서 인정하는 것처럼 읽힐 수도 있는 발언을 했는데, 그것은 그의 평소의 신념에 미루어보아 진심이 아니었을 것이다.

인산은 대한민국이 인류보편적인 정치이념인 자유민주주의가 제시한 길을 걸어야 한다는 확고한 믿음을 지니고 있었다. 그 무렵 사람들이 인산에게 "우리에게는 한국적 민주주의가 필요한 것이 아닐까요?"라고 물으면, 그는 언제나 "민주주의에는 '서양적'인 것이 따로 있고 '한국적'인 것이 따로 있는 것이 아니다. 민주주의에는 국민이 나라의 주인이며 국민이 지도자들을 선출하고 지도자들은 국민의 뜻을 따라야 한다는 보편적 원리가 있다. '한국적 민주주의'라는 것은 이 보편적 원리에 어긋난다." 라고 분명하게 대답했었던 것이다.

제4절 스트라우스의 정치학에 관한 박사학위논문

제1항 서울대학교에서의 정치학박사 1호

인산은 1972년 11월에 서울대학교 대학원에 정치학박사학위논문「레오 스트라우스의 정치학 논고(論考): 정치철학론과 과학적 정치학의 비판을 중심으로」를 제출해 통과를 보았다.[135] 그리고 그 직후인 1972년 12월 20일에 정교수로 승진했으며, 1973년 2월 26일에 박사학위를 받았다. 서울대학교에서의 정치학박사 1호였다. 그 이전에는 정치학 전공자에게

135 인산의 저작목록에는 다음 책이 수록되어 있다. 김영국,『레오 스트라우스 정치사상 연구』(현대문화사, 1972). 이 책은 국내외 어디에서도 찾을 수가 없다. 그가 오랫동안 봉직한 서울대학교 사회과학대학 정치학과에도, 서울대학교 중앙도서관에도 이 책은 없다. 유족들도 이 책을 갖고 있지 않다.

문학박사, 철학박사, 법학박사 가운데 본인의 선택에 따라 어느 하나를 받게 했고, 그래서 민병태 교수와 김운태 교수 및 차기벽 교수는 문학박사를, 이용희 교수와 김성희 교수는 법학박사를, 이한빈(李漢彬) 교수는 철학박사를 각각 받았기 때문이다.

그러나 여기에 기록으로 남겨야 할 것이 있다. 그것은 인산이 대학원 박사과정을 밟고 나서 논문을 제출해 학위를 받는 이른바 신제(新制)에 의해서가 아니라, 기존의 연구경력을 인정받아 논문을 제출해 학위를 받는 이른바 구제(舊制)에 의해 학위를 받았다는 사실이다.

제2항 박사학위논문의 구성과 내용

그러면 인산 평생의 학문적 연찬의 결정판이라고 할 수 있는 박사학위논문의 내용은 어떠했나? 자신이 1959년 봄 학기에 직접 사사한 은사 스트라우스의 정치학에 접했던 때로부터 13년 남짓 지난 시점에서 은사의 정치학을 종합적으로 재조명한 이 논문은 네 개의 장으로 구성됐다. 제1장이 「서론」이고, 제2장이 「정치철학론」이며, 제3장이 「과학적 정치학의 비판」이고, 제4장이 「결론」이다.[136]

136 인산의 이 논문을 가장 잘 요약하고 해설한 논문은 다음이다. 김홍우, 「김영국 선생의 박사학위논문 「레오 스트라우스의 정치학 논고」에 대한 소고」, 인산김영국선생10주기기념학술대회추진위원회 편, 『인산 김영국 선생의 정치학』(고양: 인간사랑, 2010), 143-176쪽. 김홍우 교수는 "김영국 선생님의 학위논문을 충실히 요약함으로써 차후에 독자들이 스트라우스의 글에 보다 용이하게 접근할 수 있도록 정리하려고 노력해 보았다."고 썼다.

우선 제1장「서론」을 본다. 인산은 "본고(本稿)는 과학적 정치학 속에 오랫동안 매몰되어 온 정치철학을 부활시키려는 레오 스트라우스의 정치학론을 고찰한 것이다."라는 문장으로써 우선 이 논문의 기본성격을 밝혔다. 스트라우스의 정치학론을 고찰하기 위해서는 스트라우스가 이 주제와 관련해 쓴 글을 모두 읽어야 할 것이다. 그러나 그것들은 참으로 많다. 스트라우스는 "소크라테스, 아리스토파네스(Aristophanes), 투기디데스(Thucydides), 플라톤, 크세노폰(Xenophon), 아리스토텔레스, 미노스(Minos), 루크레티우스(Lucretius), 마이모니데스(Maimonides), 파두아의 말실리우스(Marsilius of Padua), 스피노자, 마키아벨리, 홉스, 로크, 루소, 버크, 니체, 베버에 관한 저술뿐만 아니라 아랍의 철학자 바라비(Farabi)에 관한 논문도 남기고 있다." 그리고 "철학적 논제에 관한 저술도 많이 남기고 있다." 그것들 가운데 중요한 것을 추리면 정치철학론, 역사론, 자연법론, 폭군론, 자유주의론, 교육론 등을 들 수 있다.[137]

이처럼 광범위한 스트라우스의 저술들을 모두 고찰의 대상으로 삼지는 않았다. 인산은 스트라우스의 정치학론과 직접적으로 관련된 부분만을 다뤘다. 그러나 스트라우스의 정치학론의 핵심은 정치철학론 그리고 현대의 과학주의적 정치학에 대해 비판에 있다. 따라서 인산은 스트라우스의 정치철학론과 현대의 과학주의적 정치학에 대한 비판을 중심적으로 다뤘다.

이러한 과정을 거쳐 인산은 "스트라우스의 정치학은 본래 고전적 정치철학의 전통을 계승하여 발전된 것이다. 그러므로 그의 정치학의 본질

137 김영국,『레오 스트라우스의 정치학 논고: 정치철학론과 과학적 정치학의 비판을 중심으로』, 미출간 서울대학교 정치학박사학위청구 논문, 8쪽.

은 현대의 과학주의적 정치학에 대한 비판적 평가에 있다기보다는 오히려 정치적 세계에 있어서의 보편적 및 전체적 문제와의 대결에 있다고 볼 수 있다. 그의 현대의 '과학주의적 정치학'에 대한 비판적 평가는 그의 독특한 철학적 입장에서 파생되는 것이다."라는 중간결론에 이르렀다. 그는 이 중간결론을 다음과 같이 부연했다.

> "스트라우스는 정치적 사물에 대한 과학적 접근뿐 아니라 역사학적 접근도 배격한다. 그의 정치학은 과학적 정치학이나 정치에 대한 역사학적 접근의 비판으로 그치지 않고 과학과 역사를 포괄하는 폭넓은 철학적 기반을 갖는다. 그의 정치철학은 소크라테스의 철학과 마찬가지로 철학적 문제에 대한 절대적 해답을 제시하는 것은 아니다. 그것은 또한 어떤 학설을 따로 제시하지도 않는다. 그것은 우리로 하여금 정치의 본질에 관한 성찰을 촉구한다. 철학의 본질로 보아 어떤 절대적 진리가 제시될 수 는 없다. 스트라우스는 어떤 진리를 지시한다기보다 진리에 접근하는 사고정향(思考定向)을 제시한다고 볼 수 있다. 그는 비교적(秘敎的) 서술을 통해서 정치학 연구에서 오랫동안 소외되었던 철학의 의의를 강조한다."[138]

그러면 스트라우스가 새롭게 창조한 정치철학의 논리구조는 무엇인가? 스트라우스는 존재에서 당위를 순수하게 이론적으로 추리할 수 없다는 근대적 사회과학에 대한 비판에서 출발한다. 그는 이러한 사회과학의 몰가치적 성격의 시발을 사실과 가치는 절대적으로 이질적이며 어떠

138 앞의 책 9-10쪽.

한 사실로부터도 그 사실의 가치성을 입증할 수 없다고 주장하는 막스 베버에서 찾는다. 스트라우스에 따르면, 베버의 이러한 가치관은 사회과학의 윤리적 중립성을 요구하게 되었고 마침내는 사회과학에 있어서 가치문제의 박탈을 가져왔는데, 이러한 몰가치적 사회과학의 조류가 정치학연구에도 도입되어 정치철학은 위기에 빠지게 되었다는 것이다. 이 문제와 관련해 스트라우스는 몰가치적 정치학 또는 과학적 정치학을 마키아벨리가 시작했다고 보면서 마키아벨리에 대한 자신의 견해를 밝혔는데, 그의 마키아벨리론에 대해서는 뒤에서 다시 다루기로 한다.

스트라우스에 의하면, 이러한 정치학은 결국 허무주의에 빠질 수밖에 없고, 옳은 것과 틀린 것 또는 선과 악의 구별을 등한시하는 학문으로 전락하게 되고 우리 사회의 중요한 문제와 그렇지 않은 문제의 식별을 불가능하게 만든다. 우리가 지나치게 과학성(科學性)만을 주장하게 될 경우 우리는 어째서 특정한 가치, 예컨대 자유민주주의를 신봉해야 하는가의 문제를 외면하는 수밖에 없다. 여기에서 스트라우스는 다음과 같이 경고했다고 인산은 강조했다.

> "모든 가치는 평등한 비중을 가지며 가치비중의 서열은 개인적 선호나 편견에 지나지 않기 때문이다. 정치사회에서 이러한 가치상대주의는 정치사회의 존립 자체를 위협할 수도 있다."

이러한 입장에서 스트라우스는 고대그리스 도시국가의 정치학과 맥락을 같이 하는 시민사회에서의 타당한 정치학의 정립을 주장한다. 이러한 정치학은 결국 도덕과 윤리를 바탕으로 하는 고전적 정치학으로의 회귀를 뜻하게 된다. 그러나 스트라우스는 거기까지만 지적했을 뿐, 거기서

한 걸음 더 나아가 "정치학이란 이러한 것이다."라든가 "정치철학이란 이러한 것이다."라고 명백하게 이론을 세워 설명하지는 않았다. 인산의 표현으로, 스트라우스는 과학적 정치학 또는 정치과학운동을 비판하고 아리스토텔레스적 정치학으로의 회귀를 옹호하는 것으로 만족한 것이다. 이 점 때문에, 다시 인산의 표현으로, 다른 학자들로부터 대안이 없는 비판론자라는 혹평을 받게 된다.

스트라우스 정치학에 대한 인산의 비판

이렇게 스트라우스의 정치학을 설명하고 그것에 대한 비판을 지적한 뒤 인산은 정치학을 포함한 사회과학에 대한 자신의 의견을 확실하게 밝혔다. 인산은 "전문화(專門化)를 거듭하[면 할수록] 목적의식을 더욱 상실해가는 정치과학은 사회과학의 전통적 여왕인 윤리학의 지배를 받아야 한다. [⋯] 사회과학자는 인간사회를 연구하는 학도이다. 그러므로 그가 자기과제에 충실하자면 자기가 인간과 인간적 사물을 다루고 있음을 잊어서는 안 된다. 그는 인간을 인간으로서 고찰해야 한다."고 주장하면서, 다음과 같이 부연했다.

> "사회과학이란 언제나 자기인식이라는 사실을 유념해야 할 것이며, 인간사에 대한 인간적 지식을 탐구하는 사회과학은 인간을 진정한 인간으로 완성시키는 인간에 대한 지식을 그 근본 속에 포함시켜야 할 것이다. 아리스토텔레스가 윤리학을 인간에 관한 자유로운 탐구의 기본으로 삼은 이유는 [같은] 사정에 연유한다고 볼 수 있는 것이다. 스트라우스는 시민의 시민적 학문으로서의 사회과학은 근본적으로 인간에 관한 학문의 성격을 아울러 가져야한다고 주장한다.

시민은 시민 이전에 인간이기 때문이다. 그리고 인간의 본질을 파악 함에 있어 윤리학은 필수불가결한 것으로 보기 때문이다."[128]

인산의 박사논문이 한국정치학사에서 갖는 의미

인산의 이 논문이 한국의 정치학사에서 또는 더 넓혀 보아 한국의 지성사에서 갖는 위치는 무엇일까? 이 물음에 대해서는 다음의 두 글이 답을 주었다.

첫째, 윤근식(尹謹植) 교수가 『정경연구』(1973년 4월, 183-193쪽)에 발표한 서평 「레오 스트라우스의 정치학논고, 김영국 저」이다. 이 서평에서, 윤 교수는 인산의 이 논문을 일정한 범위 안에서 비판했다. 그러나 인산의 논문이 스트라우스를 한국정치학계에 처음 알렸다고 지적하고, "이 논문은 스트라우스의 정치학의 성격을 밝혀 […] '철학과 과학'이 연결되는 한국정치학의 재구성에 대한 큰 공헌이 될 수 있을 것이다."라는 결론을 제시했다.

둘째, 이 논문을 철저히 분석한 서울대학교 명예교수 김홍우 박사에 따르면, "이 논문은 스트라우스를 한국에 체계적으로 소개한 최초의 저작이다."[140] 김홍우 박사는 다음과 같이 부연했다.

"스트라우스의 고전적 정치철학과 자연법사상은 김영국 선생님을

139 이 점에 대한 강조는 다음에서 읽을 수 있다. 김홍우, 「김영국 선생의 박사학위 논문 「레오 스트라우스의 정치학 논고」에 대한 소고」, 인산김영국선생10주기기념학술대회추진위원회 편, 『인산 김영국 선생의 정치학』(고양: 인간사랑, 2010), 173쪽.

140 위와 같음, 143쪽.

통해서 한국에 처음으로 소개되기 시작했다. 주로 스트라우스와 그의 학파에 의해서 촉발된 1960년대의 가치논쟁(價値論爭)도 따지고 보면 근대 초 서구에서 시작된 '자연법 사상의 붕괴'에까지 소급되는 장구한 역사를 그 배경으로 한다. 특히 스트라우스가 높이 든 실증주의와 역사주의 비판의 기치(旗幟)는 붕괴된 자연법의 복권을 지향하는 세계사적 움직임의 중심축에 있었다. 김영국 선생님의 학위논문 「레오스트라우스의 정치학 논고」는 이와 같은 복권운동이 비서구지역인 우리나라에서 어떻게 전개되기 시작하였는지를 보여주는 중요한 문헌이라고 생각된다."[141]

제3항 박사학위논문에 기초를 둔 그 이후의 저술들

인산의 그 이후의 주요한 학문적 저술들은 대체로 이 박사학위논문에 연결됐다. 우선, 박사학위를 받은 직후에 출판한 「정치철학과 정치과학: 레오 스트라우스 이론을 중심으로」를[142] 지석할 수 있다. 이 논문은 기본적으로 자신의 박사학위논문 가운데 주요한 부분들을 요약하거나 부연한 것이다. 이 논문과 관련해, 이징복 교수는 "[이] 글의 내용 중 90%는 레오 스트라우스 비판으로 차있다."고 전제하면서, 그 비판의 내용을 다음과 같이 소개했다.

141 위와 같음, 175쪽.

142 공삼민병태박사화갑기념논총편집위원회 편, 『공삼 민병태 박사 화갑기념논총』(서울, 1973년 4월), 117-125쪽.

첫 번째 비판은 스트라우스 정치철학의 근본이라고 생각하는 정치적 선(善)에 대해 체계적으로 설명을 하고 있지 않다는 것이다. 스트라우스는 공동선(共同善)을 강조하는 고전적 정치철학의 중요성을 강조하고 있지만 그 선이 무엇인가를 명시적으로 제시하고 있지 않다는 것이다.

두 번째 비판은 스트라우스의 정치철학론은 정치의 고유한 문제에 대한 포괄적 검토를 방기하고 있다는 것이다. 스트라우스는 정치철학이 강조하는 공동선을 실현하는 매개체로서의 정치에 대한 고찰을 하고 있지 않다는 것이다. 스트라우스의 정치학은 권력을 위시해서 주권, 권위, 정치적 복종의 근거, 정치적 정의 등 정치학의 중요한 문제들을 탈락시키고 있다는 것이다.

세 번째 비판은 스트라우스가 생각하는 민주주의와 오늘의 과학적 정치학자들이 생각하는 민주주의 사이에는 커다란 간격이 있다는 것이다. 스트라우스는 민주주의를 목적이 아니라 철학적 생활을 하기 위한 조건으로 보고 있고, 현대의 대중민주정치는 균등주의적 민주정치(Equalitarian Democracy)이거나 중우정치(Democracy)라고 보고 있다는 것이다.

네 번째 비판은 스트라우스가 예지(叡智)를 배양하는 명상 위주의 교육을 강조하고 있는데, 현대교육의 대중화 현상을 감안할 때 과연 명상 위주의 교육이 가능할지 의심스럽다는 것이다.[143]

---

143 이정복, 「인산 김영국 선생의 연구업적 내용」, 인산김영국선생10주기기념학술대회추진위원회 편, 『인산 김영국 선생의 정치학』(고양: 인간사랑, 2010), 117쪽.

스트라우스에 대한 인산의 비판은 계속됐다. 다시 이정복 교수의 해석을 빌리건대, "스트라우스는 과학적 정치학이 정치철학과 양립할 수 없다고 강조하고 있는데, 스트라우스가 과학적 정치학의 내용에 대해서 깊은 조예를 갖고 있는 것 같지 않다는 것이다." 특히 스트라우스는 정치에 대한 사회학적·경제학적·심리학적 접근을 '정치 이하(以下)'의 것을 통한 부당한 접근이라고 비판했는데, 이 비판도 맞지 않는 얘기라는 것이다.

인산의 이 논문에 대한 이정복 교수의 해석은 계속됐다. 이 교수는 다음과 같이 썼다.

> "인산 선생은 위의 글에서는 스트라우스의 정치철학론과 과학적 정치학 비판을 한편으로는 긍정적으로 평가하면서도 다른 한편에 있어서는 그가 과학적 정치학의 대안을 내놓지 못했다는 점과 그가 과학적 정치학을 깊이 이해하고 있지 못하다는 점에 대해 동의하고 있는 것 같다."[144]

그렇다면, 정치학은 어떻게 발전해야만 하는가? 이 물음에 대해 인산은 다음과 같이 답변했다고 이 교수는 썼다.

> "스트라우스의 반(反)과학주의적 철학이 진취적 과학주의자의 관심을 끌게 되고 과학적으로 체계화될 경우 현대정치학의 고민은 해소

---

144 위와 같음, 118쪽.

되고 시민의 과학으로 발전될 계기가 마련될 것이다."[145]

앞의 논문에 이어, 1974년 스트라우스의 1주기에 즈음해, 인산은 서울대학교 《대학신문》(1974년 10월 14일, 4쪽 전면)에 「정치학에 있어서의 철학의 부활: 레오 스트라우스 1주기에 부쳐」를 기고했다. 이 글은 스트라우스의 정치철학론을 요약한 것으로, "철학적 진리는 보편적이며 영원불변인 것이지만, 역사적 진리와 교리는 시공적으로 제한된 것이다."라는 스트라우스의 명제를 소개한 다음에 "스트라우스는 진리의 대종(大宗)을 철학적 진리에서 추구한 정치철학자였다."라는 결론을 제시했다.

인산은 곧 「L. 스트라우스」를 발표했다.[146] 우리가 이미 여러 차례 인용했던 이 글은 스트라우스의 생애와 사상을 설명한 것이다. 이 글에 이어, 서강대학교 《서강신문》(1982년 11월 22일)에 「레오 스트라우스: 정치철학의 회복」을 기고했으며, 『한국정치학회보』에 「마키아벨리의 정치사상론: 레오 스트라우스의 이론을 중심으로」를[147] 기고했다.

마지막으로, 인산 자신이 편집하고 또 거기에 자신의 세 편의 글을 포함시킨 『레오 스트라우스의 정치철학』(서울대학교 출판부, 1995)을 지적할 수 있다. 이 책은 인산의 정년퇴임을 기념하기 위해 주로 인산이 평생에 걸쳐 연구해온 정치사상과 정치철학 분야의 제자들인 김홍우·김용민·윤홍근·김동수·유홍림 등이 자신들의 논문들을 포함시키면서 마련했다.

---

145 위와 같음.

146 한국사회과학연구소 편, 『현대의 사회사상가』(서울: 민음사, 1979), 11–30쪽에 게재됐다.

147 『한국정치학회보』 제17집(1983년 12월), 3–17쪽.

이 책에서, 인산은 우선 「서론」을 썼으며 이어 제1부 「정치철학론」 가운데 제1장 「레오 스트라우스의 정치학론」을 썼다. 이 글들은 우리가 바로 앞에서 살펴본 그의 글들을 재구성했거나 재편집한 것들이다. 인산은 제2부 「정치철학자론」에서 제2장 「마키아벨리론」을 썼다. 이 글은 물론 스트라우스의 마키아벨리론에 크게 의존한 것이다. 인산이 정년퇴임 직후인 1995년 9월에 서울대학교 출판부에서 펴낸 『마키아벨리와 군주론』도 예외는 아니다. 인산의 마키아벨리에 대한 해설은 스트라우스의 그것을 요약한 것이기 때문이다.

제5절 스트라우스 그리고 인산에 있어서의 마키아벨리

이 절에서, 스트라우스의 정치철학론에서 왜 마키아벨리가 중요하게 등장하는가에 대해 살펴보기로 한다. 앞에서 이미 보았듯, 스트라우스는 정치학에서 철학이 배제되고 이른바 과학이 등장하게 된 단초(端初)를 마키아벨리에서 찾았고, 바로 그 점을 이유로 마키아벨리를 무자비하게 비판했다. 그러면 마키아벨리는 어떠한 사람인가? 이 물음에 대해, 인산은 자신의 「마키아벨리 노트」에 부분적으로 써놓았으며, 『마이카벨리와 군주론』에서 자세히 대답했다.

제1항 인산이 서술한 마키아벨리의 생애

마키아벨리의 유아기와 소년기

인산은 자신의 『마키아벨리와 군주론』의 제1장 「생애」에서 마키아벨리의 일생을 조감했는데, 주로 이탈리아의 저명한 문예평론가로 훗날 미국으로 귀화해 콜롬비아대학교 이탈리아어문학과 교수로 봉직한 주세페 프레촐리니(Giuseppe Prezzolini, 1882~1982)의 마키아벨리 전기 『피렌체의 니콜로 마키아벨리의 생애(*Vita di Nicolò Machiavelli fiorentino*)』(1927)에 의존했다. 이 전기에 따르면, "니콜로 마키아벨리는 눈을 뜨고 태어났다." 이 점에 대해, 프레촐리니는 다음과 같이 부연했다.

> "그 당시 눈을 뜨고 태어난 아이는 희귀했다. 요즘은 그런 일이 개인적 취향에 속하는 일이 되기 때문에 남의 주목거리가 되지 않는다. 그러나 그 당시 [피렌체 안의 한 지역으로 마키아벨리가 태어난 지역인] 산타 트리니타(Santa Trinita) 지역의 말이 많은 아낙네들은 모두 이에 관한 말을 주고받았다. 그는 눈을 뜨고 태어났다. 소크라테스와 같이, 볼테르와 같이, 갈릴레오와 같이, 파피니와 같이, 칸트와 같이, 피가로와 같이 […] 그리고 이 책을 쓰고 있는 사람과 같이."[148]

프레촐리니의 이 서술에 대해, 인산은 "프레촐리니는 마키아벨리가 태어날 때부터 남달랐다는 것을 강조하려 한 것 같다."고 논평한 뒤, 다

148 김영국, 『마키아벨리와 군주론』(서울대학교 출판부, 1995), 15쪽.

음과 같이 부연했다.

> "눈을 뜨고 태어났다는 것은 의학적으로 볼 때 별로 자랑스러운 일이 못 되는 것 같다. 프레촐리니의 글을 읽고 [나는] 저명한 산부인과 의사를 찾아가서 눈뜨고 태어나는 아이에 관해서 문의한 일이 있다. 대부분의 아이는 눈을 감은 채로 태어나는데 태내(胎內)에서 몹시 고통을 받은 태아는 간혹 눈을 뜨고 태어나는 수가 있다고 한다. 눈 뜨고 태어난 초생아(初生兒)는 따라서 좋을 것이 없다는 말이다. 프레촐리니는 강조하려는 의도와는 전혀 다른 표현을 한 셈이다."[149]

마키아벨리의 생애에 대한 인산의 설명은 계속됐다. 아래에서, 이 설명을 요약하면서 별도의 인용부호 없이 그대로 옮기기로 한다.

마키아벨리의 유아기 및 소년기를 부분적이나마 알려주는 자료는 아버지의 일기로, 프레촐리니는 이 일기를 자료로 썼다. 이것들에 따르면, 마키아벨리는 1469년 5월 3일에 이탈리아의 중부에 위치한 피렌체에서 태어났다. 피렌체는 영어권에서는 플로렌스(Florence)로 발음된다.

마키아벨리가 평생을 두고 자신이 가난했다는 것을 한탄했다고 하지만 극빈하지는 않았던 것 같다. 아버지는 자식에 대해 높은 교육열을 지녔으며 그래서 마키아벨리가 어린 시절에 그를 집 근처의 글방으로 보냈다. 그렇지만 충분한 교육을 시키지는 못했던 것 같다. 그 점은 마키아벨리가 피렌체에는 물론 그 주변에 대학교들이 있었는데도 어느 대학교에

---

149 위와 같음, 16쪽.

도 다니지 못했던 사실에 나타난다.

아버지가 아들을 대학교에 보내지는 못했으나 많은 책들을 소장하고 있었기에 아들에게 읽을 기회를 마련해주었다. 거기에는 아리스토텔레스의 『윤리학』은 물론이고 키케로의 책들 그리고 프톨레마이오스(Ptolemaios)의 천문학 관련 책들도 포함됐다. 아들은 이 책들을 읽으며 성장했던 것으로 보인다. 또 아버지는 아들을 제본업자나 책방이나 인쇄소에 자주 심부름을 보냈다. 인산은 "아들은 이 심부름을 하면서 책과 친숙해지고 평생 책을 끼고 살았던 것으로 보인다."고 논평했다.[150]

어려서부터 책을 가까이 하고 독서를 통해 지식을 쌓았지만, 책 못지않게 마키아벨리에게 큰 영향을 끼친 것은 당시 이탈리아 그리고 피렌체의 정세였다. 그 무렵 이탈리아는 글자 그대로 사분오열(四分五裂)되어 있었다. 이탈리아 안에 있었던 나라들 가운데 몇몇을 꼽아보면, 로마교황청의 직할령 밖에 나폴리왕국·피렌체공화국·밀라노공국·베네치아공화국 등을 예시할 수 있다. 그 많은 나라들은 서로 자주 전쟁에 들어갔는데, 그 과정에서 외국들을 끌어들이기도 했으며 이탈리아인들은 외국의 용병으로 기꺼이 자신을 판 채 이탈리아의 국가들을 상대로 전투에 참여하기도 했다. 글자 그대로 외국군의 돈에 팔려 동족을 죽이는 골육상잔(骨肉相殘)에 가담했던 것이다.

피렌체공화국도 외우내환(外憂內患)에 시달렸다. 예를 들어, 1478년에는 당시 피렌체공화국의 정권을 장악하고 있는 로렌초 데 메디치(Lorenzo de Medici) 집안을 제거하기 위한 반란이 일어났다. 로렌초 데 메디치는 겨우 위기를 모면했으나, 그 후유증은 컸다. 인산은 다음과 같이 썼다.

150 위와 같음, 19쪽.

"이 사건으로 피렌체에서는 80명 이상의 가담·연루자가 교수형에 처해졌다고 한다. 이 사건은 부도덕하고 잔인하고 탐욕적이고 음모적이고 비열하고 그리고 위험한 정치의 현실을 남김없이 드러내는 것이었다. 그것은 종전의 도덕이나 감정으로 일체 용인하지 않는 냉혹한 현실을 그대로 드러내는 사건이기도 했다."[151]

이 사건은 마키아벨리가 아홉 살 때 일어났다. 그러나 인산은 "[어린아이] 니콜로 [마키아벨리]는 이 사건을 눈으로 보았고 귀로 들었던 것이다."라고 쓰면서, 그것이 그에게 많은 영향을 끼쳤을 것으로 추정했다.[152]

마키아벨리의 20대: 프랑스의 이탈리아 침공이 준 충격 그리고 사보나롤라 처형이 준 충격

마키아벨리는 25세 때인 1494년에, 프랑스의 야만적 이탈리아 침공과 그것에 뒤따른 도시의 살육과 농촌의 황폐를 비롯한 '지극히 산혹한 살생' 그리고 특히 피렌체에서의 철저한 약탈을 목격했다. 여기서 마이카벨리는 어느 무엇보다 한 가지 사실을 확인할 수 있었다. 프랑스는 이미 국내통일을 완성했고 그리하여 국왕은 중앙집권화 된 강력한 군사력을 장악하고 있었음에 반해, 이탈리아는 무수히 작은 국가들로 분열된 채 서로 사이에 끊임없는 전쟁과 불화에 휩싸여 있었다는 사실이다.

---

151 위와 같음, 20쪽.

152 위와 같음, 20쪽.

당시의 상황에 대한 인산의 설명은 계속됐다.

> "이러한 골육상잔의 가혹한 세태 속에서 인심은 나날이 흉악해지고 도의심은 땅에 떨어진다. 여기에 더해서 신성해야 할 교회와 성직자들은 극도의 타락과 부패상을 드러냈다. 특히 로마교황청의 부패는 극심했다. 교황선거를 둘러싸고 온갖 무도한 범죄가 다반사(茶飯事)로 이루어졌다. 로마교황 알렉산드르 6세는 교황이 되기까지 많은 범죄를 일삼았고 품행이 방자하여 성직자이면서도 많은 사생아를 거느렸다. 그뿐 아니라 그 사생아의 하나인 체사레 보르지아로 하여금 교황직할령의 확대를 위해 인근 소국을 침범케 했다. 니콜로는 당시의 이런 이탈리아의 실정을 목격했고 또 몸으로 겪어 알고 있었을 것이다. 그의 관심이 피렌체를 넘어서 이탈리아 전역에 미치게 된 것도 이러한 당시의 국제정세의 영향이었을 것이다."[153]

프랑스의 침공은 결국 피렌체공화국에서 메디치 집안의 몰락과 국외추방으로 이어졌다. 이에 따라 도미니코교단의 수도사 제롤리모 샤보나롤라(Girolamo Savonarola, 1452~1498)가 예수의 가르침에 충실한 기독교적 '인민정부 수립'을 주도했다. 그는 그 사이 로마가톨릭교회와 타락과 피렌체사람들의 부패를 신랄하게 비판하고 멀지 않아 천벌이 내릴 것이라고 여러 차례 예언해왔었다. 사람들은 이제 이 예언자의 예언이 적중했다고 믿으면서, 용암이 화산에서 솟아나오는 것 같고 불을 뿜어내는 듯한 그의 연설에 귀를 기울였다. 민중의 커다란 기대와 뜨거운 지지 속에서 사

153 위와 같음, 22쪽.

회개혁에 이어 정치개혁을 추진했을 때, 마치 예루살렘에서 많은 사람들이 예수의 앞뒤를 둘러싸고 예수를 예찬했듯, 민중은 그를 열광적으로 환영했다.

그러나 사보나롤라는 로마교황청과 불화를 계속하는 가운데 반대파마저 등장한데다가 경제난이 극심해지자 4년 뒤 민중에 의해 추방됐으며 화형을 당했다. 민중은 그의 시체에 돌을 던지기까지 했다. 이 사건을 목격한 마키아벨리는 사보나롤라를 정신력에만 의존하고 무장의 힘에 무지했던 '무기 없는 예언자'로 단정하면서, 구약성경에 나오는 모세(Moses)와 같이 '무장한 예언자'는 성공할 수 있었으나 '무기 없는 예언자'는 몰락하고 만다는 결론에 도달했다.[154] 이 결론에 대해, 인산은 부분적으로 이의를 제기한다. 프랑스의 드골은 '무기 없는 예언자'였지만 1958년에 합법적으로 집권할 수 있었다고 쓴 것이다.[155]

마키아벨리의 공직취임과 체사레 보르지아와의 만남

마키아벨리는 바로 이 시점인 1498년 5월에 피렌체공화국정부의 제2정무처 '장관'으로 취임했다. 만 29세 때의 일이었다. 제1정무처가 외교를 담당하는 기관이었음에 비해 제2정무처는 내정과 군사를 담당하는 기관이었다. '장관'이라고 하지만, 당시 피렌체공화국의 시민은 9만 명 정도에 지나지 않았기에 그렇게 위세가 컸던 자리는 아니었을 것이다. 그는 곧 피렌체공화국정부의 「평화와 자유의 10인 위원회」 사무장도 겸하게 됐으며, 자연히 외교에도 관여할 수 있게 됐다. 실제로 그는 그 당시 이탈

154 위와 같음, 22-23쪽.

155 위와 같음, 4쪽.

리아에 병존했던 무수한 독립국들을 방문하면서 또 프랑스왕국과 스위스연방국 및 독일제국 등을 방문하면서 외교업무를 수행했다. 이 과정에서 그는 많은 견문록 또는 보고서를 남겼다. 인산은 "그의 견문록에는 요즘 보아도 훌륭한 것이 많다. 단순한 현지보고서도 성의와 창의성을 다해 작성했다. 그래서 그 보고서는 지금도 당시의 상황을 연구하는 데 필요한 귀중한 자료가 되고 있는 것이다."라고 논평했다.[156]

공무로 여행을 자주 하면서 마키아벨리는 많은 사람들을 만날 수 있었다. 그들 가운데 마키아벨리에게 가장 큰 영향을 미쳤다고 생각되는 사람은, 인산에 따르면, 체사레 보르지아(Cesare Borgia, 1475~1507)였다. 체사레 보르지아는 로마의 유명한 기생 라 반노차(Vannozza, 1442~1518)와 로마교황청의 한 추기경 사이에서 태어났다. 그 추기경이 체사레 보르지아가 17세가 된 1492년에 214대 교황으로 '선출'되며, 알렉산드르 6세(1431~1503: 재위 1492~1903)로 불리게 된다. 알렉산드르 6세는 가톨릭교회에서조차 "죄악이 너무 커서 아무리 정죄(定罪)를 한다고 해도 부족하다."라는 평을 듣는다. 이 '부부'에 대해 인산은 다음과 같이 논평했다.

> "어머니는 미천한 집안에서 태어났으나 남자를 사로잡는 데 유능한 요부였으며, 아버지는 육체와 정신에 붙을 수 있는 모든 악덕을 체현한 사람이었다. 색을 너무나 밝혔고 또 지나치게 탐욕스러워 자기의 권력을 남용하여 거의 모든 관직을 팔았을 뿐 아니라, 재산을 빼앗기 위해 부유한 추기경 등 많은 성직자들을 독살했다. 그는 종교도

156 위와 같음, 30쪽.

믿지 않았고 약속을 지키는 일도 없었다고 한다."[157]

이러한 부모로부터 태어난 체사레 보르지아는, 다시 인산에 따르면, "저주스러운 독액이 가득 찬 종자로부터 태어났다는 평을 받기도 했다." 그렇지만 15세 때 추기경인 아버지의 후원으로 한 지역의 주교(主教)가 됐고, 아버지가 교황이 되면서 18세 때 추기경이 됐다. 그러나 아버지는 곧 그를 정계로 진출시켰으며, 이탈리아 중부의 로마냐 지방을 침공하게 하고 거기에 로마냐공국을 세우게 했으며 그곳을 기반으로 크고 작은 귀족세력들을 소탕해 막강한 세력을 구축하게 했다. 그 힘으로 그는 당시 로마교황청군대의 총사령관인 자신의 형 (또는 아우?) 후안 보르지아 데 간디아(Juan Borgia de Gandie) 공작을 살해한 것으로 추정된다.

체사레 보르지아의 정치적·군사적 성장은 피렌체공화국에 대해서도 큰 위협으로 떠올랐다. 이러한 배경에서, 마키아벨리는 몇 차례에 걸쳐 그를 방문하고 자세히 관찰하기에 이르렀다. 특히 두 번째 만남이 중요했다. 1502년 10월부터 1503년 1월까지 3개월 반에 걸쳐, 당시 절정기에 있던 체사레의 저택에 머물면서 그를 면밀히 관찰할 수 있었던 것이다.

그 과정에서, 마키아벨리는 체사레 보르지아가 자신의 목적을 달성하기 위해서는 어제까지는 자기편이었다고 해도 적당히 속이고 달래면서 무자비하게 제거하는 짓을 거듭하는 것을 목격했다. 마키아벨리가 체사레의 저택에 머물던 시기에 일어난 시니갈리아 사건이 그 한 보기였다. 체사레 보르지아가 휘하의 영주들과 용병대장들 가운데 일부를 숙청하는 것을 본 나머지 영주들과 용병대장들이 자신들의 앞날도 그렇게 될

157 위와 같음, 31쪽.

것 같다는 불안한 마음에서 체사레에 반대하는 동맹을 맺자, 체사레는 그들과의 화해를 제안해 베네치아(영어로는 베니스) 부근에 위치한 시니갈리아(Senigallia)로 교묘하게 불러들여 무장을 해제시킨 뒤 전원을 죽인 것이다.

마키아벨리는 이러한 체사레 보르지아를 '자기가 필요하다고 판단한 모든 일을 아무런 주저와 가책 없이 결행하는 사람'으로 높이 평가했다. 마이카벨리는 한 걸음 더 나아가 사분오열되어 있는 이탈리아를 통일하고 이탈리아에 평화를 가져올 수 있는 지도자의 전형을 체사레 보르지아에서 발견했다. 샤보나롤라에 대조적으로 체사레는 '무장한 예언자'로 비쳤던 것이다.

그 다음 해에, 마키아벨리는 로마에서 세 번째로 체사레 보르지아를 만났다. 이때는 보르지아의 몰락기였다. 교황인 아버지는 불의의 유행병으로 사망하고, 역시 같은 유행병에 걸려 시달리던 아들 체사레는 겨우 살아남았다. 부자가 병석에 누워있는 동안 정세는 급격히 바뀌었다. 보르지아 가문과는 원수나 다름이 없는 줄리아노 델라 로베레(Giuliano della Rovere) 추기경이 216대 교황으로 선출되어 율리오 2세(Giulio II, 1443~1513: 재위 1503~1513)로 불리게 되자, 체사레는 체포되어 스페인 성 안에 감금된 것이다. 그러나 그는 감옥을 탈출할 수 있었다. 그렇지만 그것이 끝이었다. 용병대에 자원해 전투에 참가했으나 전사한 것이다.

마키아벨리는 체사레 보르지아의 흥망을 목격한 증인이 된 셈이다. 그에 대한 큰 기대는 실망으로 바뀌었다. 그러면서도 마키아벨리는 정치가로서의 체사레 보르지아에 대한 높은 평가를 버리지 않았다. 불행은 어쩔 수 없는 병마에서 비롯되었을 뿐이라고 단정하면서, 체사레 보르지아는 지도자로서 훌륭히 처신했다고 논평했다.

제2항 인산이 번역한 『군주론』

마키아벨리가 42세가 된 1512년에 정세는 급변했다. 스페인의 침공에 따라 피렌체공화정은 붕괴하고 메디치 집안의 재집권이 이뤄진 것이다. 피렌체정부의 고위관리로 일했던 마키아벨리는 메디치 집안에 반대하는 세력에 연루되었다는 혐의 아래 투옥됐으며 심한 고문을 겪은 뒤 파직되어 낙향했다. 시골농부와 다름이 없는 어려운 생활을 하면서도 메디치 집안의 정부에서 일할 수 있는 기회를 얻고자 노력했다. 그 과정에서, 마키아벨리는 1519년경에 『로마사론』의 집필을 끝냈으며, 1525년에 『피렌체의 역사』의 집필을 끝냈고, 또 1521년에 『전쟁론』을 출판했다. 동시에 『라 만드라골라(*La Mandragola*)』와 같은 희곡과 『벨파고르(*Belfagor*)』와 같은 소설 그리고 『카스트루치오 카스트라카니 일대기(*La Vita di Castruccio Castracani da Lucca*)』와 같은 전기를 썼다. 그러나 어느 무엇보다도 1513년에 저 유명한 『군주론(*Il Principe* : 영역은 *The Prince*)』의 집필을 끝냈다. 메디치 집안에게 봉정된 이 책은 1532년에 출판이 허가됐으며 그래서 그 해에 출판된다.

인산은 캘리포니아대학교 로스엔젤레스 캠퍼스 영어영문학과의 로버트 애덤스(Robert M. Adams) 교수가 영역한 *The Prince*(New York: W. W. Norton, 1977)을 기본으로 삼되 이탈리아어원선 그리고 각국의 번역들을 참고하면서 이 책을 번역하고 또 해설을 붙였다. 다음에서 그것에 기초해 이 책의 내용을 요약하기로 한다.

마키아벨리는 이 책을 라틴어가 아니라 이탈리아어로 썼다. 르네상스 곧 문예부흥의 시대가 열리면서 중세기처럼 라틴어로 쓰지 않아도 됐기 때문이다. 양이 많지 않으면서 26개의 장으로 구성된 이 책은 우선 국가의 종류에 대해 설명했다. "역사상 지금까지 민중을 지배하여 왔거나 지배하고 있는 국가나 정부는 모두 공화국이거나 아니면 군주국 어느 하나였다. 그리고 군주국도 통치자의 가문이 오랫동안 통치해온 세습군주국이거나 아니면 새로운 군주국의 두 종류가 있다."라고 설명한 뒤, '세습군주국'과 '혼합군주국' 그리고 '자신의 무력과 역량으로 획득한 신생군주국'과 '타인의 무력과 요행으로 얻어진 새로운 군주국' 및 '시민군주국'에 대해 설명했다. 그의 설명은 '군대의 종류, 특히 용병(傭兵)' 그리고 '군주의 국방임무'로 이어졌다. 계속해서 '인간, 특히 군주가 칭송받거나 탄핵받는 원인에 관하여'와 '어떤 방식으로 군주는 신의를 지켜야만 되는가' 및 '왜 이탈리아 군주들은 그들의 통치권을 상실해왔는가' 등으로 이어졌다. 마지막으로, '이탈리아를 부흥시켜 야만족으로부터 해방시키기 위한 권고'로 끝을 맺었다.

이 책에서 마키아벨리는 군주 또는 통치자에게 몇 가지 가르침들을 제시했다. 우선 그 유명한 '비르투(Virtu)'와 '포르투나(Fortuna)' 론이다. 군주 또는 통치자는 기본적으로 군주 또는 통치자로서의 '덕성(德性)' 곧 '능력' 또는 '역량'을 갖고 있어야 하나 '운(運)' 역시 따라야 한다는 뜻이다. 둘째, '사자와 여우' 론이다. 사자가, 사자를 잡기 위해 사람들이 만들어놓은 올가미에서 스스로를 지키기 위해서는 여우의 간지(奸智)를 지녀야 하고, 여우가 여우를 잡아먹으려고 접근하는 늑대를 도망치도록 만들기 위해서는 사자의 용맹을 지녀야 하는 것처럼, 군주 또는 통치자는 그 둘을 겸비해야 한다는 것이다.

셋째, '은혜' 론이다. 야망과 탐욕이 뒤끓는 현실 속에서 사람은 은혜를 쉽게 잊어버리는 만큼, 군주 또는 통치자는 "자신으로부터 은혜를 입은 사람이라고 해서 배신하지 않을 것으로 믿어서는 안 된다."라고 강조했다. 여기서 그는 은혜를 베푸는 것은 천천히 단계적으로 하되 해치우려고 결심했을 때는 일시에 할 것을 권고했다. 넷째, '사랑과 공포'론이다. 군주 또는 통치자는 민중으로부터 사랑의 대상이 되거나 공포의 대상이 될 때 그 지위가 안정되며, 특히 양자를 겸비했을 때 그 지위가 가장 튼튼하지만, 만일 그것들 가운데 하나를 선택하지 않으면 안 될 때는 공포의 대상이 되는 것이 낫다고 건의했다.

여기서 한 걸음 더 나아가, 그는 특히 군주 또는 통치자가 피해야 할 일은 남에게 원한을 사는 일 그리고 경멸의 대상이 되는 것이라고 가르치면서, 권력을 유지하기 위해서는 악인(惡人)이 되는 것도 마다하지 않아야 한다고 덧붙였다. 종합적으로 말해, 마키아벨리는 "목적은 수단을 정당화한다."는 명제를 제시한 것이다.

마키아벨리가 이 책의 집필을 끝낸 때로부터 14년이 지난 1527년 5월에 피렌체에서는 또 한 차례의 정변이 일어났다. 피렌체사람들은 메디치 집안을 몰아내고 공화정을 세운 것이다. 공화주의자를 자처했던 마키아벨리는 이 새 공화정에서 다시 공직을 얻고자 했다. 그러나 그의 뜻은 실현되지 않았다. 여기에 크게 실망한 그는 빠르게 건강을 잃고 1527년 6월에 향년 57세로 별세했다.

제3항 마키아벨리에 대한 스트라우스의 단죄와 인산의 변호

이상에서 보았듯, 마키아벨리는 도덕적·윤리적·종교적·철학적 관점에서 떠나 냉혹한 정치현실 그대로의 상황을, 말하자면 '있는 그대로의 현실적 모습'을 염두에 두고 군주에 대한 헌책을 마련한 정치사상가였다.

이로써 그는 한쪽으로부터는, 특히 스트라우스로부터는, '교활하고 사악한 교사(敎師)' 또는 '악설(惡說)의 대가'로 지탄받았다. 그러나 다른 쪽으로부터는, '근대적 정치학의 개조(開祖)'로 칭송됐다. 후자에 따르면, 철학과 윤리학 또는 이상주의에 종속됐던 정치학이 마키아벨리에 의해 비로소 과학으로 자리를 잡을 수 있는 계기를 만났다는 것이다. 이러한 맥락에서, 마키아벨리는 현대 '정치과학운동'의 선구자로 간주될 수 있었다.

스트라우스의 단죄

정치철학을 강력히 옹호하면서 과학주의적 정치학에 비판적인 스트라우스에게 마키아벨리는 거세게 공격되어야 할 대상이었다. 스트라우스에 따르면, 마키아벨리는 '악마'이며, 그의 저서는 '악령이 도사린 팸플릿'이다. 결론적으로, 스트라우스는 마키아벨리가 종교와 도덕을 배척함으로써 인간이 추구해야 할 덕성(德性)을 인간생활의 표준으로 삼을 것을 거부하고 "모든 사회가 현실적으로 추구하는 목표를 설사 그것이 부도덕한 것일지라도 표준으로 삼아야 한다."고 주장했다는 이유로 마키아벨리를 죄악시한다.

그러나 스트라우스에 따르면 새로운 정치학을 자처하는 과학주의적 정치학은 마키아벨리의 정치학만큼도 되지 못한다. 그렇다고 해서 스트라우스가 과학주의적 정치학을 '악마'라고 부르는 것은 아니다. "새로운 정치학에서는 타락한 천사에서만 볼 수 있는 속성은 없다"는 것을 인정한다. 그러나 스트라우스에 따르면, "마키아벨리의 가르침은 차라리 우아하고 섬세하고 다채로운 만큼 새로운 정치학은 마키아벨리적인 것도 되지 못한다." 스트라우스는 다음과 같이 부연했다고 인산은 소개했다.

"그것은 네로적인 것도 아니다. 그럼에도 불구하고 새로운 정치학을 통해서 로마가 불타고 있는 동안 제금(提琴)을 켜고 있다고 말할 수 있을 것이다. 새로운 정치학은 두 가지 사실로 인해서 용서될 수 있다. 즉 그것은 제금을 켜고 있다는 것을 모르고 있으며, 로마가 불타고 있는 것도 모르고 있다."[158]

인산의 변호

마키아벨리에 대한 스트라우스의 단죄에 대해 인산은 변호사의 역할을 맡았다. 인산이 어떠한 논리로 마키아벨리를 변호했는가는 김경희(金敬熙) 교수의 논문에서 잘 설명됐다.[159] 인산의 글 그리고 김경희 교수의 논문을 참고하면서 인산의 변호를 소개하기로 한다.

인산은 우선 스트라우스의 마키아벨리론이 마키아벨리에 대한 관심에서 비롯된 것이 아니라 고전정치철학의 부활이라는 목적에서 이루어진 것이라고 파악한다. 나아가 스트라우스의 정치철학이 '정치' 보다는 '철학'에 방점이 찍혀있음을 강조하고, 마키아벨리를 '철학'의 관점에서가 아니라 '정치'의 관점에서 접근해야 한다고 부언한 뒤 다음과 같이 썼다.

"마키아벨리 자신이 마키아벨리스트는 아니었으며 마키아벨리즘의 인생을 보낸 것도 아니다. 일생을 통해 그는 대단히 성실하게 살았

---

158 김영국, 「새로운 정치학에 대한 고찰」, 한국정치학회 편, 『현대의 정치학』(서울: 일조각, 1964), 76쪽에서 다시 옮김.

159 김경희, 「마키아벨리의 정치론: 레오 스트라우스의 마키아벨리론 재고찰」, 인산김영국선생10주기기념학술대회추진위원회 편, 『인산 김영국 선생의 정치학』(고양: 인간사랑, 2010), 179-203쪽.

다. 그리고 공직생활을 하면서도 언제나 가난에 시달렸다. 날카로운 관찰력을 갖고 진지하게 자기의 소신을 피력했다. 그는 결코 흔히 말하는 마키아벨리스트는 아니었다. [나]는 선량한 마키아벨리가 올바르게 평가되기를 바란다."[160]

인산, 마키아벨리를 사마천에 비유하다

인산은 마키아벨리를 변호함에 있어서 사마천(司馬遷, 기원전 145년?~기원전 86년?)을 인용했다. 널리 알려져 있듯, 사마천은 전한(前漢) 7대 황제 무제(武帝) 때 사환했던 사관이었다. 대대로 사관의 역할을 맡았던 집안에서 태어난 그는 무제 아래서 태사령(太史令)으로 봉직하던 때, 기원전 99년에 일어난 흉노와의 전쟁에서 패배하자 어쩔 수 없는 상황에서 투항한 친구 이릉(李陵, ?~기원전 74년)을 변호했다. 무제는 대노하고 그에게 사형을 선고했다. 이 시절에 사형을 면하는 방법은 두 가지가 있었다. 하나는 상상하기조차 어려운 거액의 돈을 내는 속량(贖良)의 방법이었고, 다른 하나는 고환을 제거시키는 궁형(宮刑)을 받아 환관이 되는 방법이었다. 그에게는 목숨을 건질 수 있는 돈이 없었으며, 따라서 나머지 방법은 궁형을 받아들이는 것이었지만, "선비는 궁형을 받느니 차라리 죽는 것이 낫다."는 것이 당시의 사회풍조였다.

그러나 그는『사기(史記)』를 완성하라는 아버지의 유언을 생각하며 궁형을 받아들였다. 제자들을 포함한 선비들은 그를 외면했다. 그러나 그는『사기』를 완성하겠다는 일념에서 비웃음과 모욕을 참아내며 사관직을 유지하는 가운데 불후의 대작『사기』를 완성했다. 무제로부터도 신임

160 김영국,『마키아벨리와 군주론』, 10쪽.

을 얻어 궁중의 모든 환관들을 통솔하는 중서령(中書令)에 임명됐으며, 만년에는 고향으로 돌아가 거기서 생활할 수 있도록 허락을 받았다.

인산은 마키아벨리가 『군주론』을 집필한 심경을 사마천이 『사기』를 집필한 심경에 빗대었다. 「마키아벨리 노트」에, 그리고 『마키아벨리와 군주론』에, 인산은 다음과 같이 써놓았다.

> "사마천은 그의 『사기』 전130권의 마지막에 서문을 붙였다. 「열전(列傳) 제70 태사공 자서(自序)」다. 그 내용은 다음과 같다. '신체를 파손시키고 창피스러운 삶을 무릅쓰고 쓰지 않으면 안 되었던 것이 무엇이었던가? 시서(詩書)가 음약(陰約)함은 그 뜻한 바를 이룩하려는 욕심 때문이다. 옛날에, [훗날 주(周)의 문왕(文王)이 되는] 서백(西伯)은 유리(羑里)에 구금되어 『주역(周易)』을 말하고, 공자도 진·채(陳·蔡)에 묶여서 『춘추(春秋)』를 저술했고, 굴원(屈原)도 추방되어 『이소(離騷)』를 썼고, 좌구(左丘)는 눈이 멀었기 때문에 『국어(國語)』를 만들어냈다. 손빈(孫臏)은 발이 잘려서 『병법(兵法)』을 논했고, [여]불위([呂]不韋)는 촉(蜀)으로 쫓겨서 후세에 『여람(呂覽)』을 전했으며, 한비(韓非)는 진(秦)에게 잡혀서 『설난(說難)』과 『고분(孤憤)』을 남겼다. 시(詩) 3백 편 대부분이 성현(聖賢)이 발분(發憤)해서 만들어낸 것이다. 인간이란 마음에 맺힌 일이 있어도 그것을 풀 길이 없을 경우 지난 일을 되새기고 다음 시대의 사람을 생각하는 모양이다. 즉 자기의 생각이 미래에 위탁하여 남기고 싶어서 과거지사(過去之事)를 서술했다고 볼 수 있다."

인산은 이어 다음과 같이 썼다.

“마키아벨리도 마음이 답답하고 맺힌 바가 있어 그 도(道)를 통할 수가 없었다. 그래서 자기가 원하는 바를 이룩할 수가 없었기 때문에 자기의 생각을 미래에 위탁하여 남기기 위해서 글을 썼다고 생각한다.”[161]

제4항 한국에서의 마키아벨리 연구와 인산의 위치

이 대목에서, 한국의 마키아벨리 연구에 있어서 인산의 위치에 대해 생각해 보기로 한다. 마키아벨리와 그의 『군주론』에 대한 한국에서의 연구가 일천하지만은 않다. 아무리 늦게 잡는다고 해도, 1958년에 최숙형(崔淑炯) 경북대학교 교수는 『군주론』(신생문화사)을 영역본을 참고하면서 일본어본으로부터 중역했다. 비록 중역이었다고 해도 우리나라 최초의 번역이었다는 점에 의미가 있었다. 1963년 2월에는 신성욱(申聖旭)이 「마키아벨리 정치사상 연구」로 연세대학교 대학원 정치외교학과에서 정치학석사학위를 받았다. 이 논문이 우리나라에서 마키아벨리를 주제로 한 최초의 학위논문이다. 이어 세바인 저/민병태 역, 『정치사상사』(을유문화사, 1963) 전편(前篇) 「제17장 마키아벨리」는 마키아벨리의 이론적 결함을 지적하면서도 그의 ‘통찰력’을 긍정적으로 소개했으며, 김하룡(金河龍) 교수는 1968년에 역시 마키아벨리를 긍정적으로 평가하는 글을 출

161 위와 같음, 39쪽.

판했다.[162]

마키아벨리에 대한 관심은 1970년대에 들어와 좀 더 뚜렷해졌다. 1972년에 김경원(金瓊元) 교수는 정치질서와 자유라는 관점에서 마키아벨리의 정치사상을 분석한 논문을 발표했는데,[163] 이 논문은 그 수준이 매우 높아 학계에 마키아벨리에 대한 관심을 새롭게 불러일으켰다. 민준기(閔俊基) 교수는 같은 해에 발표한 논문에서[164] 마키아벨리가 이탈리아의 통일을 위해 쏟은 학문적 열정을 높이 평가했다. 같은 해에 신상초(申相楚) 교수와 임명방(林明芳) 교수는 각각 『군주론』을 비롯한 마키아벨리의 저술들을 번역했는데, 특히 로마대학교에서 문학박사학위를 받은 임명방 교수의 번역은 우리나라에서 최초의 이탈리아원전으로부터의 번역이라는 점에서 의미를 지녔다.[165]

1974~1976년에 『군주론』의 번역이 뒤따랐다. 한상범(韓相範) 교수의 『군주론』(정음사 정음문고 128, 1974), 이상두(李相斗) 교수의 『군주론』(범우사, 1975), 백상건(白尙健) 교수의 『군주론』(박영사 박영문고 107, 1976), 그리고 황문수(黃文秀) 교수의 『군주론』(마키아벨리의 『정략론』 합본)(동서문화사, 1976) 등이 그것들이다.

1980년에는 신복룡(申福龍) 교수가 『군주론』(을유문화사, 1980)을 번역

---

162 김하룡, 「마키아벨리의 『군주론』」, 동아일보사 신동아 편집실 편, 『세계를 움직인 백권의 책』(동아일보사, 1968), 117–119쪽.

163 김경원, 「자유에 대하여: 마키아벨리를 중심으로」, 『문학과 지성』(1972년 8월), 476–483쪽.

164 민준기, 「국가와 통일과 지도자: 플라톤·마키아벨리·헤겔의 시각을 중심으로」, 『정경연구』(1972년 12월), 46–53쪽.

165 임명방의 번역은 휘문출판사에서 1972년에 처음 출판됐으며 1982년에 삼성출판사에서 토머스 홉스 저/한승조 역, 『리바이어던』과 합본된 채 출판됐다.

했다. 신 교수는 그 이후에도 이 책을 여러 형태로 다시 출판해 마키아벨리 연구를 거듭 자극했다.[166] 이러한 추세 속에서, 마침내 마키아벨리를 주제로 한 국내 최초의 박사학위논문이 통과됐다. 진원숙(陳元淑)의 「마키아벨리의 정치사상 연구」(계명대학교 대학원 역사학과 1984년 2월)가 그것이다. 마키아벨리에 대한 논문은 1980년대에 김비환(金飛煥)과 배병삼(裵炳三) 등에 의해 계속해서 출판됐다.[167]

1990년대에 들어서면서, 마키아벨리에 대한 연구는 새로운 단계로 올라섰다. 이탈리아어 원전을 다룰 수 있는 능력을 갖춘 학자들이 출현하면서, 『군주론』 뿐만 아니라 그의 다른 저술들도 번역·출판되기에 이르렀던 것이다. 그 대표적인 학자가 우선 곽차섭(郭次燮) 교수로, 그는 「바로크시대 이딸리아의 마키아벨리즘 연구: 국가이성론과 타키티즘을 중심으로」라는 논문으로 서강대학교 대학원 사학과에서 1992년 8월에 문학박사학위를 받았는데, 이 논문이 마키아벨리를 주제로 한 우리나라에서의 두 번째의 박사학위논문이다. 그는 이어 마키아벨리의 저술들이 한국에서 어떻게 번역돼왔는가를 자세히 소개했다.[168]

일본의 소설가로 이탈리아에서 10년에 걸쳐 생활하는 가운데 이탈리아의 역사를 깊이 공부하고 거기에 근거해 여러 책들을 펴낸 시오노 나나미(塩野七生)의 마키아벨리와 체사레 보르지아에 관한 책들이 번역되

166 예컨대, 『마키아벨리가 들려주는 군주론 이야기』(자음과모음, 2008).

167 김비환, 「마키아벨리 정치사상의 르네쌍스적 성격」, 『수선논집』(성균관대학교 대학원), 10(1986년 1월), 223–240쪽; 배병삼, 「마키아벨리의 한국적 수용」, 『고황논집』(경희대학교 대학원), 1(1986년 7월), 37–71쪽.

168 곽차섭, 「마키아벨리 한국어 역본, 1958–2009」, 『코기토』(부산대학교 인문학연구소), (2010년 2월), 257–279쪽.

면서 마키아벨리에 대한 관심과 연구의 열기는 뜨거워졌다.[169] 그러한 흐름 속에서, 김경희(金敬熙) 교수 역시 이탈리아어원전을 해독하면서 마키아벨리에 관해 많은 저술들을 출판했다.[170] 서울대학교 사회과학대학 외교학과 명예교수 박상섭(朴相燮) 박사 역시 매우 중요한 저서를 출판했다.[171] 르네상스시대를 깊이 연구한 영남대학교 교수 박홍규(朴洪圭) 박사 역시 활발한 저술활동으로 이 주제의 심화에 기여했다.[172]

마키아벨리는 중국의 순자(荀子)와 한비자(韓非子)를 비롯해 현실세계에 바탕을 두고 제왕학의 정립에 이바지한 사상가들 또는 이론가들에 비교되기에 충분했다. 그리하여 그들을 비교한 석사학위논문들이 제출됐다. 다른 한편으로, 중국의 사상가들과 그들의 저술들을 깊이 천착해

169 시오노 나나미 지음/ 오정환 옮김, 『체사레 보르자 혹은 우아한 냉혹』(한길사, 2001) 및 _____, 지음/ 오정환 옮김, 『나의 친구 마키아벨리』(한길사, 2002).

170 강정인·김경희 옮김, 『니콜로 마키아벨리, 『군주론』』(까치글방, 2008); 김경희, 「마키아벨리의 선정론(buon governo): 『군주론』에 나타난 '건국'(建國)과 '치국'(治國)의 정치학」, 『한국정치학회보』 제42집 제3호(2008년 가을), 51-73쪽; _____, 「'독존'에서 '공존'으로: 마키아벨리 『군주론』 해석에 대한 일(一) 고찰, 『한국정치연구』 제20집 제1호(2011년 2월), 47-69쪽; _____, 「마키아벨리 『군주론』의 두 가지 권력론: 군주의 역량과 군주국의 활력」, 『한국정치학회보』 제45권 제14호(2011년 가을), 49-67쪽; _____, 『공존의 정치: 마키아벨리 『군주론』의 새로운 이해』(서강대학교 출판부, 2013); _____, 「마키아벨리의 포르투나관 연구: 『군주론』을 중심으로」, 『한국정치연구』 제26집 제1호(2017년 2월), 53-74쪽.

171 박상섭, 『국가와 폭력: 마키아벨리의 정치사상 연구』(서울대학교 출판문화원, 2013).

172 박홍규, 『마키아벨리: 시민정치의 오래된 미래』(필맥, 2014); _____, 『왜 다시 마키아벨리인가: 보다 나은 세상을 위한 로마사 이야기』(을유문화사, 2017); _____ 해제, 『마키아벨리 지음/쎄라 강 옮김, 『군주론: 마키아벨리와 군주론 제대로 읽기』(인물과사상사, 2018).

이미 여러 저서들을 출판한 신동준(申東埈) 박사는 마키아벨리에 대해서도 다수의 저서들을 출판했다.[173]

이상에서 우리는 한국에서 마키아벨리 연구가 진행되어온 과정을 살폈다. 그러면 인산이 그 과정에서 차지하는 위치는 어디인가? 인산이 1995년에 『마키아벨리와 군주론』을 출판했음을 고려할 때, 인산을 마키아벨리 연구에 있어서의 개척자로 부르기는 어렵다. 그러나 그의 연구가 후학들에게 자극을 주었음은 부인하기 어렵다. 그 직접적 사례가 바로 앞에서 거명한 신동준 박사다. 신 박사는 서울대학교 사회과학대학 정치학과 그리고 서울대학교 대학원 정치학과 석·박사과정에서 인산으로부터 직접 배운 제자인 것이다.

인산이 별세한 때로부터 1년이 지난 시점에, 서울대학교 대학원 정치학과는 또 한 사람의 마키아벨리 전문학자를 배출했다. 신철희(愼哲熙)는 「마키아벨리와 스피노자의 '민(民)' 개념 비교연구: '인민형성(people-building)'을 중심으로」(2011년 2월)로 정치학박사학위를 받은 것이다.

173 신동준, 『마키아벨리 군주론: 이탈리아어 완역결정판』(인간사랑, 2014); ______, 『리더라면 한비자처럼, 참모라면 마키아벨리처럼: 동서양 최고의 인간경영학을 만나다』(위즈덤하우스, 2014); ______, 『탁월한 사람을 모방하라: 마키아벨리처럼: 위기를 창조적 도약으로 바꾸는 자기혁신법』(미다스북스, 2015); ______, 『마키아벨리처럼 지배하라』(미다스북스, 2018).

제7장

대학행정가·학회지도자로 봉사한 뒤 서울대학교 정치·외교학과에서 최초로 정년을 맞이하다

서울대학교에서 정교수로 승진하고 박사학위를 받은 이후, 달리 말해 42세로부터 그 이후 별세할 때까지의 약 27년 남짓한 세월을 인산은 대체로 학문연구자로서보다는 서울대학교의 어른으로 동시에 한국정치학회를 비롯한 여러 학회들의 어른으로 생활했다. 대학행정가·학회지도자로서의 모습이 강의에, 특히 연구와 집필에 전념하는 학자로서의 모습을 앞섰던 시기였다. 그렇다고 해서, 연구와 집필을 완전히 끊지는 않았다. 강의는 계속 맡으면서 공동연구자의 한 사람으로 또는 공동편집자의 한 사람으로 출판을 이어갔다.

제1절 《대학신문》 주간으로서의 활동, 파리정치대학에서의 연구 그리고 민병태 교수의 별세

제1항 《대학신문》 주간으로 새롭게 출발하다

인산의 학자생활에서의 하나의 전기는 1973년 새 학년도의 시작과 더불어 마련됐다. 이 해 3월 7일에 서울대학교《대학신문》주간으로 임명을 받고 이 일을 수행하면서 동시에 서울대학교 총장의 중요한 참모들 가운데 한 사람으로 서울대학교의 학사행정 전반에 직접적으로 관여하게 된 것이다.

전임자는 서울대학교 문리대 정치학과 교수로 제9대 국회의원이 되면서 학교를 떠나게 된 구범모 박사였다. 정치학과 입학으로나 전임교원 임명으로나 인산의 후배인 구 교수는 인산을 높이 평가해 끔찍이 모셨다. "인간적 성품에서나 학자적 자질에서나 김영국 교수만한 사람이 어디에 있나. 다만 양심적이고 마음이 고운 탓에 엄혹한 시국에 눌려 스스로 소극적 생활을 해왔을 뿐인데, 뭔가 새로운 활동의 기회를 마련해 주지 않으면 아주 위축되겠다."고 판단해 인산을 자신의 후임자로 천거했다. 그 무렵 한심석(韓沁錫) 총장을 비롯해, 흔히 '본부'라고 불렸던 서울대학교 중앙집행부가 구 교수에 대해 갖는 신뢰는 매우 높았다. 따라서 한 총장은 구 교수의 건의를 그대로 받아들여 인산에게 주간을 맡겼다.

구범모 교수의 예견은 적중했다. 한두 해 전부터 조금씩 살아나던 활기는 새 일을 맡으면서 더욱 왕성해진 것이다. 인산 스스로 이렇게 회상했다: "일반 독자들과 달리 매주 [월요일에 배포되는 신문을] 토요일 저녁때쯤 먼저 받아보는 그 즐거움은 아마도 신문제작에 참여한 사람 외에는 느낄 수 없는 것이며, 일주일간의 피로와 긴장도 스스로 풀려졌다."[174] 《대학신문》주간을 맡은 것을 계기로 1976년부터 2년 동안 전국대학신문지도교수협의회 회장으로 봉사했다.

174 김영국, 「유신체제와 대학신문」, 서울대학교 대학신문사 편, 『대학신문(1975–77) 영인본』, 1986년 10월 15일, 머리글, 2쪽.

「자유민주주의의 본질」

인산은 《대학신문》 주간의 일을 성실히 수행하면서도 집필을 잊지는 않았다. 그는 위의 글을 『북한』(1973년 11월, 47-88쪽)에 발표했는데, 1년 전에 출범한 유신정권의 반(反)자유민주주의적 분위기 속에서 '자유민주주의'를 옹호한 것이 주목된다.

인산은 우선 "자유민주주의는 계보적(系譜的)으로 보아 19세기 이후 자유주의적 민주주의의 전통을 이어받았다. 이러한 자유민주주의에로의 전이(轉移)는 자유방임주의적 소극적 자유를 복지주의적 적극적 자유로 승화시켰다."라고 논평한 데 이어, 다음과 같은 결론을 제시했다.

> "이데올로기로서의 자유민주주의는 오늘날 세계의 더욱 많은 국민의 신조(信條)로 되어가고 있다. 냉전시대의 방어적 성격은 자유민주주의가 지녔던 한 측면에 불과하다. 인간의 자유로운 생활을 해치는 것은 비단 반민주적(反民主的) 독재세력 뿐이 아니니다. 부조리한 전통, 근대화되지 못한 국가, 경제적 빈곤, 사회적 불안 등도 자유로운 생활과 양립할 수는 없다. 이데올로기로서의 자유민주주의는 평화시(平和時)의 건설이념으로서 살아남아 있는 것이다."

「정치교육론: 역사적 고찰과 오늘의 문제점」

인산은 이 논문을 『서울평론』(1974년 6월 6일, 6-11쪽)에 발표했다. 이 논문에서, 인산은 우선 "현대는 정치의 시대이다."라고 단언하고, 다음과 같이 부연했다.

> "정치는 횡적(橫的)으로 팽창되고 종적(縱的)으로 심화일로(深化一

路)를 거듭하고 있다. 국제사회의 어느 한 구석의 사소한 움직임도 또한 국내사회의 어떤 미세한 사건도 오늘날 정치와 무관할 수는 없다. 개인은 원하든 원하지 않든 정치의 영향권을 벗어날 수는 없다."

이렇게 정치가 '팽창현상'을 보이는 상황에서, "정치불신 또는 정치기피 사조가 팽배하고 있다."고 지적한 데 이어 "이러한 정치불신 정치기피의 시대는 없는 것 같다."고 부연했다. 한 마디로, 인산은 이 시대를 '반정치(反政治)'의 시대라고 명명하고, 바로 그렇기에 '정치교육'이 긴급히 요청된다고 제의했다.

이 논문은 인산의 기존연구와 흐름을 같이 한다. 인산이 연구의 대상으로 삼았던 플라톤·아리스토텔레스·마키아벨리·스트라우스 모두가 '정치교육'을 강조하지 않았던가. 플라톤은 『국가』에서, 아리스토텔레스는 『정치학』에서, 마키아벨리는 『로마사』에서, 그리고 스트라우스는 『정치철학이란 무엇인가?』에서 정치와 시민교육을 동전의 양면처럼 간주하며 시민교육의 중요성을 부각시켰던 것이다.

『정치학개론』·『신정치학개론』 등

서울대학교 사회과학대학 정치학과는 구영록(具永祿)·김영국(金榮國)·이홍구(李洪九)·최명(崔明) 교수 등[가나다 순서]이 중심이 되어 1975년 9월에 『정치학개론』(서울대학교 출판부)을 출판했다. 이 책은 1978년 12월에 사실상 완전히 개정됐으며, 1980년 3월에 수정3판을 출판하기에 이르렀다. 수정3판을 기준으로 말하면, 인산은 제1편 「정치학의 기초」 및 「제3편 정치권력론」을 집필했다. 그것은, 우리가 제5장에서 이미 살핀 『정치학 요강』에서 파생한 것이다.

제2항 학생들 보호에 힘을 쏟다

《대학신문》 주간을 맡았던 1974년 4월 3일에 박정희 대통령은 "남한의 공산주의자들이 「전국민주청년학생총연맹」(약칭 민청학련)을 조직해 대한민국의 공산화를 지향하는 인민혁명을 일으키려 하고 있다."고 주장하면서, 이들을 다루기 위한 긴급조치 4호를 발령했다. 4월 25일에 신직수(申稙秀) 중앙정보부장은 이미 약 240명의 '혐의자'들을 체포해 수사하고 있다고 발표했다. 이것은 1973년 10월 이후 대학가를 중심으로 표면화된 유신체제반대운동을 견제하거나 무력화시키기 위해 사안을 일방적으로 확대하고 조작하기까지 한 반(反)헌법적 조치였다.

본질은 그러했지만, 당장 발등에 불이 떨어진 곳은 서울대학교였다. 체포·수감된 '혐의자'들 가운데 서울대학교 학생들이 많이 포함됐기 때문이었다. 이 매우 어려운 상황에서, 인산은 학생보호에 최선을 다했다.

백운선 군의 경우

그 한 사례가 서울대학교 문리대 정치학과를 막 졸업하고 대학원 정치학과 석사과정에 입학함과 동시에 유네스코 한국위원회에 취업한 상태에서 이 사건에 연루돼 구속됐던 68학번의 백운선(白雲善)에 대한 보호와 보증이있다. 백운선은 이때 불법적으로 구속된 채 고문까지 당한 정동영(鄭東泳: 국사학과) 및 한석태(韓錫泰: 정치학과) 등 여러 친구들과 함께 그때로부터 약 38년이 지난 2012년 9월에 국가를 상대로 손해배상을 청구하는 민사소송을 제기했는데, 그 소장(訴狀: 사건 2012가 합 80539 손해배상 기) 92쪽은 인산의 도움에 대해 다음과 같이 밝혔다.

"백운선은 수감 전 유네스코 한국위원회에서 근무하고 있었는데, 유네스코 한국위원회는 수감된 백운선을 일단 대기발령하였다가, 1974년 8월 1일자로 퇴직처리, 즉 해고하였습니다. 그래서 백운선은 석방 후 갈 데가 마땅치 않았습니다. 이처럼 일자리를 잃고 막막하였던 백운선은 현실이 어렵더라도 학위는 취득해놓고 보자는 생각에 일단 대학원에 복학하였으나, 문제는 학비와 생활비의 조달이었습니다. 여기저기에 번역, 원고정리 등의 파트타임 일거리를 계속 찾아다녀야 했고, 이를 위해 친분과 인맥을 다 동원하는 과정에서 피할 수 없는 모멸감과 수치도 견디어야 했습니다."

"그러던 중 백운선을 유네스코에 추천해주셨던 김영국 교수님의 간곡한 부탁과 보증에 따라, 1975년 5월부터 유네스코에서 파트타임 일거리를 얻을 수 있었고, 그 해 11월 복직이 허락되었습니다. 그러나 그 이후의 직장생활도 순탄한 것만은 결코 아니었습니다. 시국사건이 있을 때마다 형사들이 찾아왔고, 그때마다 주위의 불편한 눈총을 피할 수 없었습니다. 또한 복직을 반대했던 간부들의 압력도 만만치 않았습니다. 김영국 교수님의 친구이셨던 사무총장의 특별한 배려가 없었다면, 백운선이 직장생활을 지속하기는 어려웠을 것입니다."

백운선 군은 인산의 보살핌 속에서 훗날 서울대학교 대학원 정치학과에서 석사학위를 받은 데 이어 1992년 8월에 정치학박사학위를 받는다. 특히 박사학위논문의 지도는 인산 스스로가 맡았다. 이와 관련해, 《중앙일보》(1992년 9월 21일, 13쪽)는 다음과 같이 보도했다.

> "「국회 프락치사건」으로 잘 알려진 제헌국회 내 소장파의원들에 대한 본격적 연구논문이 처음으로 나왔다. 서울대 대학원 정치학과 백운선 씨는 박사학위논문 「제헌국회내 소장파에 관한 연구」에서 「국회 프락치사건」을 이승만정권이 소장파 의원들을 제거하기 위한 정치적 공작이라고 보고, 반냉전(反冷戰)·통일지향적 소장파가 국회 내에서 축출됨에 따라 분단고정화의 지평을 확대하고 한국적 권위주의통치의 강압성이 생성됐다는 등 소장파의원들의 활동을 새로운 시각에서 조명했다.
> 이 논문에 대해 [지도를 담당했던] 김영국 교수(정치학과)는 "제헌국회에 대해서는 그동안 개설적인 연구만 있어왔는데, 이번에 원내세력 분포 등 심층적 연구가 이루어지게 됐고 좌경용공으로 몰려 금기시(禁忌視) 돼왔던 소장파에 대한 새로운 조명이 이루어지게 됐다."고 설명했다.

앞에서 보았듯, 반독재민주화운동에 참여했다는 명예로운 이유로 역설적이게도 간난신고(艱難辛苦)를 겪어야 했던 백 박사는 호남대학교 교무처장과 사회과학대학장 및 대학원장으로 봉직한다. 정년으로 퇴임한 그는 이 대학교 초빙교수로 봉사하면서, 오늘까지도 인산의 따뜻하면서도 자상했던 보살핌을 자주 회고하고 은사에 대한 고마움을 거듭 말하곤 한다.

김재홍 군의 경우

다른 한 사례가 김재홍(金在洪) 군이다. 1969년 3월에 정치학과에 입학한 김 군은 박정희정부가 학원을 탄압하기 위한 수단들 가운데 하나로 군사교련을 필수과목으로 부과할 때 문리대 대의원회 의장으로 반대 시위에 앞장을 섰던 까닭에, 1971년 10월 15일에 위수령 발동과 더불어 '퇴학'을 당하고 군에 징집됐다가 1974년 8월 15일에 제대하면서 1974년 2학기에 '재입학' 절차를 거쳐 겨우 복학할 수 있었다. 그러나 공안당국의 감시는 끊이지 않았다. 이 시점에, 김 군의 회고에 따르면,《대학신문》 주간인 인산이 김 군을 조용히 불러《대학신문》 학생기자로 발령을 내주고《대학신문》의 출판부 일을 전담시켰다. 이로써 김 군은 공안당국의 감시망에서 벗어날 수 있었고 큰 경제적 부담 없이 1976년 2월에 졸업할 수 있었다.

김재홍 군은 그 이후 서울대학교 대학원 정치학과에서 석사·박사과정을 밟았고, 이홍구 교수의 지도 아래「한국의 좌우익이념과 해방후 정당활동에 관한 연구」라는 논문을 완결지어 1987년 2월에 정치학박사학위를 받았다.《동아일보》 수습기자공채시험을 거쳐《동아일보》 논설위원으로 활동했으며, 경기대학교 정치전문대학교 교수를 역임한 데 이어 열린우리당 공천을 받아 제17대 국회의원으로 활동했고, 현재 서울디지털대학교 총장으로 봉직하고 있다, 그는 오늘날까지도 자신을 보호해주고 학문적으로 성장시켜준 인산에 대해 고마움을 간직하고 있다.

제3항 파리정치대학에서의 연구

인산은 엄혹한 유신시대의 전반기에 해당되는 1975년 1학기를 마친 직후에서 1976년 2월까지 6개월 정도 프랑스 파리정치대학에서 연구에 전념했다. 이 6개월 동안 인산은 여전히《대학신문》 주간직을 유지했는데, 이홍구 교수가 그의 부재중에 주간직을 충실히 대행했다. 인산은 프랑스어에 능숙했기에 사교와 여가생활에도 아무런 불편이 없었다. 원래 스스로의 표현으로 프랑코화일이던 그는 이때의 파리생활을 무척 소중하게 회상하곤 했다.

파리에서의 연구는 프랑스의 정치학에 대한 매우 긍정적인 소개로 이어졌다. 귀국한 뒤 인산은 다음과 같이 썼다.

> "프랑스에 있어서의 정치학이 교육과 연구는 국가적 사업이라고 해도 과언(過言)은 아닌 것이다. 근대적 정치학의 전통은 제3공화정의 출범과 때를 같이 한다. 새로운 공화국을 창립한 후 공화국의 기본정신을 이해하고 그 운영의 합리성을 기(期)할 목적으로 「정치행정대학(E'cole Libre de la Science politique et l'administration)」을 창설한다.
>
> 이것은 당시까지의 프랑스의 정치학 교육과 연구의 전통을 타파하는 새로운 시도였다. 어느 나라에 있어서나 학제의 개혁이란 결코 쉬운 일이 아니며, 그것은 특정한 학문에 종사하는 전문연구가의 힘으로써만 이루어질 수 없는 법이다. 「정치행정대학」은 새로운 공화국의 실무를 담당할 행정관리의 양성의 필요성으로 그 창설이 촉구된 것이기는 하나 그 결과로 프랑스에서는 정치학이 독립된 학문으로 발전할 수 있는 터전을 마련하게 된 것이다."[175]

175 김영국, 「한국에 있어서의 정치학의 발전」, 『한국정치학회보』 제11집(1977년 12월), 39–49쪽 가운데 42쪽.

인산은 이어 「파리정치대학(Institut d'Etudes politiques de Paris)」의 교과목을 살핀 뒤, "여기서 주목할 점은 정치학교육이 역사학·지리학·정치제도 그리고 경제학을 기초로 삼고 있으며 정치분야를 전공하는 사람은 사회학과 경제학의 훈련을 동시에 받고 있다는 사실이다. 특히 미국의 정치학과 대조를 이루고 있는 것은 정치학이 경제학과 밀착되어 있다는 점이다."라고 부연했다.[176]

파리에서의 연구를 마치고 귀국한 이후 두드러지게 나타난 또 하나의 변화는 지역연구(area studies)에 대한 훨씬 더 긍정적인 의견의 개진이었다. 예컨대 1976년 5월 31일자 《대학신문》에 기고한 글에서, 그는 "지금 무엇보다도 아쉬운 점은 지역연구가 부실한 데 있을 것이다. [···] 현대국가는 국제사회를 외면하고는 살아남을 수가 없다. [···] 개별국가가 모두 우리의 경쟁대상이라는 점을 상기한다면 적어도 특정 지역에 관한 몇 사람의 전문가는 있어야 할 것이다."라고 쓴 것이다. 그는 또 과학주의적 정치학에 대해서도 훨씬 더 긍정적으로 썼다.[177]

이 점은 인산이 1977년에 발표한 논문에서 다시 확인됐다. 그는 "오늘날 [학문과 학문 사이의] 공동연구가 가장 절실하게 요구되는 분야가 지역연구임에 비추어 정치학자는 특정한 지역에 대한 전문적 연구가 있어야 한다는 점을 지적하고 싶다."고 강조한 것이다.[178] 이것은 40대 중반의 그가 학문적으로 훨씬 더 원숙해졌음을 의미했다.

---

176 위와 같음, 48쪽.

177 김영국, 「학풍 한 세대: 정치학」, 《대학신문》(1976년 5월 31일), 5쪽.

178 김영국, 「한국에 있어서의 정치학의 발전」, 49쪽.

제4항 민병태 교수의 별세에 「조사」를 발표하다

인산은 귀국과 더불어 다시 《대학신문》을 스스로 이끌면서 대학신문사 편, 『광복 30년: 시련과 극복의 역정』(서울대학교 출판부, 1977년 3월)의 출판을 주도했다. 그는 이 책에 「서언」을 썼는데, 아주 짧은 이 글에서 그는 "[우리나라에서] 지성적 차원에서도 많은 변화가 있었다."라고 지적하고, "오늘의 우리의 지성인들은 우리의 고유한 문화와 역사적 전통에 대해서 일찍이 없었던 관심을 갖기 시작했다. 사회적으로는 문예부흥의 새 기풍이 돌고 있다."라고 썼다.

1977년 11월 12일에 인산이 스승으로 또는 '아버지'처럼 모셨던 민병태 교수가 별세했다. 인산은 마치 '아들'처럼 장례 전반을 살폈으며, 「조사」를 발표했다. 여기서 그는 민 교수의 학문적 업적 그리고 학자로서의 올곧은 일생을 높이 평가했다.[179]

---

179 김영국, 「상아탑의 외로운 파수꾼: 고 민병태 박사 영전에」, 《경향신문》(1977년 11월 15일), 6쪽.

제2절 학생처장·사회과학대학장 직무를 수행하며 한국정치학회·현대사상연구회 등을 이끌다

제1항 난세에 학생처장의 어려운 책임을 슬기롭게 수행하다

민병태 교수가 별세하면서, 인산은 서울대학교 사회과학대학 정치학과의 최고 선임교수가 되어 학과를 정신적으로 이끌게 됐다. 이어 1978년 1월 1일에 윤천주(尹天柱) 총장으로부터 학생처장 발령을 받았으며, 1979년 5월 26일에 윤 총장이 퇴임하고 이튿날 동양사학과 교수로 문리대학장과 부총장을 역임한 고병익(高柄翊) 박사가 총장으로 기용돼 서울대학교를 이끌던 때인 1979년 12월 31일까지 이 어려운 책임을 계속해서 유지했다. 이것은 인산이 유신체제 말기 그리고 1979년의 10·26사태 직후 및 신군부에 의한 1979년의 12·12군사반란 이후에 전개된 복잡하면서도 유동적인 상황에서 서울대학교 학사운영 전반에 훨씬 더 폭넓게 참여하지 않으면 안 됐음을 의미했다.

이 무렵에, 특히 10·26사태 이후 일시적으로 힘이 빠지기 이전의 유신말기의 시기에, 중앙정보부의 학원담당 요원들은 학생처장실에 상주하다시피 했다. 그 요원들의 끄나풀들도 자주 들락날락거렸다. 전화도청은 물론이었다. 그들은 조그만 꼬투리 하나만 잡아도 대학을 괴롭히곤 했다. 이때 인산은 교수들에게 자신의 학생처장실을 방문하는 경우, 중앙정보부 요원들이나 그들의 끄나풀들이 머물고 있음에 유의해 언행을 신중히 하도록 권고했다. 이처럼 현명하게 상황에 대처하면서 특히 학생들의 보호에 힘을 기울였다.

제2항 사회과학대장 수행과 와병

1980년에 5·18민주화운동을 유혈로 '진압'한 신군부는 대체로 6월 중순을 전후해 여러 부문에서 인사에 손을 댔다. 국립인 서울대학교가 예외일 수가 없었다. 총장은 1980년 6월 30일자로 고병익 박사로부터 서울대학교 의과대학장과 서울대학교병원장을 역임한 권이혁(權彛赫) 박사로 바뀌었으며, 부총장은 같은 날에 학생처장과 사회과학대학장을 역임한 경제학 교수 이현재(李賢宰) 박사로 바뀌었다. 이러한 전반적인 교체의 흐름 속에서, 인산은 1980년 8월 5일에 서울대학교 사회과학대학 학장으로 임명됐다. 전임자는 경제학과 조순(趙淳) 교수였다. 《대학신문》(1980년 9월 22일, 2쪽)과의 인터뷰에서, 인산은 '학내 언론의 중요성'을 역설하는 가운데 자신은 대학행정에서 모든 구성원들 사이의 의사소통을 중시하겠다는 뜻을 밝혔다.

인산의 사회과학대학장 취임은 교수사회에서 환영을 받았다. 최명 교수는 다음과 같이 회상했다.

> "김영국 교수는 1980년 8월에 사회대 학장이 되었는데, 인기가 좋았다. 그때 교무학장보는 심리학과 이장호(李將鎬) 교수였고 학생학장보는 사회복지학과 최일섭(崔日燮) 교수였다. 점심때가 가까워지면 학장실이 붐볐다. 별일이 없으면 다 같이 점심을 하러 나가는 것인데, 대체로 자주 가는 곳이 천수장이라는 고기집이었다. 고기를 약

간 구워 먹고, 거기에 밥을 비벼 먹는 것이 단골 점심메뉴였다."[180]

이렇게 교수들과 자주 어울리고 또 알게 모르게 교수들을 도와주면서 사회과학대학을 화기애애(和氣靄靄)한 분위기 속에 이끌기 시작한 때로부터 2개월이 채 되지 않은 시점인 1980년 9월 24일에 인산은 갑작스레 쓰러지고 서울대학교병원에 입원하게 되어 주변을 놀라게 했다. 이때의 상황을 최명 교수는 다음과 같이 회상했다.

> "[추석인 9월 23일을 앞두고 김영국 교수는 최일섭 교수 그리고 나와 함께 충청남도 예당저수지에서 낚시를 하고 다음날 온양온천을 거쳐 서울 동부이촌동 한강주공아파트에 사는 김세원 교수 집에서 저녁을 함께 했다.] 9월 24일 목요일 오후 늦은 시간이다. […] 6동 사회대 교수휴게실로 갔다. 김 학장이 예의 최일섭 교수와 바둑을 두고 있었다. 여섯시 퇴근시간 좀 전인데, 김 학장의 바둑 두는 솜씨에 난조가 보이기 시작했다. 평소 그답지 않은 수를 놓는 것이다. 이상하다고 느끼는 순간인데, 김 학장이 쓰러졌다. 그때 휴게실에는 몇몇 교수가 더 있었는데, 놀라기는 마찬가지였다.
>
> 마침 보건진료소에 엠뷸런스가 있어서 서울대병원 응급실로 달렸다. 김 학장도 처음이겠지만, 나도 난생 처음 엠뷸런스를 탄 것이다. 나중에 알게 된 것이지만 심장에서 머리로 가는 동맥이 약간 막혀서 일이 벌어진 것이다. 김 학장은 젊어서 기계체조 선수였고 당시도

---

180 최명, 「나의 재직시절」, 서울대학교정치학과60년사발간위원회 편, 『서울대학교 정치학과 60년사』(서울대학교 사회과학대학 정치학과, 2009), 179쪽.

요새 말로 몸짱이었다. 문제는 담배가 아닌가 한다. 병에는 장사가 없다지만, 그는 무지무지한 골초였다. 병원에서 3주 치료를 받고, 상태가 좋아졌다. 10월 14일에 퇴원하여 다시 학장 일을 하게 되었다."[181]

최명 교수의 글에서 보이듯, 결국 인산은 오랜 기간에 걸친 잦은 흡연으로 건강을 해치게 됐다는 추론이 가능해진 것인데, 이 점에서도 그는 은사 민병태 교수의 뒤를 이은 셈이다. 민 교수 역시 수십년에 걸친 줄담배로 63세에 별세하지 않았던가. 인산의 흡연과 관련해, 1969년 입학의 이서항(李瑞恒) 군은 이렇게 회상했다.

"선생님이《대학신문》주간으로 계실 때, 나는 학생기자로 선생님을 모셨다. 그때 대학신문사는 서울대학교 의과대학 구내의 3층 건물에서 3층 전체를 쓰고 있었다. 우리는 1층의 서울대학교 보건진료소를 지나 2층의 학생심리상담소를 거쳐 3층으로 올라가곤 했다. 선생님을 모시고 1층을 지니기면 그때 보긴진료소 소장을 맡고 있던 서울대학교 의과대학 내과 교수 진병호 박사가 선생님에게 '담배를 끊어. 당신은 담배 때문에 몸을 상하고 고생을 하게 될 거야.'라고 외치다시피 했다. 그러면 선생님은 '정치철학을 전공하는 사람에게는 사유(思惟)가 필수적인데 담배를 피우지 않은 채 어떻게 사유를 계속할 수 있단 말인가.'라고 응답하곤 했다."

181 위와 같음, 179-180쪽.

이서항 군은 서울대학교 문리대 정치학과를 졸업하고 서울대학교 대학원 정치학과에서 정치발전론을 전공해 석사학위를 받았으며, 중앙일보사 수습기자공채시험을 거쳐 《중앙일보》 사회부기자로 활동했다. 곧 미국 켄트주립대학교 대학원 정치학과에서 장학생으로 선발돼 해양국제법을 중심으로 국제법과 국제정치를 전공하고 박사학위를 받았으며, 해양국제법 분야의 세계적 연구소인 캐나다 달하우지대학교(Dalhousie University) 법과대학 해양법연구소 박사후기연구원을 거쳐 외무부 외교안보연구원 교수 및 연구실장 그리고 뭄바이총영사로 봉직했다. 단국대학교 우석(友石)한국영토연구소 소장을 거쳐 현재 한국해양전략연구소 소장이다.

「Destut de Tracy의 이데올로지론」[182]

인산은 학장의 바쁜 일을 다시 수행하면서도 1981년 1월에 위의 논문을 『한우근박사정년기념사학논총』(776-789쪽)에 발표했다. 수술을 마친 뒤 4개월 정도 지난 시점이었다. 인산은 원래 한우근 교수를 무척 존경했다. 평소에도 '한 박사가…' '한 박사가…'라는 말을 자주 했다. 그래서 그의 정년에 즈음에 출판되는 이 논문집에 자신의 건강을 돌보지 않고 무리하게 기고했던 것이다.

182 이 논문의 제목은 분명히 「Destut de Tracy의 이데올로지론」이다. 드 트라시는 프랑스인이어서 프랑스어로 논문을 썼기에 '이데올로지'로 발음되는 것이 마땅하며 프랑스어에 능숙한 인산은 정확히 '이데올로지론'으로 표기했던 것이다. 그런데 출판사들은 '이데올로지'를 오기(誤記) 또는 오식(誤植)이라고 지레 짐작하고 으레 '이데올로기'로 고쳐놓았다. 그것은 바로잡은 것이 아니라 오히려 잘못 고친 것이다.

드 트라시(Antoine-Louis Claude Destutt de Tracy)는 18세기 후반과 19세기 전반 사이에 활동한 프랑스의 교육행정가이며 사상가였다. 그는 프랑스학술원 회원이 된 뒤 1798년에 발표한 논문 「사고능력에 관하여」를 통해 어느 사상가나 이론가에 앞서 처음으로 '이데올로지(ideologie)'라는 표현을 쓰면서 '사고(思考)에 관한 학문', 곧 이데올로지가 반드시 생겨날 것으로 전망하고 자기 나름의 이데올로지 체계를 세웠다. 그가 처음으로 쓴 '이데올로지'라는 프랑스어는, 독일어로 '이데올로기(ideologie)'로 읽히게 되고 영어로는 '이데올로기(ideology)'로 읽히게 된다.

드 트라시가 세운 '이데올로지 체계'는 인식론에서 출발해 언어학·논리학·경제학·도덕학·입법학·물리학·기하학·미적분학을 포괄하는 것이었다. 비록 미완성으로 그쳤지만, 인산의 평가에 따르면, 그 구상의 웅대함은 프랑스혁명 전의 백과사전학파나 뒤에 실증철학을 완성하게 되는 콩트의 그것에 필적하는 것이었다. 그렇다고 해도, 그는 백과사전학파나 콩트와 같이 큰 업적을 남기지는 못했다.

그러나 드 트라시는 프랑스인의 정체성을 찾기 위해 국민교육이론을 세우려는 노력을 기울인 학자로 높이 평가되고 있다. "인산은 전무적 자질보다도 교육과 입법을 통해서 즉 사회적으로 유리한 환경을 통해서 무한히 발전할 수 있다."는 사상은 그에 앞서 이미 전개됐었다. 드 트라시는, 인산에 따르면, 그러한 사상을 이어받으면서 교육과 사회환경의 개선을 통해 국민의 도덕적 수준을 높이고자 한 것이다.

인산은 자신의 이 논문을 다음과 같은 말로 매듭을 지었다.

> 그의 사회이론은 본질적으로 보수적인 것이었다. 그는 혁명의 이념을 긍정적으로 받아들이고 그 이념의 실천적 과정을 중요시했다. 혁

명이념은 비록 훌륭한 것이었다 하더라도 실천되기에는 너무나도 추상적인 것이었다. 그 까닭에 실천과정에는 많은 혼란이 야기되었다. 이러한 혼란을 수습하기 위해서는 실천의 지침이 필요했을 것이며, 그러한 지침은 혁명이념이나 마찬가지로 중요하며 의의 있는 일이었다. 이데올로지론은 이 같은 지침의 원리를 제공하는 것이었기에 독자적인 사회철학이나 사회개혁이론을 갖지 못했다고 볼 수 있다. 그러나 보수적 이데올로지가 갖는 이데올로기성을 우리는 결코 과소평가할 수는 없을 것이다.

이렇게 학장직무 수행에 논문 집필의 과로가 겹치게 되자, 1981년 4월 19일에 다시 쓰러져 서울대병원에 입원하게 됐다. 그때의 상황을 당시 서울대학교 법과대학 교수였던 이수성 박사—훗날 서울대학교 총장 및 국무총리를 역임한다—는 다음과 같이 회상했다.

"그날 나는 명륜동에 있는 한우근 교수 집에서 두 분이 바둑을 두는 것을 보고 있었다. 나도 바둑을 무척 좋아했고 두 분 모두를 존경했기 때문이다. 그런데 갑자기 김 교수가 쓰러지는 것이었다. 그 자리에서 나는 서울대학교 병원에 전화를 걸어 앰뷸런스를 부르고 선생님을 모시고 병원으로 갔다."[183]

인산과 매우 가까웠던 최명 교수는 다음과 같이 회상했다.

183 이수성 교수와의 대화. 2014년 1월 3일 저녁.

"어느 일요일 저녁 이홍구 교수가 전화를 하였다. 그날 오후에 김영국 교수가 한우근 교수댁에서 바둑을 두다가 또 쓰러졌다는 소식이었다. 지금 대학병원 응급실인데, 가도 소용이 없으니, 알고나 있으라는 이야기였다. 잊혀지지 않는 것이 그날이 4·19였기 때문이다."[184]

1개월 남짓 지나 퇴원을 하면서, 인산은 사표를 제출했고 1981년 5월 28일에 수리됐다. 후임은 외교학과 교수 손제석(孫製錫) 박사였다.

『현대정치학의 대상과 방법』 가운데 「제1장 서론」

인산의 저술활동은 계속됐다. 그러나 건강 때문에 그의 글은 짧을 수밖에 없었다. 그 점은 김영국 편, 『현대정치학의 대상과 방법』(법문사, 1981년 11월, 9–18쪽)에 게재된 위의 짧은 글에서 확인됐다. 구영록(具永祿)·길승흠(吉昇欽)·안청시(安淸市)·이정복(李正馥)·이홍구(李洪九)·최명(崔明) 교수 등[가나다 순서] 서울대학교 사회과학대학 정치학과 교수들이 자신의 전공에 맞게 쓴 논문들을 모은 이 책의 「서론」에서, 인산은 미국에서 정치학이 발전해온 과정을 설명한 데 이어 그것이 한국의 정치학 발전에 어떤 영향을 끼쳤는가라는 관점에서 서술했다.

비록 짧은 글이지만, 인산은 많은 논점들을 제시했는데, 그것들 가운데 하나는 "방법론의 입장에서 보아 한국정치연구가 매우 뒤지고 있는 것이 사실이다."라는 명제이다. 이와 관련해 인산은 다음과 같이 부연했다.

---

184 최명, 「나의 재직시절」, 180쪽.

"오늘날 한국정치연구에 적용되고 있는 대부분의 이론은 한국의 정치상황을 고려하지 않은 일반이론이기 때문에 그 성과도 매우 피상적이거나 무의미한 것이 많다. 그리고 서구사회연구에 통용되는 분석모델을 그대로 한국정치분석에 적용시킴으로써 한국의 정치를 선진서방국가의 맥락으로 파악하는 위험스러운 사례도 적지 않다."

같은 맥락에서, 인산은 이 글을 다음과 같이 매듭지었다.

"[…] 우리나라의 정치학은 아직도 미숙한 점이 많다. 가령 정치과정의 연구는 국내정치분석의 핵심이 되고 있음에도 불구하고 한국의 정치과정 전반에 관한 한 권의 단행본도 없으며, 정당과 선거 및 정치참여에 관한 경험적 분석을 폭넓게 제시하는 한 권의 국어단행본도 없다는 사실이 이를 증명하고도 남음이 있는 것이다. 우리나라 학문이 우리나라의 입장에서 우리나라의 것을 중심으로 이루어져야 한다함은 오늘날 우리의 시대적 과제이다."

제3항 한국정치학회 회장으로 봉사하다

인산은 자신이 창립 때부터 참여해온 한국정치학회에서 회장으로 봉사하게 됐다. 제자들과 후학들의 권유를 받아들여 1982년 12월 9일에 연세대학교 장기원기념관에서 실시된 제12대 한국정치학회 회장 경선에서 당선된 것이다.

인산은 1983년 1월 1일부터 1983년 12월 31일까지 한 해 동안 한국정치학회를 이끌었다. 부회장으로는 김상준(金相俊) 서강대학교 교수, 이창우(李昶雨) 영남대학교 교수, 최정주(崔定周) 조선대학교 교수를 모셨다. 총무이사는 길승흠(吉昇欽) 서울대학교 교수, 연구이사는 안병만(安秉萬) 한국외국어대학교 교수, 편집이사는 김광웅(金光雄) 서울대학교 교수, 섭외이사는 서진영(徐鎭英) 고려대학교 교수, 학술상담당이사는 안병준(安秉俊) 연세대학교 교수, 무임소상임이사는 이준일(李俊一) 중앙대학교 교수, 박창로(朴昌魯) 동국대학교 교수, 유영준(劉英俊) 인하대학교 교수, 임효선(林孝善) 성균관대학교 교수, 진덕규(陳德奎) 이화여자대학교 교수 등에게 각각 맡겼다.

이 구성은 인산의 균형감각을 말해주었다. 지역, 출신대학 및 현직대학, 그리고 전공분야 등을 충분히 고려한 결과였다. 특히 자신이 봉직하는 서울대학교 정치학과 교수들 가운데는 길승흠 교수 한 사람만 기용한 것은 그가 늘 강조한 '인사에 있어서의 원후근박(遠厚近薄: 먼 쪽에 대해 후하게 하고 가까운 쪽에 대해 박하게 한다) 정신'의 반영이었다. 전반적으로, 한국정치학회는 이 구성을 아주 좋게 받아들였다.

이 시기는 세계의 정치학계에서나 국내의 정치학계에서 성지체계론 및 정치발전론 등으로 대표되던 미국적 행태주의 정치학을 제치고 그동안 미국적 행태주의 정치학에 압도됐던 국가론이 다시 중요하게 연구되던 '국가학 부흥의 시기'였다. 인산의 수십 년에 걸친 연구주제와 일치하게 되어 훨씬 더 보람 있게 학회를 이끌었다.

제4항 현대사상연구회 회장으로 봉사하면서 이념문제에 관심을 기울이다

한국정치학회 회장 임기를 마친 뒤, 인산은 서울대학교 안에 세워진 현대사상연구회 회장으로 봉사하게 됐다. 1970년대부터 한국사회에서 부각된 이념문제가 1980년대에 들어서서 더욱 심각해지자 이념에 직결된 정치사상 또는 정치철학을 전공해온 인산으로서 무심히 지낼 수만은 없었다. 그리하여 1984년 5월 14일부터 별세할 때까지 현대사상연구회 회장으로 봉사하면서 주로 운동권을 중심으로 확산되던 이론들 또는 사상들에 대한 연구와 대안제시 등에 관심을 쏟았다.

그리하여 인산이 학장직을 그만둔 이후 일정한 기간에 걸쳐 발표한 논문들은 거의 모두 이념에 관한 것들이었다. 인산의 그러한 활동은 아마도 자신이 직접 논문으로 다루었던 드 트라시의 국민교육론에 영향을 받은 것으로 추정된다.

국민교육에 대한 인산의 관심 및 열정과 관련해, 정윤재 교수는 다음과 같이 회상했다.

> 김영국 선생님은 민주주의발전의 중요한 요소들 가운데 하나인 '정치교육'에 관심을 갖고 이데올로기비판교육 혹은 민주시민교육에 많은 관심을 보이셨다. 주로 한국외국어대학교 김계수(金桂洙) 교수 그리고 서울대학교 윤용탁(尹鎔柝) 교수 등과 함께 활동하셨다. 특히 한국에서도 독일과 같이 정치교육이 범국가적 차원에서 제도적으로 실천되어야 한다는 취지에서 김영삼 대통령후보에게 가칭 「민주시민교육원」의 설립과 운영을 강력하게 권고했었다. 그러나 김영

삼 후보는 그러한 정치교육이 '독재적 발상'이라면서 이 제안을 거절했다고 한다.

같은 맥락에서, 김영국 선생님은 서울대학교 학생들의 지도자적 덕성을 함양하는 교육에도 각별한 관심을 갖고 부총장 재임 때 이의 실천을 위해 유럽·미국·일본에서의 이상적 인간상과 리더십교육에 관한 현황을 조사·연구하여 「지성, 덕성 및 리더십 교육 프로그램」(서울대 사회과학대학, 1993. 2)을 발간했고 이것이 서울대학교의 정식 교과목으로 채택하고자 노력했다. 그러나 교수들의 호응과 참여가 없어 당초의 뜻을 이루지 못했다.

정윤재 교수는 다음과 같은 일화를 저자에게 들려주었다.

"저는 선생님께서 돌아가시기 바로 전 해인 1999년 10월경에 점심을 모셨었습니다. 식사를 마치자 저에게 줄 것이 있다고 하시면서 선생님 댁으로 저를 데려 갔습니다. 선생님께서는 서재에서 「지성, 덕성 및 리더십 교육 프로그램」을 꺼내 주셨습니다. 정치리더십을 공부하면서 민주시민교육에 관심을 갖고 있던 저는 지금도 이 자료를 소중히 간직하고 있습니다."

마르크스의 저작들을 논평하다

같은 맥락에서, 인산은 문교부 학술연구보고서로 마련된 「대학사상교육의 현황과 문제점」(1982년 12월), 「국가 이념교육의 현황과 문제점」(1984년 6월), 「현대 급진사상의 계보」(1987년 8월), 「사회변동과 정신교육 정립을 위한 연구」(1989년 8월) 등, 이른바 연구프로젝트들을 이끌었다.

또 마르크스 저작들의 역서들에 대한 서평을 쓰기도 했다. 첫째, 데이비드 맥렐런(David Mclellan)의 *The Thought of Karl Marx: AnInterpretation*(New York, 1971)을 신오현(申午鉉) 교수가 『칼 마르크스의 사상』(서울: 민음사, 1982)으로 번역한 것을 서평했다. 둘째, 멜빈 레이더(Melvin Rader)의 *Marx's Interpretation of History*(New York: Oxford University Press, 1979)를 이용필(李容弼) 교수가 『마르크스 사상의 구조: 이론적 비판』(서울: 교육과학사, 1983)으로 번역한 것을 서평했다. 셋째, 쉴로모 아비네리(Shlomo Avineri)의 *The Social and Political Thought of Karl Marx*(New York: Cambridge University Press, 1968)를 이홍구 교수가 『칼 마르크스의 사회사상과 정치사상』(서울: 까치, 1983)으로 번역한 것을 서평했다. 넷째, 데이비드 맥렐런의 *Marxism After Marx*(New York, 1979)를 안택원(安澤源) 교수가 『마르크스주의 논쟁사』(서울: 인간사랑, 1986)로 번역한 것을 서평했다.[185]

마르크스에 관한 주요 저작들을 다룬 이 네 편의 글들은 마르크스의 정치철학에 대한 인산의 깊은 이해를 보여준다. 인산은 대체로 "마르크스의 사상이 휴머니즘에서 출발했으나 그 사상이 폭력혁명의 도구로 활용됨으로써 독재주의와 같은 것으로 이해됐다."는 입장을 나타냈다. 이러한 시각은 인산이 '네오마르크시즘'에 대해 호의적이었음을 보여주는 것으로 해석될 수 있겠다.

185 『현대 사조의 이해』 III(서울: 평민사, 1984), 187-201쪽; 『현대 사조의 이해』 II(서울: 대왕사, 1983), 107-120쪽; 『현대사조의 이해』 VI(서울: 형설출판사, 1985), 9-24쪽; 『현대 사조의 이해』 VII(서울: 형설출판사, 1987), 87-104쪽의 순서대로 실려 있다.

「이익집단과 국민윤리」

인산은 이 논문을 한국정신문화연구원 국민윤리연구실이 편집한 『한국인의 윤리관 II』(한국정신문화연구원, 1984, 157-198쪽)에 발표했다. 인산은 "이 연구는 우리나라가 산업사회화하는 과정에 있어서나 이른바 후기산업사회로 진입할 경우에 있어서의 제(諸) 문제를 국민윤리의 입장에서 다루려고 한 것이다. 이익집단을 논제로 택한 것은 그것이 산업사회의 산물로서 산업사회의 문제를 가장 잘 집약해서 나타내는 것이라고 생각했기 때문이다."라는 문장으로 시작했다.

'국민윤리'에 대해서는, 그것을 '국민공동생활의 원리'로 정의하고 다음과 같이 부연했다.

> "국민공동생활의 원활한 영위를 위해서 국민들이 지켜야 할 규범은 물론, 공동체의식과 국민적 기상과 정신, 그리고 민족과 국가공동체의 생존 내지 번영을 위하여 요구되는 가치관·태도·지식 등 이 모든 것이 '국민공동생활의 원리'라는 의미 속에 내포된다고 볼 수 있다."

「현대국가의 기본과제: 산업화와 관련해서」

인산은 1985년에 한국정신문화연구원이 주최한 「현대사회와 국가」라는 학술대회에서 이 논문을 발표했다. 이 논문은 한국정신문화연구원 국민정신연찬부 편, 『현대사회와 국가』(한국정신문화연구원, 1986, 23-33쪽)에 수록됐다.

인산은 세계정치학회(IPSA)가 1985년 여름에 프랑스 파리에서 제13차 세계정치학자대회를 개최하면서 「변화하는 국가와 국가의 국내적·국제적 사회와의 상호작용(The Changing State and Its Interaction with National and International Society)」이라는 큰 제목 아래 국가론을 주제로 삼은 데 주목했다. "현대국가의 문제는 이제 세계적인 관심의 초점이 되었다."고 지적하면서, 인산은 '국가의 이론이 새로운 차원에서 다각적으로 거론되는' 배경을 설명했다. 그리고는 탈산업사회에 들어선 서구선진산업사회의 민주주의국가들이 당면한 문제점들을 짚었다.

인산의 관심은 곧 한국에 집중됐다. 그는 "한국은 아직도 탈산업사회의 단계에는 들어서지 못했다."고 지적하고, "그 까닭에 우리에게는 발전을 위한 국가의식의 관리가 필요하다."고 역설하면서도, 국가의식을 고양시키기 위해서는 "국가에 대한 국민적 신앙을 창출하는 것은 매우 중요하지만 [···] 합리적 설득방법으로 보완될 필요가 있으며, 이러한 중요성은 날이 갈수록 증대되고 있다."고 덧붙였다. 이어 "네오마르크시즘의 국가론에 대한 독서층이 증대하고 있는 국내현실에서 설득력 있는 건전한 국가관이 창출될 이유가 있다고 본다."고 매듭지었다.

「국가이념의 이데올로기적 성격」

인산은 이 논문을 서울대학교 현대사상연구회 편, 『이데올로기와 사회변동』(서울대학교 출판부, 1986년 3월, 3-17쪽)에 수록했다. 이 책의 첫 번째 논문인 이 논문에서 인산은 '주권적 국가론' '다원적 국가론' '복지국가론'을 비교·설명했다. 인산은 다음과 같은 결론을 제시했다.

> "급속도로 변천하는 현대사회에 있어서 국가의 적극적개입이 불가피하게 요구되는 시대에 우리는 살고 있다. 이렇게 변천하는 상황에서 국가가 수행하는 기능도 달라지게 마련이며, 그러한 국가를 정당

화하는 이데올로기의 역할도 또한 중요하다고 본다. 그러기에 오늘날 국가의 문제가 학문적 관심의 대상으로 부활되기에 이르렀다고 본다. 더욱이 우리의 경우와 같이 근대국가의 역사가 짧은 실정에서 현대국가가 당면한 문제를 올바르게 파악한다는 것은 조만간에 우리에게도 닥쳐올 선진사회의 문제를 극복하는 데 큰 도움이 되리라고 확신한다. 결국 국가론은 어느 한 시점에서 중지되지 않고, 계속 전개될 운명에 있다고 하겠다."

제5항 바이패스 수술로 소생하다

건강을 고려해 제한된 범위 안에서 집필을 이어갔지만, 혈관과 심장에 본질적 문제를 지녔던 인산에게는 그것조차 부담을 주었던 것 같다. 그리하여 그는 1986년에 다시 쓰러졌다. 최명 교수는 다음과 같이 회상했다.

"[1980년과 1981년에 각각 쓰러졌으나 수술로 회생한] 후에도 김영국 교수는 두세 번 더 쓰러졌는데, 그때마다 주위에 아는 사람이 있어서 응급조치가 되었었다. 운이 좋다면 좋았다. 1986년 초에 바이패스 수술을 받은 것도 순전히 운의 소치였다. 그 전 해 12월에 김 교수가 또 같은 병으로 서울대병원에 입원을 하였다. 그때 마침 미국에서 조중행이란 의사가 일시 귀국을 하였다가, 김 교수의 바이패스 수술을 하게 되었다. 서울의대 은사에게 인사를 간 것이 인연이 된 것이다. 당시만 해도 한국서는 바이패스 수술을 하지 못할 적인

데, 심장수술의 권위를 만나서 시범수술을 받은 것이다."

담당의사는 바이패스 수술을 권유하면서도 그것이 '모험적'일 수 있음을 덧붙였다. 그러므로 주변에서는 누구도 뭐라고 말할 수 없었다. 생사의 갈림길에서 구범모 교수가 수술을 받아들이도록 강력히 권하자 가족들도 모험을 결심했다. 다행히 수술은 성공적으로 끝났으며, 인산은 '제2의 삶'을 얻은 것이다 다름없었다. 이때 거의 매일같이 문병한 이가, "자기 자신보다 남을 더 아끼고 자신에 대한 배려보다 남에 대한 배려를 더 많이 한다."는 평을 듣던 따뜻한 가슴의 이홍구 교수였다. 인산은 자신이 소중하게 아끼던 후배 이 교수의 내방을 무척 즐거워했고 고마워했다.

제6항 이념문제에 관한 논문들을 계속해서 발표하다

바이패스 수술을 받아 기적적으로 소생한 인산은, 최명 교수의 회상에 따르면, 자신이 '덤으로 사는 거야!'라고 말했다. 최 교수는 다음과 같이 회상했다.

"보통 바이패스 수술을 받으면 6~7년 정도 더 산다고 한다. 그런데 김 교수는 그 배를 더 사셨다. 수술 후 가끔 농담조로 '지금은 덤으로 사는 거야!'하셨다. 길다면 길고, 짧다면 짧은 덤이다. 1995년 8월에 정년을 하시고, 5년을 더 사셨다. 그래도 가끔 둘이 있을 때면, 웃으면서 '그래도 참 잘 살았지!' 하셨다. 그 의미를 그때나 지금이나 정확히 이해하지는 못하나, 말하자면 지족(知足)의 경지에서 노신 것이 아닌가 생각한다."[186]

"덤으로 산다."고 말하면서도, 인산은 그 덤을 낭비하지 않았다. 그는 이념문제에 관한 글들을 계속해서 발표했다.

「자유민주주의의 재검토: 그 철학적 근원과 현실적 구분」

인산은 이 논문을 『현대사회』 27(1987년 9월, 3-14쪽)에 발표했다. 인산은 "요즘 우리 사회는 심각한 변동을 겪고 있으며, 그러한 변동은 민주화를 겨냥하고 있다고 할 수 있다."는 문장으로 시작했다. 그는 이어 "그것은 구체적으로 청와대권력의 제한, 국회권한의 신장, 자유경쟁선거의 실시, 국회가 중심이 되는 정당정치에의 관심의 집중, 정치범의 석방 및 해금정치인(解禁政治人)의 복권, 자유언론의 활성화 등을 그 내용으로 하는 것이다. 이러한 내용은 따지고 본다면 자유민주주의의 본질에서 파생된 것이라고 하겠다."고 부연했다.

이러한 전제 아래, 인산은 자유민주주의가 생성·전개해온 과정을 서양정치철학의 큰 틀 안에서 분석하는 가운데 특히 '민주주의의 가장 고전적 경제이론'을 정립한 로크, 그리고 '근대민주주의의 사상적 선구자' 루소의 '공동체원리' 등을 설명했다. 인산은 이어 "이상과 같은 역사적 개관을 통해서 우리가 알 수 있는 것은 자유민주주의의 이념에 대한 해석이 상황적 변화에 따라 변하고 있다는 사실이다. 이것은 자유민주주의가 상황적 변화에 적응할 수 있는 고도의 유연성을 갖는다고 해석될 수도 있는 노릇이나, 다른 한편 자유민주주의 이념의 본질에 관한 논쟁을 유

186 최명, 「나의 재직시절」, 180-181쪽.

발시킬 수 있는 여지가 큼을 입증한다고 볼 수도 있는 것이다."라고 설명하고, 현대민주주의의 '심각한 위기'를 다루면서 다음과 같이 썼다.

> "현대민주주의가 겪고 있는 권위의 위기 또는 통치불가능성(ungovernability)은 산업발달에 따른 사회의 다원화에서 비롯된 것이 사실이다. 사회를 구심점 없는 다원사회로 해체시켜버릴 경우 공동체의 존립은 위태로워진다. 근년의 국가협조체제의 등장은 이러한 위기상황에서 공동체를 다시 찾으려는 시도로 이해될 수 있다. 오늘날의 민주화과정에 있어 이러한 공동체형성원리는 매우 중요한 의의를 갖는다고 본다."

마지막으로, 인산은 자유민주주의에 반대하거나 자유민주주의를 보완하려는 취지에서 등장한 여러 이데올로기에 대한 자신의 입장을 밝혔다. 그는 우선 마르크스의 계급이론을 비판하고, 당시 운동권이 제시한 '민중론'과 '민중민주주의'에 대해서는 그것이 '과격한 계급이론'에 기초를 두었다고 지적하면서, "계급이론이나 혁명이론은 용납될 수 없는 반민주적 이론이라 할 수 있다."고 단정했다.

「현대사조와 한국사상의 과제」

인산은 이 논문을 한국정신문화연구원 인문연구실 편, 『선진한국의 이념적 기초』(한국정신문화연구원, 1988년 3월), 43－87쪽에 게재했다. 이 논문에서, 인산은 '현대사조'를 우선 '자유주의'와 '사회주의'로 나눴다. 그리고 '자유주의'에 대해서는, '자유주의'가 발생하고 발전해온 과정을 설명한 데 이어 '오늘날의 혁신자유주의'에 대해 설명했으며, '사회주의'에 대해서는 '사회주의'가 생성하고 발전해온 과정을 설명한 데 이어 '마르크시즘과 급진사회주의' 그리고 '급진과격주의와 혁명론'으로 나누어 설명했다.

이러한 큰 틀 안에서, 인산은 한국사회에서 이념적 갈등이 형성되고 전개돼온 과정을 분석한 뒤, "한국사회의 본격적인 계층구조의 변화는 1960년대 중반 이후 정부주도의 경제개발과 고도산업화로부터 비롯되었다."라고 진단했다. 이처럼 대내적으로 계층구조의 양극화가 뚜렷하게 나타나는 현실에서 분단국가로서의 문제들이 어우러지고 결국 '새로운 사상적 움직임'이 절실하게 요청되었다고 보았다. 이 논문의 마지막에서, 인산은 "요컨대, 민족의 재통일이라는 당위를 향해 전 민족을 이끌어갈 수 있는 정신체계가 필요한데 이것이 바로 오늘의 한국사상이 담당해야 할 과제인 것이다."라고 썼다.

「자유민주주의에 대한 이론적 고찰과 반성」

인산은 1988년도 문교부학술연구조성비에 의해 이 연구를 수행하고, 그 결과를 『현대사상』 1(1989년 12월, 3-35쪽)에 발표했다. 이 논문에서, 인산은 우선 자유민주주의의 개념과 성격을 논하고 이어 자유민주주의 이론을 '전통적 민주주의 이론' 및 '근대적 민주주의 이론'으로 나눠 설명했다. 이어 그는 자유민주주의가 '위기'에 직면했다는 '징후'가 나타났다고 지적하고, '위기'를 벗어나기 위한 해법을 레오 스트라우스에게서 찾았다. 바꿔 말해, 스트라우스가 강조한 '정치철학의 복권'을 제의한 것이다.

『평화통일민족운동사』 「제1장 총설」

민주평화통일자문회의평화통일민족운동사편찬위원회가 1988년 12

월에 발행한 『평화통일민족운동사』 제3집은 「제1장 총설」(37-91쪽)로 시작한다. 이 부분은 인산과 민병천(閔丙天) 교수 및 신철균(申喆均) 국토통일원 상임연구위원 등 3인이 공동으로 집필했으며, 인산의 몫은 분명히 드러나지 않는다. 전반적으로, 이 부분은 제6공화정의 통일정책을 긍정적으로 평가하는 전제 위에서 과거의 통일정책들을 비교하고 특히 1980년대 이후 제기된 다양한 통일논의들을 분석했다.

「한국 민주화의 현재와 미래」

인산은 이 논문을 『미래의 한국과 세계』 제1권 제1호(1990년 1월, 18-23쪽)에 발표했다. 짧은 글로, 어떤 부분은 완전한 문장이 아니라 메모 형식으로 쓰였다.

이 논문은, 다른 논문들도 그러했지만, 시대적 상황과의 밀접한 관련 속에 발표됐다. 쉽게 말해, 1987년의 6·29선언에 따라 대통령직선제로의 개헌이 이뤄지고 모든 '정치범'의 사면이 이뤄진 상태에서 1987년 12월 16일에 제13대 대통령선거가 치러져 1988년 2월 25일에 노태우(盧泰愚) 대통령이 이끄는 제6공화정이 출범하고 이어 1988년 4월 26일에 제13대 국회의원총선이 실시돼 절차적으로는 민주화가 상당한 수준에서 진전됐으나, '5공청산'의 문제 등이 여전히 논란되고 있을 뿐만 아니라 실질적 민주화에 대한 문제가 심각하게 제기되던 시점에서 발표된 것이다.

인산은 이 일련의 문제들에 대해, '권위주의적 지배로부터 민주화로의 이행'이라는 틀 안에서 접근했다. 그리하여 '혁명에 의한 민주화' 그리고 '개혁에 의한 민주화'를 비교한 뒤, '민주주의로의 이행에 착수하려는 기존 권위주의체제의 자발적 의지'의 중요성을 강조했다. 그는 "우리는 정치적 엘리트의 역할이 민주화 진전의 관건임을 확인할 수 있다."는 결론을 제시했다.

『민주화와 학생운동의 방향』

인산은 1991년 2월에 『민주화와 학생운동의 방향』(대왕사)을 출판했다. 이 책은 186쪽에 지나지 않는다. 호수가 큰 활자체로 인쇄한 점도 고려한다면, 작은 책이라고 할 수 있다.

이 책은 「서론」에 이어 제1장 「한국 학생운동의 성격」, 제2장 「한국 학생운동의 역사적 고찰」, 제3장 「외국의 학생운동: 60년대 스튜던트 파워와 신좌파」, 제4장 「한국에 있어서 민주화와 학생운동의 방향」, 그리고 「결론」으로 구성됐다. 「결론」에서 그는 "민족주의와 민주주의를 사상적 원류로 하는 한국학생운동은 순탄하지 못했던 현대사 속에서 끊임없이 선구자적 역할을 자임해왔던 것이 사실이다. 그동안 학생운동은 한국민주화의 견인차로서, 그리고 분단극복의 첨병으로서 공헌한 점도 적지 않다."고 평가한 뒤, "그러나 운동논리와 실천방법에서의 오류로 말미암아 많은 한계를 드러내기도 했다."고 비판하고, "오늘날 학생운동에 가장 절실한 것은 자기반성과 변혁에 결코 인색해서는 안 된다는 점이다."라고 가르쳤다. 그는 구체적으로 '운동논리의 다원화와 운동방법의 비폭력화'를 제의했다.

이념문제와 정치교육에 대한 인산의 관심은 1997년에 발표한 「통일독일의 정치교육실태에 관한 연구」로 이어졌다. 이 글은 통일독일에서의 정치교육의 내용과 목표 및 실태를 분석하고 그것이 한국에 주는 의미를 검토했다. "독일의 경험들은 통일을 향한 우리의 정치교육을 위해 바람직한 이정표가 될 것으로 기대한다."고 덧붙였다.[187]

『한국정치사상』 편집

인산은 1991년 9월에 이 책을 편집해 박영사에서 출판했다. 인산은 「서언」을 쓰고, 손문호(孫文鎬)·김홍우(金弘宇)·김영수(金永壽)·김갑천(金甲千)·정기영(鄭起泳)·전미영(全美英)·김용호(金容浩)·심지연(沈之淵)·정윤재(鄭允在)·손학규(孫鶴圭)·최문성(崔文誠)·임혁백(任爀伯)·김연각(金淵珏)·손호철(孫浩哲) 등 제자들이 각각 한 주제를 맡아 썼다.

인산은「서언」에서 우선 한국정치연구가 활성화되고 있음에도 불구하고 한국정치사상에 대한 논의는 "아직 미미하다."라고 논평하면서 이 방면에 관한 학계의 관심을 불러일으키기 위해 이 책을 마련했다고 밝혔다. 그는 이어 이 책이 특히 "후반부에서는 극히 최근까지의 국내정치의 민주화과정을 학생·재야의 측면에서, 그리고 제도권적 측면에서 다루었고, 또한 북한의 주체사상에 대해서도 두 장을 할애했다."고 강조했다.

제3절 대학원장·부총장 직무를 수행하며 한국미래연구학회·한국현대중국연구회 등을 이끌다

제1항 대학원장에 이어 부총장으로 봉사하다

인산이 다시 대학행정에 참여한 것은 사회과학대학장을 물러난 때로

187 이 논문은 『한국정치연구』(서울대학교 사회과학대학 부설 한국정치연구소) 제6호(1997년 6월), 277-297쪽에 있다. 결론은 297쪽에 있다.

부터 6년 가까이 지나서였다. 우선 1987년 2월 11일부터 1989년 5월 9일까지, 서울대학교 사회과학대학 정치학과가 주동이 되어 개설한 서울대학교 사회과학대학 부설 한국정치연구소 초대 소장으로 봉사했다. 이어 서울대학교 자연과학대학장 및 부총장을 역임한 생물학자 조완규(趙完圭) 교수가 총장으로 취임한 직후인 1987년 9월 1일부터 1989년 1월 31일까지는 서울대학교 대학원장으로 봉사했다.

대학원장에 취임하면서, 인산은 스승 민병태 교수를 떠올렸다. 민 교수가 맡았던 대학원장을 제자인 자신이 맡게 된 데 대해 남다른 감회를 가졌던 것이다. 인산은 이어 역시 조완규 총장 시절인 1989년 2월 1일부터 1991년 8월 18일까지는 서울대학교 부총장으로 봉사했다. 1987년 12월에는 대학의 교육공무원으로서 30년 근속한 공로로 국민훈장 모란장을 대통령으로부터 수훈했다.

인산이 밟았던 길을 그대로 밟은 제자가 72학번의 박찬욱(朴贊郁) 군이었다. 그는 서울대학교 사회과학대학 정치학과를 졸업하고 서울대학교 대학원 정치학과에서 석사학위를 받은 뒤 국비장학생으로 선발돼 미국 아이오와대학교(University of Iowa) 대학원 정치학과에서 「국회의원들과 그들의 선거구민들: 남한에 있어서 대표적 연계의 구조("Legislators and Their Constituents : The Structure of Representational Linkages in South Korea")」(1987년 12월)라는 논문으로 정치학박사학위를 받았으며, 펜실베이니아 주에 위치한 프랭클린앤드마셜칼리지(Franklin and Marshall College) 조교수를 거쳐 서울대학교 사회과학대학 정치학과 교수로 부임한 뒤 인산과 마찬가지로 한국정치연구소 소장, 한국정치학회 회장, 사회과학대학 학장 등을 거쳐 대학원장으로 봉사하며 또 부총장으로 봉사한다. 그는 서울대학교 총장 직무대행으로 봉사한 뒤, 인산과 마찬가지로 서울대학교 사회과학대학 정치학과 교수로 정년퇴임했다.

제2항 한국미래연구학회 창립회장으로 봉사하다

인산은 대학원장에 재직하던 때인 1988년 9월 초에 중국 북경(北京)에서 열린 세계미래학연합회(WFSF) 제10차 총회에 한국대표단 단장으로 참석했다. 이 시점에서 한국과 중국 사이에는 국교가 수립되어있지 않았기에 인산은 하와이에 위치한 세계미래학연합회의 본부로부터 초청장을 받고 일본 도쿄의 주일중국대사관에서 중국입국사증을 받았다. 보름동안 만리장성을 비롯해 중국의 여러 곳들을 여행하고 귀국한 직후《대학신문》에 기행문「중국미래학회 동향」(1988년 10월 31일) 및「중국의 대학 대학생」(1988년 11월 7일)을 기고했다.

이 글들에서 인산은 여러 가지 날카로운 관찰들을 제시했다. 첫째, 그는 우선 중국이 현재 한국이 이미 경험한 근대화과정을 밟고 있다고 지적하면서 중국은 한국을 비롯해 근대화과정을 먼저 경험한 나라들로부터 교훈을 받아들이는 것이 좋겠다고 권고했다. 둘째, 그는 자신이 만난 중국의 지도급 인사들이 한 결 같이 한국의 경제발전을 부러워하면서 한국의 발전경험이 자신들의 발전모델이 될 수 있다고 말하는 것으로부터 자부심을 느꼈다. 셋째, 그는 중국이 신문이건 텔레비전이건 언론매체들을 철저히 통제하고 있는 현실을 목격하고 이 나라가 여전히 독재체제 아래 놓여 있음을 실감했다. 넷째, 그는 중국에서 대학생은 특권층에 속하며 대학입학을 위한 경쟁이 한국에서보다 더 심하다는 사실을 인식했다. 마지막으로, 그는 미래에 대한 연구가 다각적으로 이뤄져야 할 필요성을 절감했다. 결론적으로, 그는 "이번 기회에 우리나라에서도 미래학회를 조직해야 하겠다는 생각이 굳어졌다."고 썼다. 실제로 이듬해 한국미래연구학회를 창립해 초대 회장으로 봉사했다.

제3항 한국현대중국연구회 초대 이사장으로 봉사하다

이 무렵 한국정부는 소련과 중국을 비롯한 공산국가들과의 수교를 적극적으로 추진했으며, 1988년에는 헝가리, 1989년에는 폴란드 및 유고슬라비아, 1990년에는 체코슬로바키아와 불가리아와 루마니아 및 몽골, 1990년에는 소련, 그리고 1991년에는 알바니아와 수교를 실현했다. 이러한 흐름 속에서, 한국과 중국이 단계적으로 접근하는 가운데 자연히 수교를 실현시키자는 목소리가 높아졌다. 학계에서도 그러한 요구가 표출됐으며, 그것은 우선 1991년 6월 17일에 사단법인 한국현대중국연구회의 창립으로 구체화됐다. 주도적 역할을 수행한 학자들은 고려대학교 중어중문학과 교수 이충양(李充陽) 박사, 한림대학교 정치외교학과 교수 홍광엽(洪廣曄) 박사 그리고 조선대학교 정치외교학과 교수 김홍명(金弘明) 박사 등이었다.

인산은 문리내 세사들인 그들의 요정을 받아들여 이사장을 맡았다. 이 학회는 출범 직후 중화인민공화국 사회과학연구원과 관계를 수립해 1991년 11~12월에 국립중앙도서관에서 약 보름에 걸쳐 사회과학연구원의 도서전시회를 개최했으며, 이것은 중국이 한국과 정식으로 수교하기 이전에 취한 중요한 조치들 가운데 하나로 꼽혔다. 이렇게 볼 때, 인산은 한중수교의 준비단계에서 민간인으로 이바지했다는 평가를 받을 만하다.

1992년 8월 24일에 한중수교가 공식으로 실현되면서 이 학회는 중화인민공화국 사회과학원과 제휴해 한중포럼을 서울과 북경을 교대로 1년에 한 차례씩 열었다. 이 과정에서 중국어에 능통한 이충양 교수가 주요한 역할을 수행했다. 그는 서울대학교 문리대 중어중문학과를 졸업하고 국립대만대학에서 석사학위를 받은 데 이어 파리 제7대학교에서 문학박사학위를 받고, 교수로서의 일생을 고려대학교 인문대학 중어중문학과 교수로 헌신한다.

인산은 이 포럼에 적극적으로 참여하면서 후학들을 지도했다. 예를 들어, 이 연구회가 1993년 10월 8일과 9일 이틀 동안 북경에서 주최한 한중포럼 제2차 회의에 참석해 사회를 맡기도 했다. 인산은 중국학자들에게 아주 좋은 인상을 남겼다. 중국철학계에서 높은 평가를 받는 중국사회과학원 부원장 여신(汝信) 선생은 인산에 대해 "대학자(大學者)의 풍모가 완연하다."고 말하면서 인산과의 대화를 즐겼다. 그는 서울을 방문하는 경우 꼭 인산을 찾기도 했다.

이 학회는 그 이후 국내의 많은 학자들을 회원으로 받아들이고 학회지를 정기적으로 발간할 뿐만 아니라 중국정부가 인가하는 「공자아카데미」를 국내에서 그리고 전 세계에서 처음으로 서울에 열었다. 이 학회는 특히 중국사회과학원 한국연구중심과 공동으로 계간지 『당대한국(當代韓國)』을 1993년에 창간했는데, 2018년 12월 현재까지 모두 99권을 출판하면서 중국에 한국을 알리는 데 적잖게 이바지하고 있다.

제4절 학자로서 올곧게 살아왔다는 치하를 받다

제1항 회갑기념논문집의 출간

인산은 1990년 6월에 회갑을 맞이했다. 제자들과 후학들이 「인산(仁山)김영국박사회갑기념논문집간행외원회」를 구성해 『인산 김영국 박사 회갑기념논문집: 정치학의 전통과 한국정치』를 1990년 6월에 박영사에서 출판했다. 구범모(具範謨)·구영록(具永祿)·길승흠(吉昇欽)·김광웅(金光雄)·김세균(金世均)·김세원(金世源)·김용구(金容九)·김채윤(金彩潤)·김홍명(金弘明)·김홍우(金弘宇)·라종일(羅鍾一)·민준기(閔俊基)·박성조(朴聖祚)·박찬욱(朴贊郁)·백영철(白榮哲)·신도철(申道澈)·안청시(安淸市)·양성철(梁性喆)·이영일(李榮一)·이장(李章)·이정복(李正馥)·이종은(李鍾殷)·이택휘(李澤徽)·이홍구(李洪九)·임길진(林吉鎭)·임종철(林鍾哲)·장달중(張達重)·정화열(鄭和烈)·최명(崔明)·황수익(黃秀益) 등[가나다 순서] 33명의 필자들이 30편의 논문을 기고했는데, 「정치사상」 분야, 「국가론과 정치이론」 분야, 「비교정치와 국제정치」 분야, 「국가의 변화」 분야, 「한국 정치」 분야 등으로 편집했다. 당시 한국정신문화연구원 한국학대학원장인 구범모 교수가 「하서(賀書)」를 썼다.

구 교수는 "김 교수는 휘몰아치는 역사의 굽이굽이마다, 그 중요한 역사의 길목마다 바깥 외풍과 유혹에 동요되지 않고 냉철한 이성과 칼날 같은 판단력으로 학문의 세계라는 자기의 외길 인생을 지켜왔다."고 치하했다. 구 교수는 "김 교수의 성품은 우주의 삼라만상(森羅萬象)이 다변해도 그 만상을 규율하는 변하지 않는 실질을 찾는 것을 더 좋아했다." 고 지적했는데, 신라호텔에서 열린 회갑기념연에 참석한 하객들 대부분이 정확한 지적이라며 공감했다.

인산에 대한 구범모 교수의 애정이 두터웠듯, 인산의 구범모 교수에 대한 애정 역시 두터웠다. 구 교수가 정계로 나간 뒤 정치상황이 악화되는 일이 일어날 때마다 "범모가 무사해야 할 터인데."하며 걱정하곤 했다. 때때로 구 교수와 만나고 돌아온 뒤에는 "범모가 그러는데 …"하며 구 교수의 말을 전하면서 화제로 삼았다. 훗날 인산은 구 교수에 대해 "구 교수는 나에게 있어 가장 긴 세월에 걸쳐 가장 긴밀한 교분을 나눈 벗 중의 한 벗입니다."라고 회상한다.[188]

제2항 서울대 정치학과 및 외교학과에서 최초로 정년퇴임하다

인산은 회갑 다음해인 1991년 7월 16일에 실시된 제19대 서울대학교 총장선거에 입후보해 네 후보 가운데 차점을 기록했다. 서울대 전체 교수 1,131명 가운데 1,026명이 참가해 2인연기명방식으로 진행된 투표에서 전임부총장인 인문대학 영어영문학과 김종운(金鍾云) 교수가 638표, 김영국 교수가 566표, 공과대학 에너지자원공학과 전용원(田溶元) 교수가 449표, 의과대학 이광호(李光鎬) 교수가 361표를 얻었다. 정부는 규정에

188 김영국, 「하서(賀序)」, 준봉(峻峰)구범모교수화갑기념논총편집위원회 편, 『전환기 한국정치학의 새 지평: 준봉구범모교수화갑기념논총』(나남, 1994), 3–4쪽.

따라 최고득표자인 김종운 교수를 8월 14일 총장에 임명했다.[189]

이처럼 총장경선에서는 뜻을 이루지 못했으나 1995년 8월 31일에 서울대학교 정치학과 외교학과를 통틀어 처음으로 정년퇴임하는 영예로운 기록을 세웠다. 주요 언론매체들이 이 사실을 보도하면서 외도하지 않고 학문의 길을 걸어온 그의 학자적 자세를 높이 평가했다.[190] 그 해 11월에 명예교수로 추대됐다. 그 이후 서울대학교 명예교수로서, 서울대학교 정치학과동창회 5대 회장으로, 그리고 1996년 11월 5일에 발족된 서울대학교 정치·외교학과 총동창회 초대 공동회장으로 봉사했다.

제3항 별세

1999년에 들어서면서 인산의 건강은 빠르게 나빠졌다. 인산 스스로 그것을 느끼며 살았다. 2000년 1월 초에 세배를 갔던 80학번의 이철순(李哲淳) 군(현재 부산대학교 사회과학대학 학장)은 "세배를 받으시고 선생님께서는 '내가 올해를 넘기지 못할 것 같아.'라고 말씀하시면서도 제자에게는 밝은 모습을 보이려고 애쓰시는 것 같았다."라고 회고했다.

이 해 몇몇 원로학자들이 인산을 대한민국학술원 회원으로 추천했으나 선출되지는 않았다. 이 일은 "평생을 올곧은 학자로 살면서 정치학계에 기여했다."라고 자부해온 그의 마음에 상처를 남겼고, 그는 이듬해인 2000년 1월 26일에 별세했다. 향년 70세의 아까운 연세였다. 사모님과 2

189 《동아일보》, 1991년 7월 17일.

190 《중앙일보》, 1995년 8월 2일.

남 1녀를 비롯한 유족들의 슬픔 속에, 그리고 비보에 접하고 운집한 수많은 지인(知人)들과 제자들 및 후학들의 애도 속에, 삼성의료원에서 발인했다.

장례와 관련해, 인산의 종교가 무엇이었는지가 당연히 화제로 떠올랐다. 종교에 따라 장례 방식과 절차 등이 달라질 수 있었기 때문이었다. 저자의 기억으로, 인산은 비록 소년시절에 답동성당에서 프랑스신부로부터 프랑스어를 배운 일이 있었다고 해도 천주교도가 아니었으며, 그렇다고 해서 개신교도도 아니었고, 역술(易術)에 관심을 가져 1960년대에는 당대 굴지의 역술인 김우재(金于齋) 씨와 가끔 만나『주역(周易)』에 대해 의견을 나누기도 했다.

가족들 스스로 인산은 "굳이 말한다면 불교라고 할 수 있겠다. 가끔 절을 찾으셨고 집안의 어떤 행사는 절에서 치렀다."고 말했다. 자연히 장례는 화장으로 치러진 뒤 구범모 교수의 발의가 받아들여져, 서울특별시 강남구 양재대로 340에 위치한 능인선원(能仁禪院)에 유골과 유회가 모셔졌다.

제8장

맺음말: 인간적 면모 그리고 학문적 업적

앞의 장(章)들에서 우리는 인산 김영국 교수의 정치학자로서의 반세기를 주로 수학(修學)과 연구, 그리고 강의 및 저술들을 중심으로 살폈다. 이 장에서는 인산의 인간적 면모를 먼저 살피고 이어 학문적 업적과 유산에 대해 말하기로 한다.

제1절 인간적 면모

제1항 부정을 미워하며 올곧았던 성격

인산은 기본적으로 성품이 올곧았다. 그래서 부정·불의·부패·비리 같은 것에 아주 민감했고 매우 비판적이었다. 특히 사람 평가에서 엄격했다. 그것은 그의 인격에 있어서의 높은 도덕적 수준을 말해주는 것으로, 저자가 실제 목격했거나 체험했던 많은 사례들 가운데 셋만 떠올리기로 한다.

첫째, 어느 교수에 대한 평이었다. 그가 학내의 어떤 보직에 임명된 직후 저자에게 자신의 그 직책 바로 아래 직책을 맡아줄 것을 요청했다. 이 얘기를 듣고 인산은 저자에게 "절대 맡지 마. 걔는 라스칼이야. 절대 안 돼."라고 거듭 말씀하셨다. '라스칼'은 물론 'rascal'로 불한당·악당·깡패 등을 의미한다. 물론 저자는 그 제의를 거절했다. 실제로 훗날 그는 불미한 일에 연루되는데, 이 일은 인산의 지인지감(知人之鑑)을 말해준 사례였다. 인산의 공적·사적 생활을 두루 알던 구범모 교수는 인산에 대한 얘기가 나오면 "부정이라곤 조금만큼도 용납하지 않는 성직자와 같은 분이셨다."고 회고하곤 했다.

둘째, 1975~1977년의 어느 시점에서 정치학과는 교수공채계획을 발표했다. 이때 서방세계의 한 명문대에서 박사학위를 받은 이가 원서를 제출한 뒤 대학신문사 주간실로 인산을 찾아와 자신의 저서들과 논문들을 넣은 큰 봉투를 놓고 갔다. 인산은 친절하게 그를 보낸 뒤 봉투를 열어보고는 결코 적지 않은 돈이 든 봉투가 포함되어 있음을 알았다. 인산은 글자 그대로 대노하면서 그에게 자신을 다시 찾아오라고 말한 뒤 나무람과 함께 그 봉투를 돌려주었고 그 이후로는 아예 상종조차 하지 않았다.

셋째, 1980년과 1981년 사이의 어느 시점에서였다. 국가안전기획부는 사회과학대학장인 인산에게 미국의 어느 대학교에서 정치학박사학위를 받은 어느 특정 후보를 채용하라고 끈질기게 압박했다. 인산이 끝내 뿌리쳤음은 물론이다.

제2항 낚시와 바둑을 즐기면서 프랑코화일적인 모습도 보이다

인산은 바둑과 낚시를 아주 즐겼다. 인산과 가까이 지냈던 최명 교수의 「나의 재직시절」을 읽어보면, 인산이 그 두 가지를 얼마나 즐겼는지를 다시 실감할 수 있다. 바둑에 관해, 최 교수는 "김 교수는 […] 사회대 휴게실에서, 아니 바둑판이 있는 곳이면 어디서나, 바둑도 무척 많이 두었다."고 회상했다. 특히 낚시에 대해, 최 교수는 인산을 '백전노장(百戰老將)'이라고까지 불렀다.[191]

인산은 생활에 귀족적인 면모가 있었다. 우선 복장이 그러했다. 다시 최명 교수의 표현을 빌린다면, '댄디 타입의 신사'였다.[192] 식사에 관해 말한다면, 프랑코화일을 자처한 데 잘 나타난 것처럼 샤토브리앙 소고기 스테이크에 고급 프랑스 적(赤)포도주를 때때로 즐겼는데, 소고기 부위에 대해 아주 밝았다. 뒷날 심장수술을 받게 됐을 때 평소에 소고기 스테이크를 많이 잡수셔서 그 영향으로 피가 탁해졌거나 혈관이 좁아졌기에 발생한 병이라는 말까지 나돌 정도였다. 물론 그 말이 의학적으로 타당한가의 여부는 알 수 없다.

저자의 기억으로, 인산은 프랑스의 시인 기욤 아폴리네르(Guillaume Apollinaire)가 자신과 마리 로랑생(Marie Laurencin)과의 사랑을 소재로 삼아 1921년에 발표한 시 「미라보 다리」를 좋아했고, 이 시를 비탕으로 만들어진 같은 제목의 샹송을 때때로 불렀다. "미라보 다리 밑 세느는 흐르고 세느의 물 위에 사랑은 흐르네."라는 낭만적이면서도 무엇인가 슬픔을 느끼게 해주는 작품이었다. 프랑스 샹송 「눈이 내리네」 그리고 이탈리아 칸초네 「하얀 손수건」도 허밍으로 즐겨 불렀다.

191 최명, 「나의 재직시절」, 서울대학교정치학과60년사발간위원회 편, 『서울대학교 정치학과 60년사』(서울대학교 사회과학대학 정치학과, 2009), 178－179쪽.

192 위와 같음, 177쪽.

그렇지만 인산은 한국적인 것에 대한 애정이 깊었다. 아주 쉬운 것부터 말한다면, 식사에서 김치찌개와 두부찌개 등을 좋아했고, 배뱅이굿과 정선아리랑 등 우리 겨레의 갖가지 타령에 아주 익숙했다. 정치학과에서 교수와 학생이 어울려 야유회를 나가면 으레 배뱅이굿부터 불렀다. 정말 절창이었다. 이것이 끝나면 정선아리랑을 그 슬픈 애조를 잘 표현하면서 끝까지 불렀다. 한 마디로, 인산은 우리 민족 고유의 문화전통을 지극히 사랑했다.

제3항 엘리트의식을 지녔으면서도 여러 사람들과 잘 어울렸다

우리가 이제까지 살펴본 것처럼, 인산은 명문과 명문으로 이어지는 학력과 경력을 가졌기에 엘리트의식이 강했다. 그래서 저자가 대학원생 때부터 한국에서의 정치학발달사에 관심이 있어서 선배 학자들에 대해 여쭤보면 "그 친구는 학부는 서울대 정치학과를 나왔지만 서울대 대학원에 들어오지를 못해서 다른 데로 갔어. 민 선생이 학문적으로 엄격하신 분이어서 시원찮다고 느끼시면 받아주지를 않으셨어."라고 말씀하시곤 했다. 또 어느 선배 학자들에 대해 저자의 의견을 말하면, "그 친구는 기초가 약해서 지금 뭘 썼다곤 하지만 믿을 수가 없어."라고 대꾸하시곤 했다.

인산은 '천재' 소리를 듣던 청소년 시절과는 달리 40대 이후에는 엘리트 의식을 거의 나타내지 않았다. 보는 이에 따라서는, 인산이 서울의 어떤 명문학교 출신들을 곁에 가까이 두는 모습을 보여 그들이 어울려 있는 자리를 피한 사람들도 없지 않았다. 그러나 속내는 늘 따뜻했고, 그래서 가까이 하기가 훨씬 쉬워졌다.

인산은 가끔 "우리나라처럼 정치변동이 심한 곳에서는 원리원칙대로 살기가 어렵다. 그래서 나는 어떤 문제가 생길 때 원리원칙보다는 우정을 중시하면서 처신했다."라고 말했다. 인산이 자신의 논설이나 논문을 게재한 주간지나 월간지 또는 어떤 조직의 기관지를 보고나서, "선생님께서 어떻게 이런 곳에까지 글을 주셨나?"라고 묻는 후학들이 없지 않았다. 그때마다 저자는 인산의 앞의 말로 변호하곤 했다. '빈천지교불가망(貧賤之交不可忘)'이라는 말이 있다. "빈천하던 때 사귄 친구를 훗날 자신이 잘 됐다고 잊어서는 안 된다."라는 뜻이다. 인산은 이 가르침에 충실했다고 저자는 믿는다. 시원찮은 월간지나 출판사에서 일하는 옛 친구들이 집필을 의뢰했을 때 자신이 서울대학교 교수임을 내세워 매몰차게 거절하지 않았던 것이다.

그는 '인산'이라는 호를 썼다. '인자요산(仁者樂山) 지자요수(知者樂水)'라는 구절을 떠올려 볼 때, 젊은 시절의 그는 분명히 '지자요수'의 '지자(知者)'였고 따라서 호도 '지수(知水)'가 어울렸을 것이다. 그러나 세월이 지나가면서 그의 얼굴은 '부처님 얼굴'로 바뀌어갔고 '인자(仁者)'의 모습을 보였다. 그래서 '인산'이라는 호가 아주 잘 어울렸다.

제4항 유유자적하면서도 후배들과 제자들에게 다정했다

인산의 인간적 면모와 관련해, 이홍구 교수는 인산의 따뜻하고 지혜로웠던 모습을 다음과 같이 회상했다.

"김 교수처럼 특이한, 그리고 오래 기억될 학자상(學者像)을 정립한 사람도 많지 않았을 것이다. 그는 기인(奇人)은 아니었지만 범인(凡人)은 더군다나 아니었다. 빠른 속도로 진전된 한국사회의 근대화와 민주화 과정 속에서 현장으로부터 한발 물러서서 역사의 흐름과 대세를 관망하는 학자와 도인의 풍모를 그는 보여주었다. 끊임없이 계속된 학내외의 소용돌이 속에서 유유자적(悠悠自適)하면서도 후배들과 졸업생들의 신상에는 세심한 배려를 아끼지 않던 김 교수의 지혜와 다정함은 이 시대 학자상의 귀감이 될 것이다."[193]

인산의 제자이면서 인산이 교수로 받아들인 김세균(金世均) 박사는 다음과 같이 회상했다.

"돌이켜보면, 김영국 선생님은 참으로 '학자 중의 학자'다운 풍모와 식견을 지닌 분이었다. 선생님의 넓고 깊은 학식은 실로 놀라운 것이었고, 한 마디 한 마디는 학자다운 학자만이 지닐 수 있는 지성이 묻어나 있었으며, 선생님의 눈빛은 예리한 지성인의 그것 자체였다. 그렇지만 선생님은 동시에 제자들에게 항상 인자하고 친절했고, 제자들의 앞날에 도움을 주기 위해 노력하는 참다운 스승이기도 했다. 선생님은 제자들을 항상 반갑게 맞이했고, 재치가 넘치는 조크와 더불어 교훈어린 말들을 전해주셨다.

김영국 선생님은 우리 정치학과 학생들 모두의 '큰 스승'이었다. 또 그렇기 때문에 제자들은 지금도 선생님을 그리워하며 선생님의 모

193 이홍구, 「하서(賀序)」, 김영국 외, 『레오 스트라우스의 정치철학』(서울대학교 출판부, 1955), VI.

습을 마음속에 간직하고 싶어 한다."[194]

인산의 제자이면서 조교로 인산을 끝까지 모셨을 뿐만 아니라 인산의 지도로 「정치적 의미의 기반에 관한 연구: 근대국가에서의 동의(同意) 논리를 중심으로」를 완결해 1991년 8월에 서울대학교 대학원 정치학과에서 정치학박사학위를 받은 김동수 교수는 다음과 같이 회상했다.

> "선생님은 자상하고 따뜻한 스승이셨습니다. 과(科)를 거쳐 간 제자들이 많다보니 자연히 이런 사람도 있고 저런 사람도 있게 마련인데, 그런 것에 개의치 않고 '그래도 내 제자'라고 하시면서 감싸주신 인자한 분이셨습니다. 그래서 '인산'이셨던 모양입니다. '사람은 고마운 마음을 3일 이상 간직하기 어렵다.'고 말씀하시던 것을 생각하면 이해가 됩니다.
> 그렇듯 선생님의 제자사랑은 하해(河海)와 같았다고 봅니다. 부족함이 많아도 늘 격려를 아끼지 않고 이끌어 주신 스승이셨습니다. 공부든 취직이든 제자들 일이라면 누구를 막론하고 도와주려고 동분서주(東奔西走)하시던 선생님 모습이 떠오르곤 합니다. 무엇보다도 세상의 속살을 어렴풋이나마 들여다 볼 수 있도록 선생님께서 들려주셨던 덕담 속에 담긴 삶의 지혜는 늘 제가 살아가는 데 큰 힘이 되고 있습니다."[195]

---

194 김세균, 「머리말」, 인산김영국선생10주기기념학술대회추진위원회 편, 『인산 김영국 선생의 정치학』(고양: 인간사랑, 2010), 17쪽.

195 저자와의 이메일 교신(2019년 4월 11일).

제2절 정치학자로서의 여섯 단계

제1항 전반적 개관

이제 인산이 정치학자로 성장하고 활동한 과정을 살피기로 하자. 그의 정치학자로서의 활동시기를 여섯 단계로 나눠볼 수 있다. 첫 단계는 1949년 9월부터 1954년 3월까지 서울대학교 문리대 정치학과에서 정치학을 공부하던 예비적 시기이다. 이 시기에 그는 국가학과 정치철학 및 정치제도학을 중심으로 하는 전통적 정치학의, 특히 유럽 중심의 정치학의 세례를 받았다. 이 시기에서 중요한 구분은 1952년 10월에 이뤄졌다. 민병태 교수의 부임을 계기로 그는 민 교수를 통해 라스키 및 매키버를 중심으로 하는 다원주의 국가학에 접하게 되고 또 민 교수의 사랑을 받게 된다.

둘째 단계는 1954년 3월에 서울대학교 대학원 정치학과 석사과정에 입학한 때로부터 1958년 8월에 시카고대학교 대학원 정치학과에 유학할 때까지의 시기이다. 이 시기에 그는 국가다원론에 관한 주요 저서들을 번역함과 아울러 국가다원론을 중심으로 몇 편의 논문들을 발표했다. 한마디로 그는 국가다원론자였다. 그리고 마침내 민 교수의 강력한 추천으로 서울대학교 문리대 정치학과의 전임강사로 기용됨으로써 민 교수의 학통을 이어받을 후계자로 발돋움했다.

셋째 단계는 1958년 8월부터 1967년 6월~1968년 2월까지의 시기이다. 이 시기에 그는 정치철학론을 강력히 제창한 스트라우스 교수로부터 강한 영향을 받았으며, 그리하여 스트라우지언, 곧 스트라우스학파의 일원이 됐고, 전통적 정치학 방면의 연구를 더욱 깊이 했다. 곧 플라톤과 아리스토텔레스로부터 시작되는 서양의 철학 또는 정치철학을 자신의 일차적 전공으로 삼은 것이다. 그리하여 그는 이 방면에서 개척적인 연구 업적을 남겼고 또 강의했다. 둘째 단계와 셋째 단계를 합친 약 14년이, 그러니까 만 24세 때부터 만 37~38세 때까지의 약 14년이 그의 정치학 연구에서 가장 활발했고 '천재 김영국'의 인상을, 그리고 '한국의 정치학계를 이끌어 갈 대석학'이 되리라는 기대를 주변에 각인시켜 준 시기였다.

넷째 단계는 침잠의 시기이다. 1967년 6월~1968년 2월부터 1970년 여름까지의 이 시기에 그는 국내의 정치적 여건에 영향을 받아 심리적으로 위축됐다. 만 37~38세에서 만 40세에 이르는, 학문적으로 매우 생산적일 수 있는 이 황금의 시기에 그는 시대적 상황의 희생자가 된 것이다.

다섯째 단계는 회복의 시기이다. 1970년 후반부터 준비하고 1972년에 스트라우스의 정치학에 관한 박사학위논문이 통과되고 동시에 정교수로 승진하는 것을 계기로 그는 학문적 열정과 실력의 회복을 보여주었다. 그리고 이 박사학위 논문이 그 이후 그의 저술들의 원천이 된다. 말하자면 스트라우스라는 스승의 조술자(祖述者)로서의, 또는 조술자이면서 동시에 비판자로서의 역할을 수행했던 것이다.

여섯째 단계는 대학과 학계의 어른으로서의 시기이다. 대체로 1973년 3월에 서울대학교에서 《대학신문》 주간을 맡게 된 이후 그는 학생처장, 사회과학대학장, 대학원장, 부총장의 보직을 차례로 맡아 서울대학교에서 지도적 대학행정가로 자리를 잡았다. 또 1983년도 한국정치학회 회장으로 정치학계를 이끌었을 뿐만 아니라, 1984년 이후에는 현대사상연구회 창립회장으로 다양한 이념의 문제에 대한 연구와 토론을 이끌었고,

1989년에는 한국미래연구학회를 창립했으며, 1991년에는 한국현대중국연구회를 창립했다.

제2항 스승을 빛내는 조연을 자처하다

이 여섯 단계를 특징지은 것은 인산이 언제나 은사 민병태 교수를 빛내는 조연(助演)을 자처한 사실이다. 앞의 장·절들에서 이미 보았듯, 인산은 매키버의 『근대국가론』을 은사의 이름으로 번역·출판했으며, 세바인의 『정치사상사』 역시 은사의 이름으로 번역·출판한 것으로 추정된다. 자신의 단독저서 『정치학 요강』도 은사와의 공저로 출판했다.

그뿐 아니라 『과학주의에 대결하는 전통』과 같은 본격적인 학술논문도 은사의 이름으로 발표했다. 민 교수의 이름으로 발표된 「6·25의 현대사적 의의: 한국전쟁 20주년을 맞아」(『신동아』 1970년 6월, 62-69쪽)도, 문장의 구성과 흐름에 비춰, 민 교수의 저술로 간주되기 어려우며 인산의 글로 추정된다.

저술에서 뿐만이 아니었다. 민 교수가 와병한 뒤 인산은 기꺼이 은사의 이름으로 강좌를 개설하고 강의를 맡았다. 자연히 강의부담이 무거워졌다. 그렇지만 전혀 괘념하지 않았다.

제3절 인산 정치학의 내용과 그 유산

제1항 인산 정치학의 내용

그러면 인산의 정치학은 어떤 내용이었나? 인산의 정치학은 스승 민병태 교수의 정치학의 출발점인 플라톤과 아리스토텔레스로부터 시작되는 서양의 정치철학에 대한 연구와 강의로 시작됐다. 인산이 세바인의 『정치사상사』 번역을 주도한 것은 서양정치철학에 대한 애정과 연구의 연장(延長)이었다. 동시에 역시 스승 민병태 교수의 정치학의 뼈대인 국가다원론을 공부하고 수용하는 것에서 출발했다. 인산이 라스키의 『국가론』 및 매키버의 『근대국가론』을 번역한 것 역시 그것의 연장이었다. 이렇게 볼 때, 그의 정치학은 이미 전통적 연구방법의 테두리 안에 있었다.

전통적 연구방법에 대한 그의 믿음은 스트라우스 교수의 정치철학을 공부하고 수용하는 과정에서 더욱 굳어졌다. 그리하여 그는 1차적으로 정치를 철학적으로 분석하고 연구해야 한다는 스트라우지언이 됐고, 국내에 최초로 스트라우스를 소개했다. 이 과정을 통해, 인산은 "정치는 공동체 구성원들의 자유와 창의를 보장해 주고 신장시켜 주며 동시에 복지를 증진시킴으로써 공공의 선(善)을 실현시키는 수단이자 과정이며, 따라서 정치에 대한 판단은 철학적이고 이상주의적이며 당위론적이어야 한다."는 믿음을 굳혔다. 그러나 정치의 이상주의적 목적을 실현하는 수단은 '합법적'이어야 한다고 보았다. 이 점에서 인산의 정치학은 보수적 경향이 강했다고 할 것이다.

인산은 이처럼 전통적 정치학의 입장에 서 있었지만 과학적 정치학을 무시하지는 않았다. 그는 전통적 방법이 정치학 연구의 대종(大宗)이기는 하되 과학적 방법은 전통적 방법만으로 설명되지 않는 부분의 연구를 보완해줄 수 있다고 믿었다.

인산의 정치학 가운데 또 하나의 두드러진 특징은 프랑스의 정치학 특히 정치이론에 대한 깊은 이해였다. 그는 국가형성 및 국가기원에 관한 매우 중요한 저서인 루소의 『인간불평등기원론』을 우리나라에서 처음으로 번역했으며, 뒤베르제의 『정당』 및 『정치체제』 등을, 그리고 드 트라시의 『정치교육론』을 소개했다. 비슷한 맥락에서, 마키아벨리의 『군주론』을 번역하고 그의 정치이론을 소개했다.

종합해서 말해, 인산의 정치학은 '국가'에서 시작해 '국가'로 끝을 맺었다. 그는 8·15해방 직후부터 일정한 기간에 걸쳐 한국정치학계에서 주요한 관심의 대상이었던 "국가학의 전통은 흔적도 없이 사라지고 말았다."고 개탄하면서, 정치학은 기본적으로 다시 국가학으로 돌아와야 한다는 믿음을 나타냈다.[196] 저자 역시 인산의 이 견해에 전적으로 공감한다. "국가는 어떻게 생성된 것인가?" "국가의 본질은 무엇인가" "국가와 국민과의 관계는 어떠해야 하나?" "국가는 제도와 기구의 관점에서 어떻게 편성돼야 하나?" "국가는 국민의 인권과 복리의 향상을 위해 어떤 일을 해야 하나?" "국가와 국가와의 관계는 어떠해야 하나?" "국가는 어떻게 경영해야 하는가?" 등등의 서로 연결된 문제의식이야말로 정치학의 핵심적 주제라고 믿기 때문이다. 이렇게 볼 때, 1970년대 후반부터, 특히 1980

---

196 김영국, 「한국에 있어서의 정치학의 발전」, 『한국정치학회보』 제11집(1977년 12월), 39–49쪽 가운데 48쪽.

년대에 들어와 국가학이 재생을 보이고 있는 것은 다행한 일이라고 하겠다.

이러한 흐름 속에서, 한국에서는 정윤재 교수가 국가경영학에 대한 학계의 관심을 촉발시킨 일련의 저술들을 발표해왔다.[197] 인산이 아끼던 제자들 가운데 한 사람인 정 교수는 서울대학교 사회과학대학 정치학과를 졸업하고 서울대학교 대학원 정치학과에서 석사학위를 받은 데 이어 미국 하와이대학교 대학원 정치학과에서 「정치적 리더십에 대한 의학적 접근: 안재홍과 건강한 한국, 1945－1948(“A Medical Approach to Political Leadership : An Chae—hong and a Healthy Korea 1945—1948”)」(1988년 2월)라는 논문으로 정치학박사학위를 받았다. 충북대학교 사회과학대학 정치외교학과 교수를 거쳐 한국학중앙연구원 한국학대학원 교수로 봉직하는 가운데 한국정치학회 회장을 역임했으며, 현재 한국학중앙연구원 명예교수로 연구에 열정을 쏟고 있다.

이제 이 책의 첫 부분에서 제기된 질문, 곧 “인산은 ‘한국 정치학의 뿌리’와 관련해 어떤 위치에 있는가?”라는 물음으로 돌아가 보자. 계보로 보아, 인산은 민병태 교수라는 ‘뿌리’에서 성장한 ‘줄기’라고 할 수 있다. 그러나 그 ‘줄기’는 동시에 ‘뿌리’를 보여준다. 거기에 더해, 한국에서 정치학의 성장과 발전의 역사가 8·15해방을 기준으로 삼아 벌써 74년에 이르렀음을 고려할 때, 인산의 정치학은 ‘뿌리’에 해당된다고 말해도 지나치지 않을 것이다.

197 정윤재, 「정치리더십으로 본 세종시대 연구」, ______, 편집, 『세종의 국가경영』(지식산업사, 2006), 9－28쪽.

제2항 인산 정치학의 유산

서양의 정치사상과 정치철학

인산은 한국정치학계에서 학자로서의 일생을 드물게 서양의 정치사상과 정치철학의 연구에 바쳤다. 이것이 그의 정치학의 유산임은 물론이다.

이 점에서 인산을 적어도 외형적으로 볼 때 가장 많이 닮은 제자 또는 후학으로 임혁백 교수와 김용민 교수를 꼽을 수 있다. 그들은 경기고등학교 후배이면서 서울대학교 정치학과 후배=제자이고 서울대학교 대학원 정치학과 후배=제자이면서 시카고대학교 대학원 정치학과 후배이다.

임혁백 교수는 한국 안에서 활동하는 정치학자들 가운데 처음으로 세계정치학계의 대표적 논문집들 가운데 하나인『세계정치(*World Politics*)』(1987년 1월)에「남한에 있어서 관료적 권위주의의 흥기("The Rise of Bureaucratic Authoritarianism in South Korea")」를 발표했으며,「전환의 정치: 한국에서 권위주의 지배에서 민주주의로의 전환("Politics of Transition : Democratic Transition from Authoritarian Rule in South Korea")」(1989년 8월)이라는 논문으로 정치학박사학위를 받았다. 그는 귀국한 뒤 이화여자대학교 사회과학대학 정치외교학과 교수를 거쳐 고려대학교 정경대학 정치외교학과 교수로 봉직했으며, 정년퇴임한 뒤 광주과학기술원 석좌교수로 봉직하고 있다.

위의 저술들도 인산이 관심을 가진 주제에 연관된 것이지만, 김용민 교수는 인산이 국내최초로 번역한『인간불평등기원론』의 저자 루소를 집중적으로 연구했다. 그리하여「에밀의 철학적 교육에 있어서 의식의 효용성("The Utility of Conscience in the Philosophical Education of Emile")」(1993

년 3월)이라는 논문으로 정치학박사학위를 받았으며, 귀국한 이후 한국외국어대학교 사회과학대학 정치외교학과 교수로 봉직하면서 루소에 관한 저술들을 계속해서 출판했다.[198] 『루소의 정치철학』(고양: 인간사랑, 2004)이 그 대표적 사례다.

한국정치학의 본질과 정체성

위에서 살폈듯, 인산은 유럽의 정치사상 또는 정치철학을 연구하면서 그 가운데서도 특히 프랑스의 정치사상 또는 정치이론을 깊이 공부했다. 그렇지만, 인산은 "정치학이란 어떤 학문이며, 특히 한국에서 정치학은 어떤 특징을 가져야 하는가?"라는 문제의식, 간단히 말해, 한국에서의 정치학의 정체성에 대한 문제의식을 끊임없이 유지하면서 사색했다. 이 점은 그가 쓴 논문 또는 논설들 약 70편을 분석할 때 확인된다. 약 15%의 해당되는 11편 정도가 이 문제를 집중적으로 다룬 것이다. 이 주제가 후학들에게 남겨진 과제들 가운데 하나임은 물론이다.

민주주의의 이념과 제도 그리고 정치교육

인산이 많은 관심을 기울인 부문은 민주주의의 이념과 제도 그리고 정치교육 등이었다. 그가 발표한 논문들 또는 논설들 약 70편 가운데 약 40%에 해당되는 27편 정도가 이 문제를 집중적으로 다룬 것이다. 이 글들을 통해, 인산은 자유민주주의를 수미일관(首尾一貫)하게 지지했다. 특

198 Yong Min Kim, "The Political Idea of Patriotism in Confucian Korea and Liberal America." 『한국정치학회보』 제37집 제4호(2003년 겨울), 55-70쪽; 김용민, 「한국에서 루소사상 수용과 연구현황에 관한 일(一) 고찰」, 『정치사상연구』 제18집 2호(2012년 가을), 87-111쪽.

히 자유민주주의를 지속시키기 위해서는 정치교육이 중요하다는 자신의 판단을 되풀이했다.

자유민주주의에 대한 인산의 강력한 옹호는 과격하거나 급진적인 정치변동론 또는 좌파적 혁명론에 대한 비판으로 연결됐다. 특히 1980년대 이후 인산은 이 주제에 관한 연구프로젝트를 이끌었으며 많은 저작들을 출판했다.

국제관계 특히 개발도상국가의 민족주의

인산은 미국과 소련 사이의 관계를 비롯해 국제관계 전반에 대해서도 관심을 보였다. 특히 아프리카와 아시아를 중심으로 하는 개발도상국가에 나타난 민족주의에 대해서도 주목하고 이 방면에 여러 논문들을 출판했다.

남북관계 및 남북통일

인산은 남북한관계 및 남북통일에 대해서도 적지 않은 논문들을 발표했다. 바로 앞에서 말한 국제관계 및 개발도상국가의 민족주의 그리고 남북관계 및 남북통일을 다룬 논문들은 그가 발표한 약 70편 가운데 약 13%에 해당되는 9편에 이른다. 당시의 관행에 따라 북한을 '북괴'라고 부르면서 남한 주도 아래서 통일이 이루어지는 경우 '북한의 민심을 어떻게 수습해야 할 것인가'라는 문제에 대해서도 쓴 것이 흥미롭다.

오늘날 남북한관계는 매우 심각한 국면을 맞이했다. 북한의 비핵화 그리고 그것에 연계된 한반도의 비핵화는, 그러나 어느 무엇보다도 북한의 비핵화는, 민족의 사활에 직결되어 있다. 이러한 관점에서, 인산은 후학들에게 연구과제를 남긴 것이다.

아쉬움, 그러나 그 아쉬움을 생산적으로 해소시켜보면 어떨까

마지막으로, 외람된 일이지만, 인산에 대한 아쉬움을 적어보기로 한다. 인산은 평소에 "버써틀한 사람은 학자로 성공하기 어려워."라고 말씀하시곤 했다. '버써틀'은 영어로 'versatile'이다. 영한사전에 보면, '다재다능(多才多能)한' 또는 '다용도(多用途)의, 다목적(多目的)의'라는 형용사이다. 같은 맥락에서, 인산은, "관심이 여러 군데로 분산된 사람은 학자로 성공하기 어려워."라고 말씀하시곤 했다.

돌이켜보면, 한 마디로 '학자'라고 해도 그 종류는 참으로 다양하다. 전공에 따라, 또 자신의 인생관 및 가치관에 따라, 그 생활유형이 얼마든지 달라질 수 있다. "학자로서의 성공이 과연 무엇을 의미하느냐?"라는 본질적이면서도 철학적인 질문도 얼마든지 제기될 수 있다. '버써틀' 했기에 학자로 성공한 사람도 있고, '관심이 여러 군데로 분산됐기에' 학자로 성공한 사람도 있다. 그런가하면, 비록 흔히 학계에서 말하는 '연구업적'에서는 두드러지지 않지만, 정치적·경제적·사회적 쟁점들에 대해 과감히 맞서 싸워 국가와 민족에 기여한 학자들도 있으며, 자신이 속한 학교와 학회의 성장과 발전을 위해 노력한 학자들도 있고, 스승으로서의 모범적인 삶을 통해 제자들에게 인격적으로 영향을 끼친 학자들도 있다.

이러한 전제 아래, 용렬한 이 저자가 자신의 지난 삶을 반성하는 뜻에서 돌이켜보면, 연구자로서의 학자로 그나마 하나의 열매를 맺으려면 자신을 외부로부터 일정하게 격리시킨 채 외롭다고 할까 또는 고독하다고 할까 하는 생활을 감당할 수 있어야 한다. 그렇게 살아야 시간을 절약할 수 있고 시간을 뭉텅이로 만들어 쓸 수 있으며 그렇게 형성된 시간의 축적 위에서 생각의 흐름을 이어나갈 수 있을 뿐만 아니라 생각이 중간에 끊이지 않고 이어져야 연구와 집필이 진전을 보일 수 있기 때문이다.

흔히 우리사회에서 '대성한 학자'로 꼽히는 어느 교수의 삶을 보면, 관혼상제(冠婚喪祭)라는 말에 압축되는 세상사(世上事) 또는 인간사(人間事)에 거리를 둔 채 오로지 공부만 했다. 한국사전공으로 몇 편의 '대작(magnum opus)'을 출판한 미국의 어느 교수의 경우에는, 점심식사를 위해 식당을 왕래하는 시간도 아까워 집에서 연구실로 나올 때 아예 점심을 싸가지고 왔다고 한다. 어떤 이의 말로는, 그가 점심만 싸가지고 나온 것이 아니라 저녁까지 싸가지고 왔다고 한다. 개척적인 저술들을 많이 출판한 학자로 최근에 크게 보도된 어느 교수의 삶을 보면, 생시에 휴대전화 자체를 아예 갖지 않았다.

이렇게 매우 엄격한 기준에서 볼 때, 인산은 스스로가 '버써틀'했다. 기호(嗜好)가 다양했고, 사람을 좋아해 외로운 생활과는 거리가 있었다. 그러다보니 저술에서 자신의 전공과 관련해 아쉬움을 남겼다. 저자는 최소한 여섯 가지 점에서 말해보고자 한다.

첫째, 인산이 평생의 스승으로 모신 민병태 교수는 자신의 정치학의 출발점이었던 라스키를 주제로『라스키』라는 책을 사상계사에서 출판할 예정이라고 1959~1960년에 여러 차례 광고를 냈다. 그러나 이 책은 끝내 출판되지 않았다.

인산이 이 책을 저술했더라면 어떠했을까? 인산 스스로도 석사과정 때 라스키를 1차적 연구대상으로 삼았으며, 대학원에서 국가론을 강의할 때 꼭 라스키의 국가론을 포함시켰다. 더구나 라스키가 추구했던 '자유와 평등의 조화' 또는 '민주주의와 사회주의의 조화' 곧 '민주사회주의' 또는 '사회민주주의'는 빈부의 격차가 심해져 심각한 정치적·경제적·사회적 쟁점으로 떠오른 우리나라에서 새로이 조명되어야 할 연구과제가 아니겠는가. 따라서 스승의 뜻도 이어받으면서 자신의 연구도 반영해 이 책을 썼더라면 인간적으로 아름다운 일로 받아들여지고 학계에 하나의 기여가 됐을 것이다.

둘째, 인산이 평생에 걸쳐 연구한 대상은 우선 서양의 정치철학이었다. 인산이 주도한 것으로 추정되는 세바인의『정치사상사』번역은 이것을 반영한다. 그러나 인산이 거기서 한 걸음 더 나아가 자기 나름의『서양의 정치철학: 고대에서 현대까지』를 출판했더라면 이 주제에 관한 한국 정치학자 고유의 기여가 됐을 것이다.

셋째, 인산이 평생에 걸쳐 연구한 대상은 국가였다. 자신의 석사논문이 국가론이었고 자신의 첫 번역인 루소의『인간불평등기원론』도 국가기원론·국가생성론·국가본질론 등에 연결되는 것이었다. 자신의 또 하나의 번역인 매키버의『근대국가론』역시 국가학의 중요한 주제들을 모두 다뤘다. 스스로 세계정치학계에서 국가론이 사라지는 현상을 개탄하는 글도 썼다.

더구나, 인산으로부터 1980년대 초에 대학원에서 직접「국가론」강의를 들었던 김동수 박사의 회고에 따르면, 인산은 마틴 카노이(Martin Carnoy) 교수의 저서『국가와 정치이론(*The State and Political Theory*)』(Princeton, N.J.: Princeton University Press, 1984)을 1차적 교재로 사용하면서, 게오르그 엘리네크, 해럴드 라스키, 로버트 매키버, 어니스트 바커 등 그때로서는 사실상 잊혀진 것이나 다름이 없었던 정치학자들의 저서들을 곁들여 사용하면서, 국가론을 강의했다. 다시 김동수 박사의 회고에 따르면, 인산은 그때가 권위주의체제로부터 민주주의체제로 이행하기 시작하던 정치적 전환기임을 상기시키면서 시대적 변화와 그 변화를 둘러싼 정치적 조건들에 초점을 맞추어 국가가 어떻게 변형을 이룩하는가를 중점적으로 살폈다. 이러했던 만큼, 인산이 자신의 강의안만 갖고도『국가』를 저술했더라면 후학들에게 큰 도움이 되었을 것이다.

여기서 욕심을 내본다면, 인산의 「서양정치철학」 및 「국가론」 강의를 들었으며 또 조교로 봉직했던 진석용 교수가 제안한 그대로, 아리스토텔레스의 『자연학(*Physics*: '물리학'이라고 번역하지 않고 '자연학'이라고 번역한다)』을 생각하게 된다. 아리스토텔레스가 자신의 이 책 제2권에서 제시한 '4인론(四因論)'에 따르면, 어느 대상에 대해 알고자 할 때, 질료(質料: matter)·형상(形相: form)·효과(效果: effect)·목적(目的: end)의 네 측면에서 접근해야 한다. 여기서 '질료'는 '구성요소'를 의미하고, '형상'은 '본질' 및 '특징'을 의미하며, '효과'는 '기원' '생성과정' '발전과정' '변화요인' 등을 의미하고, '목적'은 '존재이유'를 의미한다. 이 점을 염두에 두고 『국가』를 저술한다면, 제1장에서 국가에 관한 고금(古今)과 동서(東西)의 수많은 학설들을 정리해주고, 그 뒤부터는 앞의 '4인론'에 부합되는 제목들로 장(章)을 구성할 수 있을 것이다.

넷째, 인산의 사실상의 마지막 저서이면서 역서인 『마키아벨리와 군주론』에 대해서다. 다시 김동수 박사의 회고에 따르면, 인산은 대학원에서 「현대정치사상」 강좌를 통해 마키아벨리에 대해 설명할 때 르네상스기의 이탈리아와 피렌체 그리고 피렌체의 정치체제 등 마키아벨리가 자신의 사상을 형성하고 정립하던 시대의 정치적·국제적·사회적 배경과 함께 그의 삶과 인간적 면모에 주목하여 어떤 집안에서 자랐는지, 어떤 성격의 인물이었는지, 또 어떤 재주가 있었는지 등에 많은 관심을 보여주었다. 인산이 그러한 관심에 비례해 이 책에 대해 정성을 좀 더 들여 이 주제에 관련된 저명한 학자들의 다양한 해석들을 자세히 논의해주고 또 주해를 더 많이 달아주었더라면 학부학생들에게 이 책이 정치학의 역사에서 갖는 의미에 대해, 그리고 오늘날의 정치세계를 이해함에 있어서 더 나은 길잡이가 됐을 것이다.

다섯째, 인산은 프랑스 정치학자들의 저술들에 아주 밝았다. 그래서 학부에서 프랑스의 정치와 정치사상에 대해 강의했었다. 그러했던 만큼 인산이 『프랑스의 정치: 정치지리, 정치사, 정치사상, 정치문화, 정치 제도와 기구, 정치과정, 대외관계와 외교』(가제)를 저술했더라면 프랑스에 대한 우리의 이해를 높여주었을 것이다.

여섯째, 인산이 은사의 이름 아래 발표한 것으로 추정되는 논문 「과학주의에 대결하는 전통」에 대해서다. 이 논문의 내용을 더 부연하고 업데이트시켜 비록 그 양이 많지 않더라고 한 권의 책으로 출판했더라면, 학부 고급학년 학생들이나 대학원 학생들에게, 심지어 정치학 교수들에게도 정치학 전반의 필수 독서목록과 그 해설의 훌륭한 안내서가 됐을 것이다.

인산이 남긴 아쉬움은 다른 시각에서 본다면 인산이 남긴 숙제라고 말할 수 있다. 제자들 및 후학들 가운데 앞에서 제시한 주제들과 관련해 책들을 쓴다면 그것들이야말로 인산의 가르침이 다음 대에 와서 새로운 형태로 꽃을 피고 열매를 맺은 것이라고 말할 수 있을 것이다.

비록 이러한 아쉬움을 남겼다고 해도, 인산은 대한민국정부수립 이후 제1세대의 정치학자로 그때의 기준으로 볼 때, 개척적인 저술들을 남겼다. 그리고 약 70편에 이르는 논문들 또는 논설들을 통해 후학들에게 학문적 자극을 주었으며 동시에 후학들이 더 깊이 공부할 수 있는 공백을 남겨주었다. 무엇보다 현실정치와는, 특히 권력과는 관계를 맺음이 없이, 학자로서의 품격을 지키면서, 깨끗하게 살았다. 스스로의 표현을 빌려 '유니버씨티 맨(university man)'으로서의 자세에 한 치의 흐트러짐이 없이 살았다는 사실 그 자체가 정치학자로서의 또 다른 기여라고 하겠다.

나가는 말

저자의 인산과의 인연을 중심으로

1. 이제 정치학자로서의 인산의 생애에 대한 서술을 마치면서, 저자의 인산과의 만남에 대해 회상하기로 한다.

첫 만남

저자의 1961년도 대학교 면접시험 때 담당교수가 바로 김영국 선생님이었다. 저자는 18세였고 선생님은 31세였다. 짧게 깎은 두발 그리고 날카로운 눈매의 인산이 던진 첫 질문이 "왜 정치학과에 지원했어?"였다. "장차 정치학 교수가 되고 싶어 지원했습니다."라고 답변하니, "집에 돈 좀 있나?"라고 되물으셨다. "경제적으로 여유가 있나?"식의 표현이 아니라 "집에 돈 좀 있나?" 그대로였다. 무척 당황했다. "넉넉하지 못합니다." 라고 답변하니, "집에 돈이 없으면 학자가 될 수 없어."라고 매정하게 끊어 말씀하시는 것이었다. 맥이 빠졌고 기분도 나빴다. "내가 자기에게 교수를 시켜달라는 것도 아닌데 첫 만남에서 이렇게 매몰차게 대응하는 것이 아무리 자기는 교수고 나는 응시생이라고 해도 예의에 맞는 일인가?" 라는 의문마저 들었다. "우리나라가 돈이 없는 사람은 교수가 될 수 없는 나라란 말인가?" 하는 반문조차 스스로에게 하게 됐다.

당시 저자는 어렵게 살고 있었다. 고등학교 1~2학년 때도 그러했지만, 대학입시에 몰두해야 할 고등학교 3학년 때도 과외선생을 하루에 두 군데서 하지 않으면 안 됐던 때였다. 이러한 처지의 저자로서는 선생님으로부터 그 말씀을 들으니 속된 말로 김이 샜다. 울화가 치밀기도 했고 반발심마저 일어났다.

다행히 입학이 되고 서울에서 겨우 입주과외선생 자리를 얻었지만, 저자는 여전히 '민생고(民生苦)'에 시달렸다. 교실에서나 교정에서 인산을 뵙게 되면, "집에 돈 좀 있나?" 그리고 "집에 돈이 없으면 학자가 될 수 없어."라는 말씀이 먼저 떠올라 정이 가지 않았다. 문리대 교정에서 뵙게 되면 저자가 먼저 피하기도 했다. 그 말씀이 저자가 졸업하면서 곧바로 신문기자가 되는 길을 걸었던 배경의 한쪽에 자리를 잡고 있었다.

그러나 선생님은 따뜻한 분이었다. 입학한 뒤 몇 달 지난 시점에서 부르시더니, "자네 입학시험 성적이 문리대 문학부 전체에서도 아주 좋더군. 공부하는 길을 걸어도 좋겠어."라고 격려해주셨다. 그리고는 다시 부르셔서 문리대 앞 중국음식점 진아춘(進雅春)에서 점심을 사주셨다. 저자는 송구스러워 자장면을 시켰다. 선생님은 껄껄 웃으시면서 "아, 이 사람아. 이럴 때는 비싼 걸 시켜도 돼."하시고는 잡탕밥을 시켜주셨다. 처음 먹어보았다.

인산은 저자가 이준일(李俊一)·김문원(金文元) 등 동기생들과 함께 독서서클 「네오 이데아 소사이어티(Neo-Idea Society)」를 만들었을 때 지도

교수직을 맡아주셨다. 그리고 저자가 학부 졸업과 동시에 신문사에 취직하는 것을 아시고는 "왜 대학원에 진학하지 않았어?"라며 아쉬워하셨다. 그뿐 아니라 신문사가 요구하는 신원보증서에 기꺼이 서명해주셨다.

선생님 집안 식구들과의 인연

선생님은 저자가 동향사람이라는 것을 아셨기에 학부 1년생이던 때부터 가끔 인천시청에서 선생님의 호적등본을 떼는 일 같은 심부름을 맡기셨다. 그 가운데 두 가지만 회상하기로 하겠다. 하나는 선생님이 부평(富平)인가 소사(素砂) 어딘가에 소를 키우는 사업을 구상한 일이었다. 아마 선생님 스스로를 위해서가 아니라 친가의 어느 가족을 지원하기 위해 선생님의 표현으로는 '소 호텔'을 지으려고 하셨던 것 같다. 인천시청을 왕래하면서 필요한 서류를 떼어드렸던 것으로 기억이 나는데, 구상하던 단계에서 접으셨던 것으로 기억된다. 역시 학교 일이 더 중요하다고 판단하셨을 것이다.

다른 하나는 간호사이던 여동생의 유럽으로의 취업 때 호적등본을 떼는 심부름을 맡기신 일이다. 인연이란 묘하다. 저자가 유학생활을 끝내고 귀국한 직후인 1973년 여름의 어느 날 저자를 부르시더니 "그 여동생이 10년 만에 귀국하는데 10년 동안 유럽에서 살다보니 이것저것 짐이 있는 것 같으니, 세관통관 일을 거들어주면 좋겠다."라고 말씀하셨다. 결국 저자는 그분의 출국과 입국 모두에서 심부름을 한 셈이었다.

인연은 거기서 끝나지 않았다. 저자가 1996년 9월에 실시된 인천대학교 총장 경선에 나섰을 때 학내분위기를 알려주는 직원이 있었다. 알고 보니 바로 그 분의 부군이었다. 그 분은 저자가 총장 때 정년퇴임을 했는데, 정년퇴임식에서 그분 내외에게 저자가 기념메달을 걸어드렸으니 참으로 인연의 끈질김을 거듭 느꼈다.

선생님을 실망시켰던 일들

저자는 선생님을 여러 차례 실망시켜드렸다. 참으로 송구하다. 그것들 가운데 아주 작은 것 두 가지만 회상하기로 하겠다.

첫째, 저자는 1966년 3월에 현재 건국대학교 사회과학대학 정치외교학과 명예교수인 백영철(白榮哲) 박사와 함께 정치학과 석사과정에 입학해 인산의 강의도 수강했다. 석사논문을 쓸 때 백 군은 프랑스의 정치사상가로 자유주의적 보수주의에서 출발해 사회주의로 기운 조르주 소렐(George Sorel, 1847~1922)이 1908년에 발표한 『폭력론(*Réflexions sur la Violence*, 영역 *Reflections on Violence*)』을 대상으로 잡았고, 저자는 정치발전론의 주요한 소재들 가운데 하나인 '정치문화' 그리고 '정치사회화'의 상관관계를 대상으로 잡았다. 당시 한국정치학계는 미국의 '발전론자'들이 개발해 전파한 '정치문화' 및 '정치사회화' 등에 많은 영향을 받고 있었고, 저자도 그러한 주제들에 관심을 가졌기 때문이었다.

그러자 인산은 저자에게 실망감을 표시했다. "그런 게 무슨 뜻이 있나? 그러한 주제들은 생명력이 길지 않은, 따라서 일시적인 유행성 연구 대상으로 끝날 개연성이 높지."라고 핀잔을 주신 것이다. 선생님은 "그런 게 무슨 뜻이 있나?"라는 말씀을 자주 했다. 정치철학을 전공하는 큰 학자의 눈에 웬만한 것은 모두 뜻이 없는 것으로 비쳤다. 대조적으로, 백 군에 대해서는 프랑스의 정치사상을 다룬다는 데 만족하시면서, "영철이가 워낙 뛰어난 사람이라 그래도 뭐 하나 잘 그려낼 거야."라는 말씀으로 큰 기대를 표시하셨다.

이 한 작은 일화에서 엿보이듯, 인산은 자신이 정치사상 및 정치철학을 전공한다는 사실에 자부심을 가졌다. 그래서 정치학의 여러 분야들 가운데 정치사상 및 정치철학 분야를 제외한 나머지 분야들에 대해서는, 특히 국제관계론(International Relations: I. R.) 분야와 지역연구(Area Studies) 분야에 대해서는 존경심을 덜 가진 것 같은 인상을 주는 발언들을 가끔 했다.

저자가 학위를 받고 귀국한 직후 찾아뵈었을 때 선생님의 첫 말씀은 "자네 혹시 아이 아르(I.R.을 꼭 '아이 아르'라고 발음하셨다) 같은 거나 에어리어 스터디스 같은 거 공부하고 온 것 아닌가?"였다. 그 말씀의 뜻을 잘 알고 있었기에 필자는 "선생님, 정치사상이나 정치철학을 아무나 공부할 수 있나요? 저는 능력이 모자라는 걸 진작 알았기에 처음부터 포기했습니다."라고 솔직히 '자수'했다. 선생님은 "잘 생각했었군. 그러니 학위가 빨리 끝났지. '아이 아르'라는 건『타임』이나『뉴스위크』만 제대로 읽어도 다 알 수 있는 거지."라고 말씀하셨다.

인산은 정치학과의 교수들 가운데 특히 이홍구 교수를 높이 평가하고 사랑했다. 그렇게 한 이유들이 여러 가지였겠고 또 이 교수는 높은 평가를 받기에 충분한 인품과 실력을 갖춘 것이 사실이지만, 그 이유들 가운데 하나는 이 교수가 정치철학을 전공한다는 사실이었을 것이다.

고백하건대, 필자가 서울대학교 문리대 정치학과에 입학했을 때의 꿈은 동서양의 정치철학을 공부해 그것을 모두 아우르는 제3의 정치철학을 정립하는 평생의 작업을 위해 기초를 다지고자 하는 것이었다. 그러나 스스로의 역량이 너무 미흡함을 일찍 깨달아 포기하고 다른 분야를 공부했다. 그래서 필자는 오늘날까지도 정치철학을 전공하는 정치학자를 존경하는 습성이 있다.

둘째, 1982년 6월에 자신의 손 위 처남, 곧 사모님의 오빠 되는 김상협

(金相浹) 고려대학교 총장이 국무총리로 임명됐다. 인산은 한편으로 기뻐하고 한편으로 안타까워했다. 그를 꼭 "상협 씨"라고 불렀던 인산은 "시기가 좋지 않은데, 상협 씨가 잘 해야 하겠는데."라며 걱정하곤 했다. 이 무렵 "청와대가 김 총리를 권한 없는 의전총리(儀典總理) 대독총리(代讀總理)나 시켜서 김 총리 스스로 청와대를 방문해 항의하려고 했으나 실세라는 허화평(許和平) 정무수석비서관과 허삼수(許三守) 사정수석비서관 등이 방해했다."는 소문이 나돌았다.

이 소문을 들은 인산은 "내가 좀 도와줘야겠는데." 하면서 자신이 청와대 정무비서실을 찾아가야겠으니 방문을 주선하라고 저자를 비롯한 몇몇 학내외 제자들에게 당부했다. 저자에게는 여러 차례 채근했다. "선생님이 청와대 정무비서실을 찾아가야 무엇 하겠는가? 모양만 우스워지겠다."라는 것이 제자들의 판단이었다. 그래서 결국 저자가 나서서 "선생님, 전혀 성사가 되지 않으니 포기하시는 게 좋겠습니다."라고 말씀드리니 언짢아하셨다.

선생님께 죄송스러웠던 일

선생님을 실망시켜드렸던 일들도 적지 않았으나 선생님께 죄송스러웠던 일도 있었다. 1996년 3월 20일에 저자는 인천광역시가 설립한 재단법인 인천발전연구원의 창립원장으로 취임했다. 최기선(崔箕善) 시장이 인천광역시가 21세기를 맞이해 발전할 방향을 정립하고 과제를 수행하는 싱크탱크로 발족시킨 연구기관이었다. 저자는 그 무렵에 인천대학교의 일부 교수들로부터 인천대학교 총장 경선에 입후보해달라는 요청을 받았고 거기에 응한 상태였다. 그래서 최 시장에게 그 형편을 말했더니 최 시장은 연구원의 설립이 급한 과제이므로 우선 창립을 해주고 경선에서 당선되면 연구원장을 사임해도 좋다고 양해해주었다. 그 해 9월에 실시된 경선을 거쳐 저자는 10월에 김영삼 대통령으로부터 인천대학교 총장 임명을 받았다. 자연히 인천발전연구원 원장은 사임하게 됐다.

최기선 시장은 저자에게 연구원 원장의 후임을 추천해달라고 강력히 요청했다. 저자는 "혹시 시장이 염두에 둔 사람이 있느냐?"라고 거듭 물었다. 시장은 "전혀 없습니다. 선배님이 추천해주시면 그대로 임명하겠습니다."라고 다짐했다. 저자는 이 말을 그대로 믿고 김영국 선생님에게 전화를 올렸다. 저자의 생각으로, 선생님은 인천분이시고 서울대학교에서 부총장까지 지내셨으니 연구원장을 수행하기에 충분했다. 선생님은 여러 차례 사양하셨다.

그런데도 최 시장의 채근이 계속되자 저자는 계속해서 선생님을 설득했다. 이 자리는 선생님께서 고향을 위해 마지막으로 봉사한다는 뜻이 크고, 원래 대학교 또는 연구소에서의 활동을 좋아하시는 만큼 부담이 되는 자리가 아니며, 원장에게는 비서실에 기사가 딸린 전용승용차가 배정될 뿐만 아니라 중앙정부 차관급의 봉급 및 활동비가 제공되는 만큼 60대 후반의 선생님에게 알맞은 자리로 생각된다는 말씀을 덧붙였다. 그래도 사양하셔서 구범모 선생님에게 김영국 선생님을 설득해달라고 부탁을 드렸다. 구 선생님은 "인천광역시장이 예산과 관련해 중요한 역할을 수행하는 시립인천대학교의 총장이라는 자리가 어려운 자리인데, 김영국 교수가 시장이 이사장으로 있는 인천발전연구원 원장으로 가서 일하면 학준이에게도 도움이 될 것이다."라는 논리로 인산을 설득했다. 마침내 김영국 선생님이 "학준이를 돕는 일이라면 내가 맡겠다."라는 말씀을 주셔서, 저자는 시장에게 선생님을 추천했다.

그런데 일이 뜻대로 되지 않았다. 처음에는 "저도 서울대학교 법과대학을 다니던 때부터 김영국 교수님을 잘 알고 있습니다. 훌륭한 분이지요. 더구나 인천 출신이라니 더욱 좋습니다."라고 호의적으로 대답하던 시장이 며칠 뒤에 아주 난처한 표정을 짓는 것이었다. 어떤이를 임명했으면 좋겠다는 뜻을 전달받았다는 것이다. "이것은 김영국 교수에 대한 예의가 아니니 시장이 전후 과정을 직접 말씀드리는 것이 좋겠다."라고 말했지만, "선배님이 총대를 매주십시오."라며 부탁을 하는 것이었다. 여러 곳을 살펴야 할 시장에게 분명히 말하기 어려운 사정이 있었을 것이다.

저자는 할 수 없이 구범모 선생님에게 "제가 너무 송구스러워 김영국 선생님에게 직접 말씀드리지 못하겠습니다. 선생님께서 저 대신 말씀을 해주시면 감사하겠습니다."라고 도움을 요청했다. 10여분 지나 구범모 선생님으로부터 전화가 왔다. "김영국 선생님은 껄껄 웃으시며 '학준이가 아직도 세상물정을 모르는 군. 그렇게 좋은 자리를 얻고자 하는 사람이 한 둘이었겠나? 나는 처음부터 안 되리라고 생각하면서도 학준이가 하도 간곡하게 부탁하기에 응낙했던 것이니, 일이 이렇게 됐다고 해 나한테 미안한 생각하지 말라고나 해줘.'라고 대답하셨다."는 말씀이었다.

지금 생각해도 선생님에게 너무 송구스럽다. 그런데도 선생님은 그 이후 이 일에 대해서는 일언반구(一言半句)도 꺼내지 않으셨다.

선생님을 도왔던 일

이렇게 선생님을 실망시키기도 하고 죄송스러운 일도 저질렀지만 그래도 "미련한 소도 뒷걸음질 치며 쥐를 잡는 일이 있다."라는 속담처럼 선생님을 도운 일이 있었다.

1982년 12월에 실시된 제12대 한국정치학회 회장 경선 때의 일이다. 선거는 뜻밖에도 쉽지 않았다. 인산이 "대학인은 대외활동을 자제해야 한다."는 신조에 따라 밖으로 나서는 것을 꺼렸음에 비해 상대방은 대외활동을 왕성하게 벌여와 요즘 유행하는 말로 인지도(認知度)에서 큰 차이가 났기 때문이었다. 특히 그 사이 회장을 서울대 출신이거나 서울대 재직 교수가 도맡아 해온 탓에 "이번에도 또 서울대가 해야 하느냐?"라는 분위기가 커졌던 것도 또 하나의 장애였다. 그래서 심지어 학과 안에서조차, 인산을 보호해야 한다는 취지에서, 사퇴시키는 것이 어떻겠냐는 의견도 제시됐다. 최명 교수가 있었으면 도움이 컸을 터였는데, 마침 안식년으로 미국의 대학교에 가있어서 무척 아쉬웠다. 자신을 잃어가던 분위기 속에서, 끝까지 밀고나가라며 용기를 심어준 분이 구범모 교수였다. "도대체 김영국 선생만한 이가 어디에 있는가. 학회장을 해도 일찍 했어야할 분인데 무슨 소리들 하는 거야."라며 독려했다.

상황의 심각성을 인정하신 뒤, 인산은 저자를 부르시더니 "지금 학과 교수들 가운데 자네가 나를 제일 잘 아는 사람이니 나를 자세히 소개하는 글을 써서 모든 회원들에게 우송하게."라고 말씀하셨다. 저자는 김영국 교수가 순수한 학자여서 대외활동을 사실상 끊고 계셨다는 것, 그래서 김영국 교수를 모르는 회원이 많을 것이라는 점들을 솔직히 털어놓은 뒤, 그러나 이미 1960년대에 한국정치학회 연구이사로 활동하셔서 학회형편을 잘 아시며 학문적으로 깊이 있고 책임감이 강한 만큼 반드시 시류에 흔들림 없이 학회다운 학회로 발전시킬 것인 만큼 꼭 지지해 주십사 하는 취지로 간곡하게 써서 모든 회원들에게 보냈다. 결과는 12표 차이의 신승(辛勝)으로, 7표만 상대방으로 옮겨갔어도 결과가 바뀌었을 것이다.

그때로부터 16년 뒤인 1998년의 일이다. 저자가 제29대 학회장 경선에 나서기에 앞서 우선 김영국·구범모 두 은사님을 한자리에 모셔놓고 여쭤보았다. 만일 두 분 가운데 어느 분이라도 허락하지 않으면 나가지 않을 생각이었다. 구 선생님의 즉각적 동의는 예상했던 것이나, "외도했던 자네가 무슨 학회장이냐."고 나무라실 것 같던 인산도 "당연히 나가야지."라고 하셨을 때는 놀랐다. "내가 학회장에 당선됐을 때 학준이 힘이 컸어. 편지 받아보고 마음을 정했다고 뒷날 나에게 인사한 사람의 수가 표차보다도 훨씬 많았으니까. 이번엔 내가 자네를 도와줘야지."라고 덧붙이셨다. 엄격하신 선생님에게도 이렇게 세심하면서도 따듯한 마음이 있었구나 하는 생각에 갑자기 눈시울이 뜨거워졌다. 덕분에 필자도 학회의 책임을 맡을 수 있었다.

선생님께 평생 동안 감사드릴 일

선생님께 감사드릴 일이 한 두 개가 아니다. 참으로 많고 많은 것이 사실이다. 여기서는 한 가지만 회상하도록 하겠다.

저자가 모교에서 전임으로 출발할 수 있도록 도와주신 일에 대해서다. 워낙 눈높이가 남달라서 저자는 거기에 미치지 못할 것으로 예상했다. 그런데도 받아주셨다. 저자가 "선생님의 눈높이에 맞는 곳에서 학위를 한 것도 아닌데 받아주시니 감사드립니다."라고 인사를 올리자, 선생님은 "그렇게 생각하지 않아도 괜찮아. 미국의 대학원 박사과정 프로그램은 최소한의 수준을 유지하고 있기에 믿을 수 있어."라고 따늣하게 말씀해 주셨다. 저자는 저자에게 학위를 준 모교에 대해 긍지를 지니고 있었지만 선생님의 이 말씀에 감격했다.

인천대학교로 찾아와주신 선생님과 사모님

선생님은 저자가 인천대학교 총장으로 '새 출발' 하게 된 것을 무척 기빠하셨다. 취임한 뒤 며칠 지나자 선생님은 사모님과 함께 총장실을 방문해주시고 많은 격려의 말씀을 주셨다. 저자가 2001년 2월에 동아일보사 사장에 취임했을 때는 선생님께서 별세하신 때로부터 1년이 지났을 때였다. 사모님이 차남 김창완 박사와 함께 사장실을 찾아주시고 격려해주셨다. 남편의 제자가 친정아버지 수당(秀堂) 김연수(金季洙) 님이 대주주로 참여하셨던 동아일보사의 책임을 맡게 된 것을 기쁘게 생각한다는 말씀을 덧붙여주셨다. 선생님과 사모님에게 지금도 깊은 감사의 뜻을 간직하고 있다. 이 책은 그 감사의 표시의 하나라고 하겠다.

2. 이 책을 쓰는 동안, 저자는 정말 기쁘면서도 서글프기도 했다. 선생님의 글들을 하나하나 찾아내고 읽으면서 마치 1960년대의 동숭동 캠퍼스로 돌아가 선생님의 강의를 듣는 것 같은 환상에 빠질 때는 마냥 기뻤다. 그러나 이렇게 학덕이 높으신 선생님의 가르침을 제대로 이해하지 못하고 지내왔구나 하는 회한이 가슴을 에어왔다.

김창완 박사는 선생님의 사진들을 10장 넘게 보내주었는데, 그 사진들을 들여다보면 환하게 웃으시는 장면이 많았다. 그래서 선생님이 살아나셔서 반가운 표정으로 이 못난 저자를 포함해 많은 제자들에게 걸어오시는 것 같이 느꼈다. 다시 선생님에게 선생님의 가르침에 충실한 삶을 살아오지 못한 데 대해 용서를 구하면서, 선생님의 왕생극락(往生極樂)을 빌고자 한다.

인산의 연보

1930. 6. 26. 인천광역시 중구 답동 27번지 출생
1938~1944 인천창영초등학교 입학 및 졸업
1944~1949 경기중학교(6년제) 5학년 수료, 대학입학자격검정고시 합격
1949~1954 서울대학교 문리과대학 정치학과(정치학학사)
1954~1957 서울대학교 대학원 정치학과(정치학석사)
1957~1958 서울대학교 문리과대학 정치학과 유급조교·강사
1958~1961 서울대학교 문리과대학 정치학과 전임강사
1958. 4. 15. 김정유(金正裕) 여사와 결혼
1958~1959 Visiting Scholar, University of Chicago
1960. 11. 23. 장남 주완(柱完) 출생
1961~1968 서울대학교 문리과대학 정치학과 조교수
1963. 5. 20. 장녀 원경(園景) 출생
1965. 3. 20. 차남 창완(昶完) 출생
1968~1972 서울대학교 문리과대학 정치학과 부교수
1972~1995 서울대학교 사회과학대학 정치학과 교수
1973. 2. 26. 서울대학교 대학원 정치학과(정치학박사)
1973~1977 서울대학교 대학신문사 주간
1975~1976 Visiting Professor, Institut d'Etudes Politiques de Paris
1978~1980 서울대학교 학생처장
1979 전국학생처장협의회 회장
1980~1981 서울대학교 사회과학대학장
1983. 1.~12. 한국정치학회장
1984~1987 서울대학교 현대사상연구회장

1985 대학이데올로기비판교육교수협의회 회장
1987~1989 서울대학교 사회과학대학 한국정치연구소장
1987~1989 서울대학교 대학원장
1988. 12. 국민훈장 모란장 수훈
1989~1991 서울대학교 부총장
1989 한국미래연구학회 창립회장
1991. 6. 사단법인 한국현대중국연구회 창립회장
1995. 8. 31 서울대학교 사회과학대학 정치학과 정년퇴임
1996. 11. 서울대학교 정치·외교학과 총동창회 초대 공동회장
2000. 1. 26 별세

인산의 저작목록

• 석사학위 논문

「국가이론의 변천과 현대 민주주의」(서울대학교 대학원 정치학과, 1957년 3월).

• 박사학위 논문

「레오 스트라우스의 정치학 논고: 정치철학론과 과학적 정치학의 비판을 중심으로」(서울대학교 대학원 정치학과, 1973년 2월).

• 단독저서

『민주화와 학생운동의 방향』(대왕사, 1991).

『마키아벨리와 군주론』(서울대학교 출판부, 1995).

• 민병태 교수와의 공저

『정치학요강』(삼중당, 1962).

• 공저

『현대의 정치학』(일조각, 1964).

『사회과학개론』(서울대학교 출판부, 1969).

『정치학개론』(서울대학교 출판부, 1972); 『신정치학개론』(서울대학교 출판부, 1980); 『정치학개론』(박영사, 1986).

『정치학개론』(한국방송통신대학교 출판부, 1983).

『이데올로기와 사회변동』(서울대학교 출판부, 1986).

『한국정치사상』(박영사, 1991).

『레오 스트라우스의 정치철학』(서울대학교 출판부, 1995).

• 역서

J. J. Rousseau 저, 『인간불평등기원론』(현대문화사, 1956; 신화사, 1958).

T. D. Weldon 저, 『정치학사전』(현대문화사, 1958).

W. O. Clough 저, 『미국사상의 기원』(사상계사, 1963).

W. A. Harriman 저, 『변동하는 세계 속의 미소』(중앙매스컴센터, 1971).

H. J. Laski 저, 『국가란 무엇인가』(두레, 1983).

• 민병태 교수와의 공역

R. M. MacIver 저, 『근대국가론』(민중서관, 1976).

• 논문번역

Leonard Schapiro 저, "Has Russia Changed?," *Foreign Affairs*(April 1960)/『쏘련은 변했는가』, 『사상계』(1960년 12월).

• 노트

김영국, 「석사과정 노트」 1-3; ______, 「루소 노트」; ______, 「시카고 노트」 1-2; ______, 「마키아벨리 노트」.

• 논문

「정치학의 대상으로서의 정치현상」, 『정치학보』 제1호(1955년 12월).

「국가이론의 변천과 현대 민주주의」, 『정치학보』 제2호(1957년 2월).

「대통령제 헌법의 기본요건: 의원내각제의 장점을 취하는 혼합형을 중심으로」 『신사조』 제1권 제6호(1962년 7월).

「정당, 선거와 대중: 민주주의사회에 있어서 그들의 연계관계」, 『신사조』 제1권 제10호(1962년 11월), 124-130쪽.

「전향한 동독철학자 블로호: '희망의 철학'을 찾아 자유를 선택했다」, 『사상계』(1963년 1월).

「민족과 국가사회」, 『국방』 제130호?(1963).

「민주주의의 현대적 개념」, 『국방』 제137호(1963).

「영국의 정치풍토」, 『국방』 제139호(1963).

「정치학의 이론과 실제」, 『국방』(1964년 4월).

「민정을 앞둔 대학의 발언: 선거에 대한 제언」, 《대학신문》(1963년 9월 9일).

「새로운 정치학에 대한 고찰」, 한국정치학회연구위원회 편. 『현대의 정치학』(일조각, 1965).

「한국에 있어서의 정치학의 발전: 1945 – 1965」, 한국정치학회 주최 제1회 심포지움 논문, 1965.

「한국학생의 사회참여 분석」, 『학생연구』 제4권 제1호 부록(서울대학교 학생생활연구소, 1966).

「정부형태의 분류」, 『고시계』 108(1966).

「대의정치와 책임정치」, 『고시계』 109(1966).

「신화는 없는가: 신식민주의에 대한 민족주의의 신화모색, 민족주의의 재평가」, 『정경연구』(1966년 5월).

「특집 정치와 인간: 정치인, 정당, 정치권력」『정경연구』(1966년 7월).

「이념분규 하(下)의 민족의식」, 《대학신문》(1966년 10월 3일).

「오늘의 한국정치의 과제: 한국정치문화에 대한 비판적 분석」, 『시사』 제6권 제9호(1967).

「신생국정당의 병리분석, 과도사회에 있어서의 정당의 고민: 한국정당정치의 좌표」, 『정경연구』(1967년 2월).

「사회정화운동의 문제점」, 《대학신문》(1967년 9월 4일).

「합리적 의회운영론: 타협과 관용, 균형과 견제의 조화를 위한 현실적 방안」, 『정경연구』(1967년 9월).

「국회기능의 정상화」,《대학신문》(1967년 11월 6일).

「특집 사회과학방법론의 쟁점」 가운데「정치학: 가장 많은 방법의 가장 적은 성과; 전통적 방법과 과학적 방법의 비교적 검토」,『정경연구』(1968년 3월).

「쿠테타」,『월간중앙』(1968년 5월).

「특집 사회과학의 한국적 과제」 가운데「정치학: 방법론 및 대상의 문제점」,《대학신문》(1968년 6월 9일).

「특집 68년이 던진 과제: 정치안정 속의 불안요인」,『정경연구』(1968년 12월).

「한말 의병의 사상적 고찰: 병오(1906)유림의병운동과 그 척사사상의 배경을 중심으로」,『한국사회과학논집』 10(1969).

「사회과학의 개념과 역사」 및「사회과학의 종류」,『사회과학개론』(서울대학교 출판부, 1969).

「한국민족의식의 발전형태: 근대사에 비친 한국민족주의 사상의 연원을 찾아」,『아세아』 제1권 제5호(1969년 6월).

「국민과 군대의 관계」,『국방학보』(한국국방학회) 제2집(1969년 12월).

「자유에로의 전진」,『세대』(1970년 1월).

「북괴의 사상 및 제(諸) 제도: 민주적 개혁을 위한 서설」,『국토통일』 제1권 제2호(1970년 10월).

「신세계의 전개와 음영(陰影)」,『월간중앙』(1970년 12월).

「브레히트의『정치이론』」,『신동아』 1971년 신년호 특별부록『현대인의 사상 77인』.

「대(對)중립국 적극외교에의 방향」,『국토통일』 제2권 제8호(1971년 1월).

「국민발안의 현대정치적 의의」,《대학신문》(1971년 3월 29일).

「당선지상주의에의 경고」,『월간중앙』(1971년 3월).

「우리나라 선거제도에 대한 관견(管見): 선거구문제를 중심으로」,『국회보』(1971년 6월).

「통일과정의 민심수습문제」, 『통일논총』 제2권 제2호(1971년 7월).
「의회정치가 사는 길」, 『신동아』(1971년 8월).
「동서평화무드의 가면과 진면: 세계는 날로 새롭다」, 『월간중앙』(1971년 8월).
「책임정치론: 정치적 귀책의 비교」, 『정경연구』(1971년 11월).
「외국이론 수용의 반성: 사회과학」, 《대학신문》(1972년 9월 25일).
「프랑스 제5공화국의 경험으로부터의 교훈: 정치권력의 인격화의 문제」, 《서울신문》(1972년 11월 20일).
「자유민주주의의 본질」, 『북한』(1973년 11월).
「정치교육론: 역사적 고찰과 오늘의 문제점」, 『서울평론』(1974년 6월 6일).
「학풍 한 세대(8): 정치학」, 《대학신문》(1976년 5월 31일).
「사회과학: 정치·외교학」, 서울대학교30년사편찬위원회 편, 『서울대학교 30년사, 1946－1976』(서울대학교 출판부, 1976).
「공민교육에 관한 연구: 정치사회화와 관련하여」, 『정치학보』 7호(1977).
「한국에 있어서의 정치학의 발전」, 『한국정치학회보』 제11집(1977년 12월).
「아놀드 브레히트」, 신동아 편집실 편, 『현대의 사상가 77인』(동아일보사, 1978).
「L. 스트라우스」, 한국사회과학연구소 편, 『현대의 사회사상가』(서울: 민음사, 1979).
「Destut de Tracy의 이데올로지론」, 한우근박사기정년념사학논총간행준비위원회 편, 『한우근박사정년기념사학논총』(지식산업사, 1981).
「레오 스트라우스: 정치철학의 회복」, 《서강신문(The Sogang Herald)》(1982년 11월 22일).
「이익집단과 국민윤리」, 한국정신문화연구원 국민윤리연구실 편, 『한국인의 윤리관 II』(한국정신문화연구원, 1984).
「현대국가의 기본과제: 산업화와 관련해서」, 1985년 한국정신문화연구원 주최 「현대사회와 국가」 학술대회 발표.

「국가이념의 이데올로기적 성격」, 현대사상연구회 편,『이데올로기와 사회변동』(서울대학교 출판부, 1986년 3월).
「자유민주주의의 재검토: 그 철학적 근원과 현실적 구분」,『현대사회』 27(1987년 9월).
「정치권력실체의 개념과 계급혁명」,《인천대학보》 제83호(1987년 9월 28일).
「민주한국은 이렇게」,『산경연구』(계간) 57호(1987년 11월).
「현대사조와 한국사상의 과제」, 한국정신문화연구원 인문연구실 편,『선진한국의 이념적 기초』(한국정신문화연구원, 1988년 3월).
「자유민주주의에 대한 이론적 고찰과 반성」,『현대사상』 1(1989년 12월).
「한국 민주화의 현재와 미래」,『미래의 한국과 세계』 제1권 제1호(1990년 1월).
「통일독일의 정치교육실태에 관한 연구」,『한국정치연구』(서울대학교 사회과학대학 부설 한국정치연구소) 제6호(1997년 6월).

• 연구프로젝트(문교부 학술연구보고서)

「의병활동을 통해서 본 최근세 한국정치의식의 분석: 병오(1906)유림의병운동과 그 척사사상의 배경을 중심으로」,『문교부연구보고서』 26(사회과학계 7, 1968).
「대학사상교육의 현황과 문제점」(1982년 12월).
「국가 이념교육의 현황과 문제점」(1984년 6월).
「현대 급진사상의 계보」(1987년 8월).
「사회변동과 정신교육 정립을 위한 연구」(1989년 8월).

• 서평

「헨리 월리치(Henry C. Wallich),『독일 부흥의 주요 원인(*The Mainsprings of the German Revival*)』」,《대학신문》(1959년 11월 15일).

「버나드 크리크(Bernard Crick),『미국의 정치과학: 그 기원과 조건(*The American Science of Politics: Its Origins and Conditions*)』(London: Routledge and Kegan Paul, Ltd., 1959)」,『사상계』(1960년 9월).

「모리스 뒤베르제(Maurice Duverger) 저,『정치학개론』」,《대학신문》(1971년 3월 15일).

「멜빈 레이더(Melvin Rader) 저/이용필 역,『마르크스 사상의 구조: 이론적 비판』(서울: 교육과학사, 1983)」,『현대 사조의 이해』 II(서울: 대왕사, 1983).

「데이비드 맥렐런(David Mclellan) 저/신오현 역,『칼 마르크스의 사상』(서울: 민음사, 1982)」,『현대 사조의 이해』 III(서울: 평민사, 1984).

「쉴로모 아비네리(Shlomo Avineri) 저/이홍구 역,『칼 마르크스의 사회사상과 정치사상』(서울: 까치, 1983)」,『현대사조의 이해』 VI(서울: 형설출판사, 1985).

「데이비드 맥렐런(David Mclellan) 저/안택원,『마르크스주의 논쟁사』(서울: 인간사랑, 1986)」,『현대 사조의 이해』 VII(서울: 형설출판사, 1987).

• 해외학술대회 귀국보고서

「세계정치학회 참석 메모 상」,《대학신문》(1970년 11월 16일);

「세계정치학회 참석 메모 하」,《대학신문》(1970년 11월 23일).

「내가 본 북경의 대학」,『서울대동창회보』(1988년 10월 1일).

「중국미래학회 동향」,《대학신문》(1988년 10월 31일).

「중국의 대학 대학생」,《대학신문》(1988년 11월 7일).

「60년대 한국을 연상」,『서울대학교 정치학과 동창회보』 20(1988).

• 서언 · 격려사 · 조사 등

「특집: 여름방학에 권하는 책: 김철수,『헌법질서론』; 에리히 프롬,『자유로부터의 도피』」,《대학신문》(1963년 7월 22일).

「격려사」,『정치학보』 제6호(1970년 12월).

「남북대화의 전위적 제의: 71년을 움직인 사람들; 최두선 [대한적십자사] 총재」,『월간중앙』(1971년 12월).

「신입생을 위한 특집 배움의 길」 가운데 「사회과학도에게」, 《대학신문》(1972년 3월 6일).

「서언」, 대학신문사 편,『광복 30년: 시련과 극복의 역정』(서울대학교 출판부, 1977).

「상아탑의 외로운 파수꾼: 고 민병태 박사 영전에」, 《경향신문》(1977년 11월 15일).

「제1장 서론」, 김영국 외 공저,『현대정치학의 대상과 방법』(법문사, 1981).

「하서(賀序)」, 준봉(峻峰)구범모교수화갑기념논총편집위원회 편,『전환기 한국정치학의 새 지평: 준봉구범모교수화갑기념논총』(나남, 1994).

• 공동집필자들 가운데 한 사람으로 참여했으나 어느 부분을 집필한 것인지 불분명한 저술들

『민주주의론』(법문사, 1971).

「제1장 총설」, 민주평화통일자문회의평화통일민족운동사편찬위원회 편,『평화통일민족운동사』 제3집(1988년 12월).

• 대담

「민족주체성 확립에의 길: 정치·경제·정신문화 면에서 본」, 《대학신문》(1963년 4월 29일).

「10월유신과 대학의 자세: 10월유신의 의의와 대학의 자세를 더듬는 대담」, 《대학신문》(1972년 12월 1일).

참고문헌

강동국, 「국제정치학자 이용희의 탄생」 이용희탄생100주년을 기념해 서울대학교 국제문제연구소가 주최한 학술회의에서 발표(2017년 10월 27일).

강상규·김명섭·김성호·김준석·민병원·박건영·박성우·안외순·이선옥·장진성·전재성·정병모·조인수·조홍식 등 공저, 『장소와 의미: 동주 이용희의 학문과 사상』(고양: 연암서가, 2017).

강영훈, 『나라를 사랑한 벽창우: 강영훈 회고록』(동아일보사, 2008).

강정인·김경희 옮김, 『니콜로 마키아벨리, 『군주론』』(까치글방, 2008).

강정인·문지영 옮김, 『통치론: 시민정부의 참된 기원, 범위 및 그 목적에 관한 시론』(까치, 1996년 초판: 2017년 초판 21쇄).

공삼민병태박사화갑기념논총편집위원회 편, 『공삼 민병태 박사 화갑기념논총』(서울, 1973년 4월).

곽차섭, 「바로크시대 이딸리아의 마키아벨리즘 연구: 국가이성론과 타키티즘을 중심으로」(서강대학교 대학원 문학박사학위청구논문, 1992년 8월); _____, 「마키아벨리 한국어 역본, 1958–2009」, 『코기토』(부산대학교 인문학연구소), (2010년 2월).

구범모, "비교정치학 20년의 반성", 『한국정치학회보』 第2집(1967), 11쪽; _____, 「하서(賀序)」, 인산(仁山)김영국박사회갑기념논문집간행위원회 편, 『인산김영국박사회갑기념논문집: 정치학의 전통과 한국정치』(서울: 박영사, 1990), ⅰ–ⅲ쪽.

김경원, 「자유에 대하여: 마키아벨리를 중심으로」, 『문학과 지성』(1972년 8월).

김경희, 「마키아벨리의 선정론(buon governo): 『군주론』에 나타난 '건국'(建國)과 '치국'(治國)의 정치학」, 『한국정치학회보』 제42집 제3호(2008년 가을); ______, 「'독존'에서 '공존'으로: 마키아벨리 『군주론』 해석에 대한 일(一) 고찰, 『한국정치연구』 제20집 제1호(2011년 2월); ______, 「마키아벨리 『군주론』의 두 가지 권력론: 군주의 역량과 군주국의 활력」, 『한국정치학회보』 제45권 제14호(2011년 가을); ______, 『공존의 정치: 마키아벨리 『군주론』의 새로운 이해』(서강대학교 출판부, 2013); ______, 「마키아벨리의 정치론: 레오 스트라우스의 마키아벨리론 재고찰」, 인산김영국선생10주기기념학술대회추진위원회 편, 『인산 김영국 선생의 정치학』(고양: 인간사랑, 2010); ______, 「마키아벨리의 포르투나관 연구: 『군주론』을 중심으로」, 『한국정치연구』 제26집 제1호(2017년 2월).

김계수, 『한국 정치학: 현황과 경향』(서울: 일조각, 1969); ______, 『한국과 정치학』(일조각, 1987).

김비환, 「마키아벨리 정치사상의 르네쌍스적 성격」, 『수선논집』(성균관대학교 대학원), 10(1986년 1월).

김상협 역, 『현대정치론』(한국번역도서, 1960).

김양수, 『인천개화백경: 이 책에 인천이 있다』(화인재, 1998).

김용민, 『키케로의 철학: 정의와 행복을 위한』(한울아카데미, 2018).

______, 『루소의 정치철학』(고양: 인간사랑, 2004); ______, 「한국에서 루소사상 수용과 연구현황에 관한 일(一) 고찰」, 『정치사상연구』 제18집 2호(2012년 가을).

김충남·김효선 풀어씀, 『독립정신: 조선민족이여 깨어나라』(동서문화사, 2010).

김충희, 「레옹 뒤기의 국가이론: 『법과 국가』를 중심으로」, 『유럽헌법연구』 17(2015년 4월).

김하룡, 「마키아벨리의 『군주론』」, 동아일보사 신동아 편집실 편, 『세계를 움직인 백권의 책』(동아일보사, 1968).

김학준, 「재미원로 회견기: 정치학과 창설의 주역 최봉윤 교수」, 《대학신문》

(서울대학교 대학신문사), 1984년 3월 5일.

______, 「서평: 안자산의 『조선문명사: 조선정치사』」, 『사회과학과 정책연구』(서울대학교 사회과학연구소) 제8권 제3호(1987년 2월).

______, 『이동화 평전: 한 민주사회주의자의 생애』(민음사, 1987); ______, 『두산 이동화 평전: 한국에서 민주사회주의운동을 개척한 정치학자의 이념과 행동』(단국대학교 출판부, 2012).

______, 「잊혀진 정치학자 한치진: 그의 학문세계의 복원을 위한 시도」, 『한국정치연구』제23집 제2호(2014년 6월).

______, 「우리나라 정치학 도입기의 지도적 정치학자 안국선의 주요 저서 소개」, 『한국정치학회보』 제21집 제2호(1987년 12월).

______, 「잊혀진 정치학자 한치진: 그의 학문세계의 복원을 위한 시도」, 『한국정치연구』 제23집 제2호(2014년 6월).

______, 「제1부 생애와 정치이론」, ______, 『라스키』(서울대학교 출판부, 1987년 초판 1쇄; 1995년 초판 2쇄; 2007년 수정증보판 1쇄).

______, 「서평: 한반도 현대사에 대한 한 독립운동가의 시각; Korea and the United States Through War and Peace, 1943–1960 by Henry Chung」, 『한국정치학회보』 제34권 제3호(2000년 12월).

______, 『구한말의 서양정치학 수용 연구: 유길준·안국선·이승만을 중심으로』(서울대학교 출판문화원, 2011).

______, 『공삼 민병태 교수의 정치학: 해방 이후 한국에서 정치학이 소생·성장·발전한 과정의 맥락에서』(서울대학교 출판문화원, 2013).

김형욱 구술/박사월(朴思越: 본명 김경재[金景梓]) 집필, 『혁명과 우상: 김형욱회고록』 전3권(전예원, 1991), 제2권(『한국중앙정보부』).

김홍우, 「한국정치학에서 서양정치사상 교육」, 김유남 엮음, 『한국정치학 50년: 정치사상과 최근 연구분야를 중심으로』(한울, 2001).

______, 「민병태 『정치학』의 이해: 슈미트와 라스키의 논의를 중심으로」, ______, 『한국정치의 현상학적 이해』(인간사랑, 2007).

______, 「김영국 선생의 박사학위논문 「레오 스트라우스의 정치학 논고」에 대한 소고」, 인산김영국선생10주기기념학술대회추진위원회 편, 『인산 김영국 선생의 정치학』(고양: 인간사랑, 2010).
김효전, 『일반국가학』(태화출판사, 1980: 전면개정판 법문사, 2005).

남재김상협선생추모문집간행위원회 편, 『당산(堂山)나무의 큰 그늘이여: 남재김상협선생추모문집』(나남출판, 1998).
남재김상협선생전기편찬위원회 엮음, 『남재김상협: 그 생애/학문/사상』(한울, 2004).
나채훈·박한섭 지음, 『인천개항사: 인천의 역사를 다시 본다!』(미래지식, 2006).

대학이데올로기비판교육교수협의회 편, 『현대 사조의 이해』 II(서울: 대왕사, 1983); ______, 『현대 사조의 이해』 III(서울: 평민사, 1984); ______, 『현대사조의 이해』 VI(서울: 형설출판사, 1985); ______, 『현대 사조의 이해』 VII(서울: 형설출판사, 1987).
동주기념사업회, 『동주 이용희 전집』 전10권(연암서가, 2017~2018).
두남(杜南)임원택교수정년기념논문편찬위원회 편, 『두남임원택 교수 정년기념논문집: 사회과학의 제 문제』(서울: 법문사, 1998).

루소 저/김용구 역, 『전쟁과 평화』(을유문화사, 1974); 김용구, 『장 자크 루소의 국제정치: 영구평화를 위한 외로운 산책자의 꿈』(인천광역시: 원, 2001년 초판: 2004년 개정판).
루소 저/홍승오 역, 『고백록』(동서문화사, 1975).

마키아벨리 저/신복룡 역, 『군주론』(을유문화사, 1980); ______, 『마키아벨리가 들려주는 군주론 이야기』(자음과모음, 2008).

메리엄 저/김운태·이우현 공역,『정치학서설』(제일문화사, 1955); ______ 공역,『체계적 정치학』(일조각, 1956).

민병태 역,『영국헌정론』(민중서관, 1955).

______,「과학주의에 대결하는 전통」,『신동아』(1965년 1월).

민준기,「국가와 통일과 지도자: 플라톤·마키아벨리·헤겔의 시각을 중심으로」,『정경연구』(1972년 12월).

박상섭,『국가와 폭력: 마키아벨리의 정치사상 연구』(서울대학교 출판문화원, 2013).

박은수,『사람들 사이의 불평등의 기원과 근거들에 관한 논문, 사회계약론』(성문각, 1978); 박은수·김붕구 공역,『루소전집』 전8권(성문각, 1976), 제8권.

박홍규,『마키아벨리: 시민정치의 오래된 미래』(필맥, 2014); ______,『왜 다시 마키아벨리인가: 보다 나은 세상을 위한 로마사 이야기』(을유문화사, 2017); ______ 해제,『마키아벨리 지음/쎄라 강 옮김,『군주론: 마키아벨리와 군주론 제대로 읽기』(인물과사상사, 2018).

배병삼,「마키아벨리의 한국적 수용」,『고황논집』(경희대학교 대학원), 1(1986년 7월).

서울대학교 50년사 편찬위원회 편,『서울대학교 50년사』 전2권(서울: 서울대학교, 1996).

성유보·차남희 공역,『서양정치사상사』(한길사, 1983).

신동준,『리더라면 한비자처럼, 참모라면 마키아벨리처럼: 동서양 최고의 인간경영학을 만나다』(위즈덤하우스, 2014); ______,『마키아벨리 군주론: 이탈리아어 완역결정판』(인간사랑, 2014). ______,『탁월한 사람을 모방하라: 마키아벨리처럼: 위기를 창조적 도약으로 바꾸는 자기혁신법』(미다스북스, 2015); ______,『마키아벨리처럼 지배하라』(미다스북스,

2018).
신태범,『인천 한 세기: 몸소 겪고, 들은 이야기들』(한송, 1996).
심재욱(沈在昱),「설산 장덕수(1894—1947)의 정치활동과 국가인식」, 동국대학교 대학원 사학과 문학박사학위청구논문, 2007년 8월.

아리스토텔레스 저/천병희 역,『정치학』(숲, 2009).
아리스토텔레스 저/천병희 역,『니코마코스 윤리학』(고양: 숲, 2013).
안확 저/이태진 교주·해설,『조선문명사』(중앙일보사 중앙신서109, 1983) 및 안확 저/최원식·정해렴 번역,『안자산 국학론 선집』(현대실학사, 1996).
안형주,『박용만과 한인소년병학교』(지식산업사, 2007).
양호민,『공산주의의 이론과 역사: 맑스=레닌주의비판』(중앙문화사, 1956).
______,『공산주의이론과 현실 비판전서』 전4권(내외문화사, 1964).
______,『북한의 이데올로기와 정치』 전2권(고려대학교 출판부, 1967).
에드먼드 버크 저/이태숙 역,『프랑스혁명에 관한 성찰』(한길사, 2008).
우산(于山)이종항교수논문집간행위원회 편,『우산이종항교수논문집』(대구: 우산이종항교수논문집간행위원회, 1999).
윤응렬,「20 내가 겪은 동베를린사건의 진상」, ______,『상처투성이의 영광』(황금알, 2010).
윤인복,「답동성당, 빛과 구조의 미학」,『문화재사랑』 99(2013년 2월).
윤천주,「영국정치에 있어서 집행권의 지도성문제」,『문리논집』(고려대학교 문리과대학) 2(1957년 5월).
______,「우리나라의 사회성격과 정치행태」,『신태양』 제8권 제5호(1959년 5월).
______,「정치문화와 권력형」,『사상계』(1959년 1월), 174－179쪽; ______,『정치문화와 통치형(統治型): 비교정치논문집』(서울대학교 출판부, 1981).
______,「행태과학 "Behavioral scince"적 정치학의 역할」,『정치학』(한국정

치학회) 1(1959년 4월).
______,『우리나라의 선거실태, 추록』(서울대학교 출판부, 1981).
______,『투표참여와 정치발전』(서울대학교 출판부, 1986).
______,『한국정치체계 서설: 정치상황과 정치행태』(문운당, 1961년 초판; 1962년 증보판).
______,『한국정치체계:단극적 통치형』(일조각, 1991).
______,『한국정치체계』(고려대학교 출판부, 1963; 1978년 서울대학교 출판부 증보판).
이경남(李敬南),『설산 장덕수』(동아일보사, 1981).
이광린,『유길준』(동아일보사, 1992), 178쪽.
이광윤 번역,『일반공법학 강의』(민음사, 1995).
이극찬,『권력과 자유: 헤롤드 J.라스키의 사상』(태양문화사, 1977).
이동화 역,『볼셰위즘 정치이론의 비판』(진문사, 1953).
이민식,『개화기의 한국과 미국관계』(경기도 파주시: 한국학술정보주식회사, 2009).
이성근 역,『정신분석과 인간사회』(휘문출판사, 1981).
이승만,『독립정신』(로스엔젤레스: 대동신서관, 1910; 활문사, 1946, 복간본; 정동출판사, 1993, 복간본).
이정복,「인산 김영국 선생의 연구업적 내용」, 인산김영국선생10주기기념학술대회추신위원회 편,『인산 김영국 선생의 정치학』(고양: 인간사랑, 2010).
이정식 면담/김학준 편집해설/김용호 수정증보,『혁명가들의 항일회상: 김성숙·장건상·정화암·이강훈의 독립투쟁』(민음사, 2005).
이홍구,「하서(賀序)」, 김영국 외,『레오 스트라우스의 정치철학』(서울대학교 출판부, 1955).
인산김영국선생10주기기념학술대회추진위원회 편,『인산 김영국 선생의 정치학』(고양: 인간사랑, 2010).

인천창영초등학교 총동창회 편, 『창영85주년사, 1907－1982』(인천직할시: 인천창영초등학교 총동창회, 1992).
임혁백·장주영, 「다원주의 정치론의 현대적 의의: 영국 다원주의 국가론, 결사체 민주주의, 화이부동의 정치」, 인산김영국선생10주기기념학술대회추진위원회 편, 『인산 김영국 선생의 정치학』(고양: 인간사랑, 2010).

전영일, 「인천 답동성당 건립과정에 관한 연구」, 인하대학교 대학원 건축공학과 공학석사학위청구논문, 1989년 8월.
정윤재 편, 『세종의 국가경영』(지식산업사, 2006).
정인섭, 『이승만의 전시중립론: 미국의 영향을 받은 중립』(나남출판사, 2000).
조우성, 『인천이야기 100장면』(인천광역시: 인아트, 2007) 및 『20세기 인천문화 생활연표』(인천광역시: 인아트, 2007).
주경철, 『유토피아』(을유문화사, 2007).
준봉(峻峰)구범모교수화갑기념논총편집위원회 편, 『전환기 한국정치학의 새 지평: 준봉구범모교수화갑기념논총』(나남, 1994).

차기벽, 『간디』(지문각, 1966).
______, 『근대화 정치론』(박영사, 1969)
______, 『민주주의의 이념과 역사』(한길사, 1980).
최명, 「김영국 교수 조사(弔辭)」, ______, 『나의 글 나의 정치학』(고양: 인간사랑, 2006); ______, 「나의 재직시절」, 서울대학교정치학과60년사발간위원회 편, 『서울대학교 정치학과 60년사』(서울대학교 사회과학대학 정치학과, 2009).
최봉윤, 『정치학개론』, 『단국대학 정치경제강의록』 제1호(1948년 10월), 부록.

플라톤 저/천병희 역, 『국가』(고양: 숲, 2013), 5쪽.

한만수·이성민·박철호 공저, 『내리교회 110년사: 초기역사(1885-1903)』(인천광역시: 인천내리교회, 1995).

한배호, 『이론정치학:정치행동의 요인분석』(일조각, 1965; 1982 초판 제2쇄).

Aron, Raymond. *L'Opium des intellectuels*(Paris: Calmann-Lévy, 1955); ______, *The Opium of the Intellectuals*(New Brunswick, N. J. and London: Transaction Publishers, 2017).

Deutsch, Kenneth L. and Murley, John A. eds., *Leo Strauss, the Straussians, and the American Regime*(Lanham, M.D.: Rowman and Littlefield, 1999).

Duckacek, Ivo D. *Power Maps: Comparative Politics of Constitutions*(Santa Barbara, C.A.: American Bibliographical Center-Clio Press, 1973).

Kim Hakjoon. "The Life and Works of An Kuk-sŏn, a Pioneer of Political Science in the Great Han Empire," *Korea Journal*, Vol. 35, No. 4(Winter, 1995).

Lane, Robert E. *Political Man*(New York: Free Press, 1972).

Lasswell, Harold Dwight. *Power and Personality*(New York: Norton, 1948).

Lee Kwan Yew, *The Singapore Story*(Upper Saddle River, N. J.: Prentice Hall, 1998)/류지호 옮김, 『리콴유 자서전』(문학사상사, 1999).

Lipset, Seymour Martin. *Political Man: The Social Bases of Politics*(New York: Doubleday & Company, 1960).

Merriam, Charles E. "Hobbe's Doctrine of the State of Nature," *Proceedings of the American Political Science Association*, Vol. 3(Third Annual Meeting, 1906).

Whitehead, Alfred North. *Process and Reality*(New York: Oxford University Press, 1929).

찾아보기

인명

◎

저술명

학교명

건명

「한국 정치학의 뿌리를 찾아서」 제4권

인산 김영국 교수의 정치학

– 은사를 빛내는 조연을 자처하며 서양정치철학 연구의 전통을 이어가다

발행일 1쇄 2019년 6월 26일

지은이 김학준

펴낸이 여국동

펴낸곳 도서출판 인간사랑

출판등록 1983. 1. 26. 제일 – 3호

주소 경기도 고양시 일산동구 백석로 108번길 60 – 5 2층

물류센타 경기도 고양시 일산동구 문원길 13 – 34(문봉동)

전화 031)901 – 8144(대표) | 031)907 – 2003(영업부)

팩스 031)905 – 5815

전자우편 igsr@naver.com

페이스북 http://www.facebook.com/igsrpub

블로그 http://blog.naver.com/igsr

인쇄 하성인쇄 **출력** 현대미디어 **종이** 세원지업사

ISBN 978 – 89 – 7418 – 393 – 6 93340

이 도서의 국립중앙도서관 출판시도서목록(CIP)은 서지정보유통지원시스템 홈페이지(http://seoji.nl.go.kr)와 국가자료공동목록시스템(http://www.nl.go.kr/kolisnet)에서 이용하실 수 있습니다.(CIP제어번호: CIP2019019076)